广东社会统计年鉴

GUANGDONG SOCIAL STATISTICAL YEARBOOK

2023

广 东 省 统 计 局 编

图书在版编目（CIP）数据

广东社会统计年鉴 . 2023 = Guangdong Social Statistical Yearbook 2023 / 广东省统计局编 . -- 北京 ：中国统计出版社，2023.12
ISBN 978-7-5230-0274-2

Ⅰ . ①广… Ⅱ . ①广… Ⅲ . ①社会统计 - 统计资料 - 广东 -2023- 年鉴 Ⅳ . ① C832.65-54

中国国家版本馆 CIP 数据核字 (2023) 第 192375 号

广东社会统计年鉴 2023

作　　者 / 广东省统计局
责任编辑 / 高媛媛
装帧设计 / 广州九禾教育信息咨询有限公司
出版发行 / 中国统计出版社有限公司
地　　址 / 北京市丰台区西三环南路甲 6 号
邮政编码 / 100073
电　　话 / 邮购（010）63376909　书店（010）68783171
网　　址 / http://www.zgtjcbs.com
印　　刷 / 广州今人彩色印刷有限公司
经　　销 / 新华书店
开　　本 / 890mm×1240mm　1/16
字　　数 / 1130 千字
印　　张 / 32.5
版　　别 / 2023 年 12 月第 1 版
版　　次 / 2023 年 12 月第 1 次印刷
定　　价 / 360.00 元

本书附同版本 CD-ROM 一张，光盘内容以书面文字为准。
如有印装差错，由本社发行部调换。

《广东社会统计年鉴 2023》
编辑委员会和编辑部

编 者 说 明

《广东社会统计年鉴 2023》（以下称《年鉴》）是广东省社会综合统计资料，主要收录了全省及各地级以上市、县（区）2016—2022 年和部分 1978 年以来的社会各方面的统计数据，是一部全面反映广东社会发展情况的资料性年刊。

《年鉴》分为 12 个篇章，包括：一、基本情况；二、教育；三、卫生；四、文化；五、劳动就业和社会保障；六、社会安全；七、民政和退役军人事务；八、体育；九、广播电影电视、新闻出版、档案；十、社会参与；十一、基本公共服务主要指标 ；十二、分县（市、区）和全国各地部分指导。

《年鉴》由广东省统计局主编，35 个省有关单位参编，各篇章数据资料收集分工为：第一篇《基本情况》主要由省法院、省教育厅、省科技厅、省公安厅、省民政厅、省司法厅、省人力资源社会保障厅、省文化和旅游厅、省卫生健康委、省应急管理厅、省市场监管局、省体育局、省统计局、省药品监管局、国家统计局广东调查总队负责；第二篇《教育》由省教育厅、省人力资源社会保障厅负责；第三篇《卫生》由省卫生健康委负责；第四篇《文化》由省文化和旅游厅、省委办公厅（档案局）负责；第五篇《劳动就业和社会保障》由省人力资源社会保障厅、省医保局负责；第六篇《社会安全》由省检察院、省法院、省公安厅、省司法厅、省应急管理厅、省信访局、省消防救援总队负责；第七篇《民政和退役军人事务》由省民政厅、省退役军人事务厅负责；第八篇《体育》由省体育局负责；第九篇《广播电影电视、新闻出版、档案》由省档案局、省委宣传部（新闻出版、电影）、省广电局负责；第十篇《社会参与》由省人大常委会相关工作部门、省政协相关工作部门、省总工会、团省委、省妇联、省残联、省民族宗教委、省文联负责；第十一篇《基本公共服务主要指标》由省教育厅、省人力资源社会保障厅、省民政厅、省卫生健康委、省住房城乡建设厅、省财政厅、省市场监管局、省药品监管局等基本公共服务均等化指标单位提供指标数据，省统计局负责综合；第十二篇《分县（市、区）部分指标和主要指标全国对比》由省教育厅、省卫生健康委、省民政厅、省统计局负责。

《年鉴》所涉及的全国性统计数据，除特殊注明外，均未包括香港、澳门特别行政区和台湾省数据。

《年鉴》统计表中的符号使用说明：1.　数据表原则上只保留 1 位小数，但特殊情况除外；2.　“…”表示数据不足本表最小单位数；　3.“ # ”表示其中主要项；4.“ 空格”表示该项统计指标数据不详或无该项数据；5.“ ①”表示本表下有注解。本书中因小数取舍而产生的误差均未做配平处理。

对各参编单位和参编人员的辛勤劳动，我们一并表示感谢。由于《年鉴》涉及面广，数据收集、审核难度极大，疏漏不足之处在所难免，敬请读者批评指正。

目　　录

一、基本情况

简要说明 …… 2
1-1 行政区划 (2022 年) …… 3
1-2 人口主要指标 …… 4
1-3 各市年末常住人口数 …… 5
1-4 就业人员年末人数 …… 6
1-5 城镇非私营单位就业人员和在岗职工年末人数 (2022 年) …… 7
1-6 城镇非私营单位在岗职工工资总额 (2022 年) …… 9
1-7 城镇非私营单位就业人员工资总额 (2022 年) …… 10
1-8 城镇非私营单位在岗职工年平均工资 (2022 年) …… 11
1-9 城镇非私营单位就业人员年平均工资 (2022 年) …… 12
1-10 教育、科技主要指标 …… 13
1-11 文化、体育主要指标 …… 14
1-12 卫生、社会福利和其他主要指标 …… 15
1-13 食品药品监管基本情况 …… 16
1-14 全省居民家庭基本情况 …… 17
1-15 城镇居民家庭基本情况 …… 18
1-16 农村居民家庭基本情况 …… 19
1-17 全省、城镇、农村居民人均可支配收入及消费支出 (2014-2022 年新口径) …… 20
1-18 各市全体、城镇、农村居民人均可支配收入和消费支出 (2022 年) …… 21
主要统计指标解释 …… 22

二、教育

简要说明 …… 24
深入学习贯彻落实党的二十大精神 加快建设高质量教育体系 …… 25
2-1 各级各类教育基本情况 (2022) …… 28
2-2 普通高等教育基本情况 (2022) …… 29
2-3 中等教育基本情况 (2022) …… 30
2-4 技工学校基本情况 (2022) …… 31
2-5 各市普通高等教育基本情况 (2022) …… 32
2-6 各市中等职业教育基本情况 (2022) …… 33
2-7 各市普通高中基本情况 (2022) …… 34

2-8　各市普通初中基本情况 (2022) …… 35
2-9　各市小学基本情况 (2022) …… 36
2-10　各市学前教育基本情况 (2022) …… 37
2-11　各市特殊教育基本情况 (2022) …… 38
2-12　各级各类学校教育经费支出情况 (2022) …… 39
2-13　各级各类学校情况 …… 40
2-14　研究生教育情况 …… 42
2-15　各级各类成人教育在校学生数 …… 43
2-16　各市中等职业教育招生基本情况 …… 44
2-17　各市中等职业教育在校生基本情况 …… 45
2-18　各市普通高中招生基本情况 …… 46
2-19　各市普通高中在校生基本情况 …… 47
2-20　各市普通初中招生基本情况 …… 48
2-21　各市普通初中在校生基本情况 …… 49
2-22　各市小学招生基本情况 …… 50
2-23　各市小学在校生基本情况 …… 51
2-24　各市学前教育招生基本情况 …… 52
2-25　各市学前教育在校生基本情况 …… 53
2-26　历年普通高等教育基本情况 …… 54
2-27　历年成人高等教育基本情况 …… 55
2-28　历年技工学校基本情况 …… 56
2-29　历年普通高中基本情况 …… 57
2-30　历年普通初中基本情况 …… 58
2-31　历年小学基本情况 …… 59
2-32　历年学前教育基本情况 …… 60
2-33　历年各级各类学校在校学生数 …… 61
2-34　分地区各级教育生均一般公共预算教育经费增长情况 (2022) …… 62
主要统计指标解释 …… 64

三、卫生

简要说明 …… 66
2022 年广东省医疗卫生资源和医疗服务情况 …… 67
3-1　各类卫生机构基本情况 (2022 年) …… 71
3-2　各类卫生机构卫生技术人员情况 (2022 年) …… 72
3-3　医院 、卫生院卫生技术人员情况 (2022 年) …… 73
3-4　各市各类卫生技术人员数 (2022 年) …… 74
3-5　各市村卫生室情况 (2022 年) …… 75
3-6　各市村卫生室乡村医生学历分布 (2022 年) …… 76
3-7　全省及各市医院机构、床位、人员数 (2022 年) …… 77
3-8　年全省及各市卫生院机构、床位、人员数 (2022 年) …… 78

3-9 全省及各市妇幼保健机构、床位、人员数 (2022 年) …… 79
3-10 全省及各市中医医院机构、床位、人员数 (2022 年) …… 80
3-11 全省及各市专科疾病防治机构、床位、人员数 (2022 年) …… 81
3-12 全省及各市采供血机构、人员数 (2022 年) …… 82
3-13 医疗机构住院与诊疗人次数 (2022 年) …… 83
3-14 各市医院住院与诊疗人次数 (2022 年) …… 84
3-15 各市卫生院住院与诊疗人次数 (2022 年) …… 85
3-16 各市妇幼保健机构住院与诊疗人次数 (2022 年) …… 86
3-17 各市医院、妇幼保健院、专科疾病防治院万元以上设备台数 (2022 年) …… 87
3-18 全省卫生技术人员性别、年龄、学历、职称构成 (2022 年) …… 88
3-19 各市卫生机构数 …… 89
3-20 各市医院类机构数 …… 90
3-21 各市卫生院数 …… 91
3-22 各市妇幼保健机构数 …… 92
3-23 各市社区卫生服务机构数 …… 93
3-24 各市村卫生室数 …… 94
3-25 各市在岗职工数 …… 95
3-26 全各市卫生技术人员数 …… 96
3-27 各市执业 (助理) 医师数 …… 97
3-28 各市乡村医生和卫生员数 …… 98
3-29 各市医疗卫生机构床位数 …… 99
3-30 各市医院床位数 …… 100
3-31 各市卫生院床位数 …… 101
3-32 各市妇幼保健机构床位数 …… 102
3-33 各市医院病床使用率 …… 103
3-34 各市医院出院者平均住院日 …… 104
3-35 各市医院出院病人病死率 …… 105
3-36 各市医院万元以上设备台数 …… 106
3-37 妇幼工作基本情况 …… 107
主要统计指标解释 …… 108

四、文化

简要说明 …… 110
2022 年广东省文化和旅游业发展概述 …… 111
4-1 文化事业机构及人员基本情况 (2022 年) …… 112
4-2 各市文化、文物事业机构数 (2022 年) …… 113
4-3 各市文化、文物事业机构人员情况 (2022 年) …… 114
4-4 艺术表演团体基本情况 (2022 年) …… 115
4-5 艺术表演场馆基本情况 (2022 年) …… 116
4-6 公共图书馆基本情况 (2022 年) …… 117

4-7 文化馆（站）基本情况 (2022 年) …… 118
4-8 博物馆基本情况 (2022 年) …… 118
4-9 文化市场经营机构综合情况 (2022 年) …… 119
4-10 各市文化市场经营机构综合情况 (2022 年) …… 120
4-11 娱乐场所综合情况 (2022 年) …… 120
4-12 各市娱乐场所综合情况 (2022 年) …… 121
4-13 互联网上网服务营业场所（网吧）综合情况 (2022 年) …… 122
4-14 各市互联网上网服务营业场所（网吧）综合情况 (2022 年) …… 122
4-15 文物业基本情况 (2022 年) …… 123
4-16 文化部门文化产业增加值情况 (2022 年) …… 123
4-17 各市公共图书馆机构数 …… 124
4-18 各市群艺馆（文化馆）机构数 …… 125
4-19 各市博物馆机构数 …… 126
4-20 各市文化站机构数 …… 127
4-21 各市公共图书馆公用房屋面积 …… 128
4-22 各市群艺馆（文化馆）公用房屋面积 …… 129
4-23 各市博物馆公用房屋面积 …… 130
4-24 各市文化站公用房屋面积 …… 131
4-25 各市人均拥有公共图书馆藏书册数 …… 132
4-26 各市公共图书馆人均购书费 …… 133
4-27 各市文化文物事业费 …… 134
4-28 历年文化文物事业机构数 …… 135
4-29 历年公共图书馆业务活动情况 …… 136
4-30 历年群众文化事业业务活动、经费收支及设施情况 …… 137
4-31 历年博物馆业务活动情况 …… 139
主要统计指标解释 …… 140

五、劳动就业和社会保障

简要说明 …… 142
2022 年广东省劳动就业和社会保障概述 …… 143
5-1 劳动人事争议仲裁情况 (2022 年) …… 146
5-2 各市技能人才评价综合情况 …… 148
5-3 各市就业再就业进展情况 …… 151
5-4 职业介绍工作情况 …… 154
5-5 各市养老、失业、工伤保险参保人数 (2022 年) …… 154
5-6 各市城镇职工基本养老保险参保人数 …… 155
5-7 各市城镇职工基本养老保险（执行企业养老保险制度） …… 156
5-8 各市城乡居民基本养老保险参保人数 …… 157
5-9 各市失业保险参保人数 …… 158
5-10 各市工伤保险参保人数 …… 159

5-11 各市城镇职工基本养老保险缴费人数 …… 160
5-12 各市城镇职工基本养老保险离退休人数 …… 161
5-13 各市领取失业保险金人数 …… 162
5-14 各市享受工伤保险待遇人数 …… 163
5-15 各市养老、失业、工伤保险基金收入情况 (2022 年) …… 164
5-16 各市养老、失业、工伤保险基金支出情况 (2022 年) …… 165
5-17 各市养老、失业、工伤保险基金征收收入情况 (2022 年) …… 166
5-18 全省养老、失业、工伤保险基金累计结余情况 (2022 年) …… 167
5-19 各市城镇职工基本养老保险基金收入情况 …… 167
5-20 各市城镇职工基本养老保险 (执行企业养老保险制度) 基金收入情况 …… 168
5-21 各市城乡居民基本养老保险基金收入情况 …… 169
5-22 各市失业保险基金收入情况 …… 170
5-23 各市工伤保险基金收入情况 …… 171
5-24 各市城镇职工基本养老保险基金收入情况 …… 172
5-25 各各市城镇职工基本养老保险 (执行企业养老保险制度) 基金征收收入情况 …… 173
5-26 各市城乡居民基本养老保险基金征收收入情况 …… 174
5-27 各市失业保险基金征收收入情况 …… 175
5-28 各市工伤保险基金征收收入情况 …… 176
5-29 各市城镇职工基本养老保险基金支出情况 …… 177
5-30 各市城镇职工基本养老保险 (执行企业养老保险制度) 基金支出情况 …… 178
5-31 各市城乡居民基本养老保险基金支出情况 …… 179
5-32 各市失业保险基金支出情况 …… 180
5-33 各市工伤保险基金支出情况 …… 181
5-34 各市城乡居民基本养老保险基金累计结余情况 …… 182
5-35 各市医疗、生育保险参保人数 (2022 年) …… 183
5-36 各市城镇职工基本医疗保险参保人数 …… 184
5-37 各市城乡居民基本医疗保险参保人数 …… 185
5-38 各市生育保险参保人数 …… 186
5-39 各市参保女职工生育人数 …… 187
5-40 各市医疗、生育保险基金收入支出情况 (2022 年) …… 188
5-41 各市医疗、生育保险基金征收收入、累计结余情况 (2022 年) …… 189
5-42 各市城镇职工基本医疗保险 (含生育保险) 基金收入情况 …… 190
5-43 各市城乡居民基本医疗保险基金收入情况 …… 191
5-44 各市城镇职工基本医疗保险 (含生育保险) 基金征收收入情况 …… 192
5-45 各市城镇职工基本医疗保险 (含生育保险) 基金支出情况 …… 193
5-46 各市城乡居民基本医疗保险基金征收收入情况 …… 194
5-47 各市城乡居民基本医疗保险基金支出情况 …… 195
5-48 各市城镇职工基本医疗保险 (含生育保险) 基金累计结余情况 …… 196
5-49 各市城乡居民基本医疗保险基金累计结余情况 …… 197
主要统计指标解释 …… 198

六、社会安全

简要说明 …… 200
2022 年广东社会安全概述 …… 201
6-1 全省刑事案件立案和破案情况 …… 207
6-2 各市刑事案件立案情况 …… 208
6-3 各市刑事案件破案情况 …… 209
6-4 全省违反治安管理案件情况 …… 210
6-5 全省火灾事故情况 …… 211
6-6 各市消防救援接处警情况 (2022 年) …… 212
6-7 全省火灾事故原因情况 …… 213
6-8 各市火灾事故发生起数情况 …… 214
6-9 各市火灾事故死亡人数情况 …… 215
6-10 各市火灾事故受伤人数情况 …… 216
6-11 各市火灾事故直接财产损失情况 …… 217
6-12 省级立法情况 …… 218
6-13 全省社区矫正工作情况统计表 …… 219
6-14 省级行政复议情况 …… 219
6-15 省级行政应诉情况 …… 219
6-16 全省司法所建设情况 …… 220
6-17 各市司法鉴定工作情况 (2022 年) …… 220
6-18 全省人民调解业务情况表 …… 221
6-19 各市人民调解工作情况 (2022 年) …… 222
6-20 各市公证工作情况 (2022 年) …… 223
6-21 全省公证工作情况表 …… 224
6-22 全省律师工作情况表 …… 224
6-23 各市律师工作情况 (2022 年) …… 225
6-24 全省仲裁情况 …… 227
6-25 全省法律援助工作情况表 …… 227
6-26 各市法律援助工作情况 (2022 年) …… 228
6-27 人民检察院审查逮捕、审查起诉情况 (2022 年) …… 230
6-28 人民检察院办理刑事抗诉案件情况 (2022 年) …… 231
6-29 人民检察院纠正违法情况 …… 231
6-30 人民检察院处理申诉案件情况 (2022 年) …… 232
6-31 人民检察院办理民事、行政抗诉案件情况 (2022 年) …… 232
6-32 人民检察院办理公益诉讼案件情况 (2022 年) …… 233
6-33 人民法院各类一审案件情况 …… 233
6-34 人民法院刑事一审案件情况 (2022 年) …… 234
6-35 人民法院刑事案件被告人判决生效情况 (2022 年) …… 234
6-36 人民法院判处刑事罪犯情况 …… 235
6-37 人民法院民事一审案件情况 (2022 年)（一） …… 235

6-38 人民法院民事一审案件情况 (2022 年)（二） …… 236
6-39 人民法院民事一审案件情况 (2022 年)（三） …… 237
6-40 人民法院民事一审案件情况 (2022 年)（四） …… 238
6-41 人民法院民事一审案件情况 (2022 年)（五） …… 239
6-42 人民法院民事一审案件情况 (2022 年)（六） …… 240
6-43 人民法院民事一审案件情况 (2022 年)（七） …… 241
6-44 人民法院民事一审案件情况 (2022 年)（八） …… 242
6-45 人民法院行政一审案件情况 (2022) …… 243
6-46 各市人民法院各类一审案件收案情况 …… 244
6-47 各市人民法院各类一审案件结案情况 …… 245
6-48 各市人民法院各类案件收案情况 …… 246
6-49 各市人民法院各类案件结案情况 …… 247
6-50 全省各行业生产安全事故情况表 (2022 年) …… 248
6-51 各市生产安全事故情况表（2022 年） …… 249
6-52 全省生产安全事故类型情况表 (2022 年) …… 250
6-53 到省市县三级信访情况 …… 251

七、民政和退役军人事务

2022 年广东民政和退役军人事业发展概述 …… 254
7-1 民政事业发展情况 …… 258
7-2 社会服务机构基本情况 …… 259
7-3 各项民政事业经费情况 …… 260
7-4 各市民政事业经费情况 (2022 年) …… 261
7-5 各市城市居民最低生活保障人数 …… 262
7-6 各市城市居民最低生活保障户数 …… 263
7-7 各市农村居民最低生活保障人数 …… 264
7-8 各市农村居民最低生活保障户数 …… 265
7-9 各市城市特困人员救助集中供养人数 …… 266
7-10 各市城市特困人员救助分散供养人数 …… 267
7-11 各市农村特困人员救助集中供养人数 …… 268
7-12 各市农村特困人员救助分散供养人数 …… 269
7-13 各市孤儿人数 …… 270
7-14 各市收养登记件数 …… 271
7-15 各市提供住宿的社会工作机构数 …… 272
7-16 各市提供住宿的社会工作机构床位数 …… 273
7-17 各市提供住宿的社会工作机构年末收养人数 …… 274
7-18 各市救助类单位数 …… 275
7-19 各市救助类单位床位数 …… 276
7-20 各市救助类单位在站救助人次数 …… 277
7-21 各市救助类单位年末在站人数 …… 278

7-22 各市老年人福利人数 (2022 年) ······ 279
7-23 各市残疾人福利人数 ······ 280
7-24 各市临时救助次数 ······ 281
7-25 各市社区服务中心数 ······ 282
7-26 各市社区服务站数 ······ 283
7-27 各市社区养老服务机构和设施数总表 (2022 年) ······ 284
7-28 社会组织情况 ······ 285
7-29 各市社会团体单位数 ······ 286
7-30 各市民办非企业单位数 ······ 287
7-31 各市基金会单位数 ······ 288
7-32 各市居委会单位数 ······ 289
7-33 各市村委会单位数 ······ 290
7-34 婚姻登记情况 ······ 291
7-35 各市登记结婚人数 ······ 292
7-36 各市内地居民结婚登记人数 ······ 293
7-37 各市涉外及华侨、港澳台居民登记结婚件数 ······ 294
7-38 各市香港居民登记结婚人数 ······ 295
7-39 各市离婚登记 ······ 296
7-40 各市婚姻登记服务机构数 ······ 297
7-41 各市殡葬服务机构数 ······ 298
7-42 历年民政事业费支出 ······ 299
7-43 历年民政基本建设投资情况 ······ 300
7-44 各市民政事业费支出水平 ······ 301
7-45 各市社会组织发展情况 ······ 302
7-46 各市社工发展指数 ······ 303
7-47 主要年份广东民政事业费支出情况 ······ 304
7-48 主要年份广东低保人数基本情况 ······ 305
7-49 主要年份广东省低保水平情况对比 ······ 306
7-50 各市退役军人社会服务机构单位数 (2022 年) ······ 307
7-51 各市抚恤、补助优抚对象总人数 (2022 年) ······ 308
7-52 退役军人社会服务事业经费情况 (202 年) ······ 309
主要统计指标解释 ······ 310

八、 体育

简要说明 ······ 312
2022 年广东体育事业发展概述 ······ 313
8-1 体育系统分行政级别机构数 ······ 315
8-2 体育系统分单位类型机构数 ······ 316
8-3 体育系统人员情况 ······ 317
8-4 体育国际交流情况 ······ 318

8-5 当年等级运动员发展情况 ……320
8-6 当年等级裁判员发展情况 ……320
8-7 等级公益性社会体育指导员发展情况 ……321
8-8 国民体质监测站点基本情况 ……322
8-9 体育比赛和体育活动情况 ……322
8-10 全省体育场地情况 ……323
8-11 彩票公益金使用情况 ……324
8-12 体育彩票发行情况表 ……324
主要统计指标解释 ……325

九、广播电影电视、新闻出版、档案

简要说明 ……328
广东省广播电视局工作概述 ……329
9-1 广播电视综合情况 (2022 年) ……330
9-2 广播电视从业人员和收入情况 (2022 年) ……330
9-3 各市广播电视从业人员和收入情况 (2022 年) ……331
9-4 各市广播电视从业人员情况 ……332
9-5 各市广播电视总收入情况 ……333
9-6 各市广播电视广告收入情况 ……334
9-7 各市广播电视网络收入情况 ……335
9-8 广播电视基本情况 ……336
9-9 广播电视播出情况 (2022 年) ……336
9-10 各市广播电视播出情况 (2022 年) ……337
9-11 各市公共广播节目播出时间情况 ……338
9-12 各市公共电视节目播出时间情况 ……339
9-13 广播电视播出情况 ……340
9-14 广播电视节目制作情况 (2022 年) ……340
9-15 各市广播电视节目制作情况 (2022 年) ……341
9-16 各市制作广播节目时间情况 ……342
9-17 各市制作电视节目时间情况 ……343
9-18 广播电视制作情况 ……344
9-19 广播电视有线传输情况 ……344
9-20 广播电视覆盖情况 ……345
9-21 电影基本情况 (2022 年) ……346
9-22 图书、杂志、报纸出版数量 ……346
9-23 期刊出版情况 (2022 年) ……347
9-24 报纸出版情况 (2022 年) ……348
9-25 图书出版情况 (2022 年) ……349
9-26 电子出版物出版情况 (2022 年) ……351
9-27 录像制品出版情况 (2022 年) ……351

9-28 录音制品出版情况 (2022 年) ……351
9-29 档案机构基本情况 (2022 年) ……352
9-30 各市各类档案馆基本情况 (2022 年) ……353
主要统计指标解释 ……354

十、社会参与

简要说明 ……356
10-1 工会基层组织建设状况 (2022 年) ……357
10-2 工会基层组织建设状况（2022） ……359
10-3 共青团基本情况 (2017-2022 年) ……361
10-4 共青团分类情况 (2022 年) ……361
10-5 各市团组织团员情况（2022 年） ……362
10-6 各市学校团组织、团员情况 (2022 年) ……363
10-7 各市团员基本情况 (2022 年) ……365
10-8 各市新发展团员情况 (2022 年) ……367
10-9 全省志愿服务数据情况 (2017-2022 年) ……369
10-10 各市志愿服务数据情况 (2022 年) ……369
10-11 各市志愿服务数据分类统计表 (2022 年) ……370
10-12 全省妇联组织和主要活动情况 ……372
10-13 各市持证残疾人数 (2022 年) ……373
10-14 残联组织建设情况 (2016-2022 年) ……374
10-15 残疾人基本康复服务 ……376
10-16 持证残疾人就业情况 ……376
10-17 残疾人教育情况 ……377
10-18 残疾人宣传与文化活动 ……378
10-19 省十三届人民代表大会代表构成情况统计（2022 年） ……379
10-20 政协第十二届广东省委员会委员情况（2022 年） ……379
10-21 各市宗教活动场所（2022 年） ……380
10-22 各市宗教教职人员（2022 年） ……381
10-23 省级艺术家会员情况表（2018-2022 年） ……382
主要统计指标解释 ……383

十一、基本公共服务主要指标

简要说明 ……386
2022 年基本公共服务主要指标概述 ……387
11-1 基本公共教育 ……388
11-2 基本劳动就业服务 ……389
11-3 基本社会保险 ……389
11-4 基本社会服务 ……390
11-5 基本医疗卫生和人口计划生育 ……391

11-6 基本住房保障 ……392
11-7 社会领域一般公共预算主要支出 ……392
11-8 各市农村无害化卫生厕所普及率 ……493
11-9 各市农村自来水普及率 ……493

十二、分县（市、区）和全国各地区部分指标

简要说明 ……396
12-1 全省卫生机构、床位、人员数 (2022 年) ……397
12-2 全国各地区医疗机构床位情况 (2022 年) ……403
12-3 2019-2022 主要教育综合指标在全国排位 ……404
12-4 各地区高等学校普通本、专科学生数 (2022) ……405
12-5 各地区普通高中基本情况 (2022) ……407
12-6 各地区中等职业学校 (机构) 学生情况 (2022) ……408
12-7 各地区普通初中基本情况 (2022) ……409
12-8 各地区小学基本情况 (2022) ……410
12-9 各地区特殊教育基本情况 (2022) ……411
12-10 各县区中等职业教育基本情况 (2022) ……412
12-11 各县区普通高中基本情况 (2022) ……417
12-12 各县区普通初中基本情况 (2022) ……422
12-13 各县区小学基本情况 (2022) ……427
12-14 各县区学前教育基本情况 (2022) ……432
12-15 各省社会组织发展指数 ……437
12-16 各省社工发展指数 ……438
12-17 各省民政事业费支出水平 ……439

一、基本情况

简要说明

1．本篇资料主要反映广东省经济社会基本概况。

2．本篇资料主要包括：

(1) 行政区划、人口、经济、人民生活、社会综合等资料，主要包括人口数、地区生产总值、学生数、卫生机构数、社会保险人数等指标。

(2) 地区分全省和 21 个地级以上市。

(3) 年份有当年、近 5 年和 1978 年以来连续年份。

3．统计资料来源：本篇资料由广东省民政厅、广东省统计局、省市场监管局、省药品监管局、国家统计局广东调查总队等部门负责整理、审核、综合、提供。

1-1 行政区划（2022年）

单位：个

市　别	地级市	县级市	县	自治县	市辖区	市辖镇	乡	民族乡	街道
全　省	**21**	**20**	**34**	**3**	**65**	**1112**	**4**	**7**	**489**
广　州	1				11	34			142
深　圳	1				9				74
珠　海	1				3	15			10
汕　头	1		1		6	30			37
佛　山	1				5	21			11
韶　关	1	2	4	1	3	94		1	10
河　源	1		5		1	94		1	6
梅　州	1	1	5		2	104			6
惠　州	1		3		2	48		1	22
汕　尾	1	1	2		1	40			14
东　莞	1					28			4
中　山	1					15			8
江　门	1	4			3	61			12
阳　江	1	1	1		2	38			10
湛　江	1	3	2		4	82	2		38
茂　名	1	3			2	86			26
肇　庆	1	1	4		3	87		1	17
清　远	1	2	2	2	2	77		3	5
潮　州	1		1		2	41			5
揭　阳	1	1	2		2	62	2		24
云　浮	1	1	2		2	55			8

注：本行政区划截至2022年底。

1-2 人口主要指标

项目	单位	2000	2010	2015	2020	2021	2022
年末常住人口	（万人）	8650.03	10440.94	11678.00	12624.00	12684.00	12656.80
男性比例	（%）	50.90	52.15	52.29	53.07	52.77	52.73
女性比例	（%）	49.10	47.85	47.71	46.93	47.23	47.27
0-14岁人口比例	（%）	24.17	16.88	17.37	18.85	18.73	18.47
15-64岁人口比例	（%）	69.78	76.33	74.15	72.57	72.15	71.94
65岁及以上人口比例	（%）	6.05	6.79	8.48	8.58	9.12	9.59
城镇人口比例	（%）	55.00	66.18	69.51	74.15	74.63	74.79
人口密度	（人/平方公里）	486	581	650	702	705	704
户籍人口							
年末总户数	（万户）	1901.91	2296.61	2415.90	2622.10	2681.91	2734.83
年末总人口	（万人）	7498.54	8521.55	9008.38	9808.66	9946.95	10049.72
性别比	（女=100）	106.70	106.20	106.08	104.97	104.75	104.57
人口变动情况	（‰）						
出生率		12.91	11.18	11.12	10.28	9.35	8.30
死亡率		4.77	4.21	4.32	4.70	4.83	4.97
自然增长率		8.14	6.97	6.80	5.58	4.52	3.33
迁入率		16.59	12.07	8.34	14.65	14.65	12.13
迁出率		12.94	8.35	7.45	8.71	8.43	7.27
总迁移率		29.53	20.42	15.79	23.37	23.08	19.40
净迁移率		3.65	3.72	0.89	5.94	6.23	4.86
跨省净迁移率		1.01	2.52	0.80	5.51	5.87	4.68

1-3 各市年末常住人口数

单位：万人

市 别	2000	2015	2019	2020	2021	2022
全 省	**8650.03**	**11678.00**	**12489.00**	**12624.00**	**12684.00**	**12656.80**
广 州	994.80	1594.95	1831.21	1874.03	1881.06	1873.41
深 圳	701.24	1414.21	1710.40	1763.38	1768.16	1766.18
珠 海	123.65	189.75	233.18	244.96	246.67	247.72
汕 头	467.78	545.62	549.31	550.37	553.04	554.19
佛 山	534.05	864.34	943.14	951.88	961.26	955.23
韶 关	273.65	283.47	285.07	285.53	286.01	286.18
河 源	226.78	291.24	284.83	283.56	284.09	284.17
梅 州	380.52	407.01	391.96	387.10	387.69	385.80
惠 州	321.80	550.41	597.23	605.72	606.60	605.02
汕 尾	245.71	277.06	268.85	266.94	268.69	268.26
东 莞	644.84	999.57	1045.50	1048.36	1053.68	1043.70
中 山	236.47	396.96	438.73	443.11	446.69	443.11
江 门	395.24	458.02	475.32	480.41	483.51	482.22
阳 江	217.20	252.06	259.09	260.59	262.07	262.22
湛 江	603.43	698.78	698.16	698.07	703.09	703.54
茂 名	524.82	592.62	612.26	618.00	621.97	623.82
肇 庆	337.69	400.30	409.24	411.69	412.97	412.84
清 远	314.98	386.29	395.48	397.40	398.28	398.57
潮 州	240.44	259.76	258.29	256.66	257.46	257.56
揭 阳	524.61	578.54	563.42	557.87	561.68	563.41
云 浮	215.49	237.05	238.33	238.37	239.33	239.65
按经济区域分						
珠三角	4289.78	6868.51	7683.95	7823.54	7860.60	7829.43
东 翼	1478.54	1660.98	1639.87	1631.84	1640.87	1643.42
西 翼	1345.45	1543.46	1569.51	1576.66	1587.13	1589.58
山 区	1411.42	1605.06	1595.67	1591.96	1595.40	1594.37

注：1. 2000 年全省数据含根据普查误差率推算的漏登人口。
2. 2006-2009 年年末常住人口根据 2010 年第六次全国人口普查结果平滑调整。
3. 2010 年开始，深圳市包含深汕合作区人口。
4. 2011-2019 年年末常住人口根据 2020 年第七次全国人口普查结果平滑调整。

1-4 就业人员年末人数

单位：万人

年份	就业人员年末人数	#城镇非私营单位就业人员	国有单位	城镇集体单位	其他单位	城镇就业人员	乡村就业人员
1978	2275.95	515.85	369.04	146.81			
1979	2304.95	535.37	378.57	156.80			
1980	2367.78	563.62	400.19	163.43			
1981	2423.79	587.34	422.03	165.31			
1982	2521.38	608.12	443.43	164.69			
1983	2569.70	612.65	446.51	166.14			
1984	2637.49	631.77	429.65	197.89	4.23		
1985	2731.11	660.82	449.40	203.32	8.10		
1986	2811.92	686.20	465.59	208.85	11.76		
1987	2910.99	720.34	485.59	216.16	18.59		
1988	2994.72	747.67	503.20	216.96	27.51		
1989	3041.27	762.61	511.88	212.50	38.23		
1990	3118.10	785.49	528.13	207.62	49.74		
1991	3259.20	827.58	544.55	216.86	66.17		
1992	3367.21	858.12	559.71	216.57	81.84		
1993	3433.91	877.16	563.63	199.99	113.54		
1994	3493.15	901.57	568.80	202.86	129.91		
1995	3551.20	931.58	565.48	204.12	161.98		
1996	3641.30	920.55	565.68	193.24	161.63		
1997	3701.90	912.74	556.56	181.44	174.74		
1998	3783.87	897.98	521.34	161.50	215.13		
1999	3796.32	793.54	449.87	122.70	220.97		
2000	3989.32	759.21	425.52	105.97	227.73		
2001	4058.63	737.12	400.12	91.33	245.67		
2002	4134.37	751.23	382.91	82.81	285.51		
2003	4395.93	781.14	376.56	78.47	326.11		
2004	4681.89	830.72	374.34	72.28	384.10		
2005	5022.97	904.27	380.19	68.70	455.38		
2006	5177.02	954.44	384.78	67.25	502.41		
2007	5341.50	1001.46	381.00	65.49	554.97		
2008	5471.72	1007.87	385.14	60.64	562.09		
2009	5688.62	1055.03	389.17	58.33	607.53		
2010	6051.00	1118.52	400.65	57.66	660.21	4004.55	2046.45
2011	6087.00	1238.22	423.88	62.83	751.51	4150.51	1936.49
2012	6171.00	1303.98	430.33	55.28	818.38	4305.70	1865.30
2013	6273.00	1966.98	402.75	58.52	1505.71	4454.56	1818.44
2014	6428.00	1973.28	396.20	56.69	1520.39	4642.00	1786.00
2015	6566.00	1948.04	388.81	50.34	1508.89	4822.00	1744.00
2016	6703.00	1957.57	387.75	47.83	1521.99	4998.00	1705.00
2017	6858.00	1963.10	384.09	45.46	1533.56	5187.00	1671.00
2018	6960.00	1994.14	375.11	42.62	1576.41	5314.00	1646.00
2019	6995.00	2064.59	385.06	37.94	1641.59	5364.00	1631.00
2020	7039.00	2085.27	423.26	36.85	1625.16	5418.00	1621.00
2021	7072.00	2110.88	431.54	36.32	1643.02	5473.00	1599.00
2022	6904.00	2066.65	438.30	33.06	1595.29	5389.00	1515.00

注：2006-2009 年就业人员人数，根据第六次全国人口普查资料作了相应调整。从 2020 年起，国家统计局对各省、自治区、直辖市就业人数及其产业构成以常住人口口径统一测算，同时对 2010-2019 年就业人数及其产业、城乡结构进行平滑修正。1993 年及以前城镇单位就业人员为城镇单位职工人数。

1-5 城镇非私营单位就业人员和在岗职工年末人数（2022 年）

单位：万人

行业	就业人员	国有单位	城镇集体单位	其他单位
全 省	**2066.65**	**438.30**	**33.06**	**1595.29**
农、林、牧、渔业	1.91	1.08	0.04	0.79
采矿业	1.46	0.16		1.30
制造业	782.16	2.89	1.50	777.77
电力、热力、燃气及水生产和供应业	26.77	3.75	0.55	22.46
建筑业	119.58	12.30	12.18	95.09
批发和零售业	109.09	2.76	0.67	105.65
交通运输、仓储和邮政业	80.00	9.45	0.34	70.21
住宿和餐饮业	40.53	1.45	0.16	38.93
信息传输、软件和信息技术服务业	83.90	2.36	0.05	81.50
金融业	79.00	8.28	0.06	70.66
房地产业	90.76	7.12	1.96	81.67
租赁和商务服务业	130.60	14.66	5.76	110.18
科学研究和技术服务业	52.37	11.40	0.27	40.70
水利、环境和公共设施管理业	22.43	8.80	0.43	13.20
居民服务、修理和其他服务业	12.96	1.33	0.19	11.44
教育	169.67	113.55	5.41	50.71
卫生和社会工作	96.92	79.80	2.85	14.27
文化、体育和娱乐业	12.49	5.28	0.09	7.12
公共管理、社会保障和社会组织	154.04	151.87	0.55	1.63

1-5 续表

单位：万人

行业	在岗职工	国有单位	城镇集体单位	其他单位
全 省	**1993.65**	**426.04**	**30.92**	**1536.69**
农、林、牧、渔业	1.84	1.05	0.04	0.74
采矿业	1.42	0.16		1.25
制造业	777.09	2.81	1.49	772.79
电力、热力、燃气及水生产和供应业	26.65	3.73	0.53	22.39
建筑业	107.53	11.02	11.27	85.23
批发和零售业	106.66	2.64	0.65	103.37
交通运输、仓储和邮政业	78.92	9.27	0.30	69.35
住宿和餐饮业	34.70	1.42	0.15	33.12
信息传输、软件和信息技术服务业	82.63	2.31	0.04	80.27
金融业	55.48	8.15	0.04	47.29
房地产业	89.07	7.07	1.71	80.29
租赁和商务服务业	125.43	14.15	5.13	106.15
科学研究和技术服务业	50.89	10.97	0.26	39.66
水利、环境和公共设施管理业	21.36	8.04	0.36	12.96
居民服务、修理和其他服务业	12.37	1.30	0.19	10.88
教育	164.40	110.05	5.32	49.03
卫生和社会工作	94.70	78.34	2.81	13.55
文化、体育和娱乐业	11.89	5.03	0.08	6.79
公共管理、社会保障和社会组织	150.64	148.54	0.54	1.56

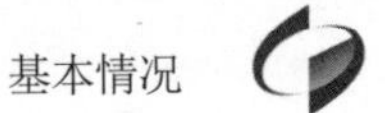

1-6 城镇非私营单位在岗职工工资总额（2022 年）

单位：亿元

行业	合计	国有单位	城镇集体单位	其他单位
全 省	**25639.81**	**7179.19**	**245.75**	**18214.86**
农、林、牧、渔业	14.28	7.68	0.21	6.39
采矿业	32.70	2.84	0.01	29.85
制造业	7890.44	27.32	10.06	7853.06
电力、热力、燃气及水生产和供应业	466.88	53.24	2.74	410.91
建筑业	944.91	93.71	54.81	796.39
批发和零售业	1215.75	37.46	3.90	1174.39
交通运输、仓储和邮政业	1034.46	124.40	1.86	908.20
住宿和餐饮业	222.95	12.73	0.91	209.30
信息传输、软件和信息技术服务业	1944.38	38.47	0.54	1905.37
金融业	1669.88	242.96	0.72	1426.20
房地产业	896.35	78.59	12.4	805.35
租赁和商务服务业	1290.86	131.55	34.63	1124.69
科学研究和技术服务业	913.09	231.54	2.63	678.91
水利、环境和公共设施管理业	185.20	89.28	2.55	93.38
居民服务、修理和其他服务业	88.00	15.16	1.04	71.80
教育	2385.37	1854.86	64.46	466.05
卫生和社会工作	1793.22	1586.02	45.24	161.96
文化、体育和娱乐业	161.26	87.68	0.72	72.85
公共管理、社会保障和社会组织	2489.83	2463.72	6.31	19.80

1-7 城镇非私营单位就业人员工资总额（2022年）

单位：亿元

行业	合计	国有单位	城镇集体单位	其他单位
全 省	**26200.89**	**7272.19**	**256.00**	**18672.70**
农、林、牧、渔业	14.54	7.80	0.21	6.53
采矿业	33.00	2.84	0.01	30.15
制造业	7949.57	27.63	10.09	7911.85
电力、热力、燃气及水生产和供应业	467.65	53.35	2.80	411.50
建筑业	1024.29	105.04	59.24	860.01
批发和零售业	1232.23	38.10	4.00	1190.12
交通运输、仓储和邮政业	1043.16	125.85	2.09	915.22
住宿和餐饮业	232.34	12.88	0.92	218.53
信息传输、软件和信息技术服务业	1951.08	38.79	0.54	1911.75
金融业	1889.12	243.92	0.99	1644.20
房地产业	906.48	78.94	13.43	814.12
租赁和商务服务业	1330.50	134.51	37.29	1158.71
科学研究和技术服务业	927.46	236.84	2.72	687.90
水利、环境和公共设施管理业	189.25	91.94	2.88	94.43
居民服务、修理和其他服务业	90.80	15.27	1.06	74.47
教育	2429.92	1881.97	65.03	482.91
卫生和社会工作	1817.76	1606.55	45.58	165.63
文化、体育和娱乐业	164.27	89.03	0.78	74.46
公共管理、社会保障和社会组织	2507.47	2480.93	6.34	20.20

1-8 城镇非私营单位在岗职工年平均工资（2022年）

单位：元

行业	合计	国有单位	城镇集体单位	其他单位
全 省	**126925**	**170091**	**80913**	**116194**
农、林、牧、渔业	77711	73513	50639	85052
采矿业	234479	174852	57059	242590
制造业	98008	96404	63770	98082
电力、热力、燃气及水生产和供应业	175235	140912	51869	183954
建筑业	90179	95916	50662	94591
批发和零售业	111529	139792	59812	111132
交通运输、仓储和邮政业	129651	133633	61793	129414
住宿和餐饮业	62638	89795	57849	61528
信息传输、软件和信息技术服务业	233147	167219	124630	235077
金融业	301949	298682	173349	302626
房地产业	99410	106233	72970	99342
租赁和商务服务业	104449	92881	68739	107741
科学研究和技术服务业	177697	212958	102304	168654
水利、环境和公共设施管理业	87251	111005	71698	72790
居民服务、修理和其他服务业	70292	117447	56714	65007
教育	146071	169845	122010	95482
卫生和社会工作	192036	205555	162991	120452
文化、体育和娱乐业	132958	173323	95296	104172
公共管理、社会保障和社会组织	166475	167081	116728	126574

1-9 城镇非私营单位就业人员年平均工资（2022年）

单位：元

行业	合计	国有单位	城镇集体单位	其他单位
全 省	**124916**	**167521**	**78973**	**114489**
农、林、牧、渔业	76074	72514	49222	82370
采矿业	228763	174715	57059	235861
制造业	98026	94608	63627	98106
电力、热力、燃气及水生产和供应业	174716	140131	51233	183601
建筑业	87892	94899	51112	91607
批发和零售业	110346	136088	59229	109999
交通运输、仓储和邮政业	128931	132465	59888	128797
住宿和餐饮业	55727	88818	57650	54522
信息传输、软件和信息技术服务业	228692	165243	124480	230543
金融业	233820	295134	157300	226893
房地产业	98507	105796	66214	98641
租赁和商务服务业	102877	91534	66380	106287
科学研究和技术服务业	175554	208873	101150	166875
水利、环境和公共设施管理业	84782	104058	68046	72288
居民服务、修理和其他服务业	68835	115816	56148	63738
教育	144300	167364	120892	95501
卫生和社会工作	189974	204362	161576	116226
文化、体育和娱乐业	127404	165990	91071	100022
公共管理、社会保障和社会组织	164092	164697	116143	124123

1-10 教育、科技主要指标

指标	单位	2000	2010	2015	2020	2021	2022
在校学生数	(万人)						
普通本专科		29.95	142.66	185.64	240.02	253.98	267.09
成人本专科		20.14	46.40	66.45	110.31	97.51	110.27
中等学校		541.72	939.23	736.79	743.40	783.17	824.62
# 普通中学		460.69	709.05	560.72	595.82	629.98	665.38
高等教育毛入学率	(%)	11.35	28.00	33.00	53.41	57.65	60.07
高中毛入学率	(%)	38.70	86.20	95.70	97.29	97.71	97.58
学龄儿童入学率	(%)	99.70	99.95	99.98	100.00	100.00	99.93
每万人口普通本专科在校学生数	(人)	41.19	140.83	173.10	208.33	201.55	198.82
科技研究机构数	(个)		4452	8164	31772	37172	
研究与实验发展(R&D)人员	(万人)		44.66	68.02	117.54	124.85	133.98
R&D人员全时当量	(万人年)	7.11	36.47	50.17	87.23	88.52	97.25
研究与实验发展(R&D)		107.12	808.75	1798.17	3479.88	4002.18	4411.90
经费内部支出	(亿元)						
# 基础研究			16.72	54.21	204.10	274.27	239.62
应用研究			37.32	165	319.89	356.72	415.74
试验发展			754.70	1478.96	2955.90	3371.19	3756.54
# 政府资金		101.38	65.76	145.85	440.57	474.26	495.50
企业资金		86.44	708.93	1606.21	2988.29	3462.49	3845.82
R&D经费支出占地区生产总值比例	(%)	0.99	1.74	2.43	3.14	3.21	3.42
研究与实验发展(R&D)课题(项目)数	(个)		72747	112680	263694	284693	
省级及以上科技奖励成果	(项)	289	296	269	212	176	211
专利申请授权量	(件)	15799	119346	241176	709725	872209	837276
# 发明专利		261	13691	33477	70695	102850	115080
技术合同成交额	(亿元)	48.21	242.5	663.53	3465.92	4292.73	4525.42

注：1. R&D经费支出占地区生产总值比例指标历史数据，已根据修订后的地区生产总值数据进行调整。

2. 中等学校含中等职业学校、技工学校、普通高中、初中。

1-11 文化、体育主要指标

指标	单位	2000	2010	2015	2021	2022
电影放映单位	（个）	1626	1392	1793	2839	3032
艺术表演团体	（个）	138	133	72	76	76
文化馆	（个）	118	129	146	144	144
公共图书馆	（个）	125	133	140	150	150
公共图书馆藏量	（万册、件）	2330	4615	7008	12687	14253
博物馆（含美术馆）	（个）	131	169	193	385	393
博物馆藏品数（含美术馆）	（万件）	49.09	84.46	101.83	268.17	277.42
全省每万人拥有公共文化设施面积	（平方米）		416.00	1189.24	1379.26	1477.57
档案馆	（个）	161	205	217	189	190
利用档案	（万卷次）	36.32	301.00	495.00	873.84	847.48
图书出版量	（万册）	26978	23134	31287	50566	50591
杂志出版量	（万册）	26299	21201	14458	9539	9113
报纸出版量	（亿份）	34.63	45.59	32.77	14.48	13.19
广播电台	（座）	106	22	22	2	2
电视台	（座）	67	24	24	3	3
广播电视台	（座）	83	79		95	95
广播综合人口覆盖率	(%)	96.0	98.0	99.9	99.98	99.98
电视综合人口覆盖率	(%)	96.4	98.0	99.9	99.98	99.98
举办全民健身活动次数	（次）		9477	5000	2000	2258
全省人均拥有体育场地面积	（平方米）	1.91	2.01		2.54	2.68

注：1. 由于文化部门改制，2012 年起只统计事业单位和省直企业中的文化部门艺术表演团体。自 2013 年起，艺术表演团体口径进行调整，分为公有制艺术表演团体（事业）和公有制艺术表演团体（企业）。

2. 2019 年博物馆的统计范围增加了民办博物馆。

3. 2019 年起，广播电台、电视台数据只包含独立的广播电台和电视台，广播电台和电视台合并机构纳入广播电视台统计。

4. 2020 年全省人均体育场地面积数据依据最新人口统计数据统计。

1-12 卫生、社会福利和其他主要指标

指标	单位	2000	2010	2020	2021	2022
医疗卫生机构数	（个）	8984	44880	55900	57955	59531
# 医院、卫生院		2426	2444	2875	2935	2981
医疗卫生机构床位数	（万张）	16.81	30.01	56.47	58.90	60.83
# 医院、卫生院床位		15.72	27.71	52.39	54.66	56.41
卫生技术人员数	（万人）	26.50	45.55	83.21	87.58	91.84
# 执业（助理）医师		11.12	17.51	30.73	32.09	33.52
平均每千人口有卫生机构床位数	（张）	1.94	2.87	4.47	4.64	4.81
平均每千人口有卫生技术人员数	（人）	3.07	4.36	6.59	6.90	7.26
# 执业（助理）医师		1.29	1.68	2.43	2.53	2.65
社会救助总人数	（万人）	154.70	288.00	180.35	173.95	162.77
全省常住人口社保卡持卡率	(%)		17.34	98.95	94.20	94.39
登记结婚件数	（对）	562118	857146	633341	591124	573050
离婚总数	（对）	47521	127048	245816	167209	184511
执业律师人数	（人）	7292	20230	54957	61946	70680
公证人员数	（人）	1380	1694	2750	2928	3052
人民调解委员会调解人员数	（人）	135192	194224	172816	182304	184727
亿元生产总值生产安全事故死亡率		1.080	0.153	0.023	0.019	0.016
交通事故发生数	（起）	66072	30480	26444	48206	38782
交通事故损失折款	（万元）	27526	8051	7673	10534	8649
火灾事故发生数	（起）	8622	6065	54711	64134	55629
火灾事故损失折款	（万元）	10065	17500	56007	79931	70995

注：2010 年起医疗卫生机构、人员数总数含村卫生室数，千人口数据分母为常住人口。

1-13 食品药品监管基本情况

指标	单位	2015	2018	2019	2020	2021	2022
一、每万人口食品药品监管人员数	人	0.8	1.18	2.68	2.5	2.20	2.25
二、每百万人口药品不良反应报告数	份	497	721	698	748	947	1043
三、食品抽检量	批次		554201	673780	778997	823825	852483
四、食品评价性抽检合格率	%		94	98.6	98.6	98.8	99.5
五、受理药品投诉	件	3939	6152	6163	17057	12132	30453
六、受理医疗器械投诉	件	1183	2266	1777	26596	5568	21021
七、受理化妆品投诉	件	7466	11825	10281	67425	29268	62870
八、查处药品案件	件	4245	5438	4155	3331	5672	6214
九、查处医疗器械案件	件	331	714	542	1456	1566	1743
十、查处化妆品案件	件	783	1483	1576	2665	2623	2951

注：根据2021年广东省统计局对全省常住人口数据进行平滑调整，2015-2020年“每百万人口药品不良反应报告数”进行了相应调整。

1-14 全省居民家庭基本情况

指标	单位	2015	2018	2019	2020	2021	2022
调查户数	**（户）**	**7972**	**7900**	**7900**	**7900**	**7900**	**7900**
平均每户常住人口	（人）	2.99	3.26	3.28	3.29	3.46	3.47
平均每户就业人口	（人）	1.74	1.75	1.74	1.70	1.80	1.78
人均住房建筑面积	**（平方米）**	**35.44**	**38.46**	**39.75**	**40.89**	**42.23**	**42.62**
人均可支配收入	**（元）**	**27858.9**	**35809.9**	**39014.3**	**41028.6**	**44993.3**	**47064.6**
1. 工资性收入		19878.2	24749.0	26554.3	27824.4	30777.3	32200.8
2. 经营净收入		3748.1	4734.5	5154.7	5037.4	5729.1	5977.5
3. 财产净收入		2683.2	4131.4	4776.9	5339.1	5831.3	6107.7
4. 转移净收入		1549.4	2194.9	2528.4	2827.7	2655.6	2778.6
人均消费支出	**（元）**	**20975.7**	**26054.0**	**28994.7**	**28491.9**	**31589.3**	**32168.7**
1. 食品烟酒		7236.7	8480.8	9369.2	9629.3	10484.6	11025.8
2. 衣着		1103.4	1135.3	1192.2	1044.5	1278.0	1178.3
3. 居住		4677.1	6643.3	7329.1	7733.0	8189.6	8406.2
4. 生活用品及服务		1245.3	1440.8	1560.2	1560.6	1614.1	1636.0
5. 交通通信		3020.2	3423.9	3833.6	3808.7	4164.6	4174.3
6. 教育文化娱乐		2117.3	2750.9	3244.4	2442.9	3241.6	3196.3
7. 医疗保健		976.1	1520.8	1770.4	1677.9	1900.9	1783.0
8. 其他用品及服务		599.8	658.2	695.5	595.1	715.9	768.8
全省居民每百户主要耐用消费品拥有量							
家用汽车	（辆）	24.58	36.94	41.27	42.68	47.63	53.04
摩托车	（辆）	60.75	67.25	66.44	65.54	63.55	61.95
助力车	（台）	23.05	34.60	39.65	41.77	54.64	57.70
洗衣机	（台）	69.28	89.73	92.65	93.16	98.08	98.27
电冰箱（柜）	（台）	76.10	94.41	97.64	98.23	103.16	103.57
微波炉	（台）	33.96	39.16	41.12	41.82	42.84	43.02
彩色电视机	（台）	104.27	109.07	110.19	110.48	108.36	108.84
空调	（台）	122.24	176.07	187.85	190.13	224.33	229.07
热水器	（台）	81.98	99.43	101.52	104.22	104.65	105.59
排油烟机	（台）	49.98	65.54	68.33	69.39	72.29	73.14
移动电话	（部）	233.72	268.23	270.56	268.44	280.13	281.85
计算机	（台）	70.90	69.34	72.59	74.33	67.81	68.07
照相机	（台）	28.36	15.88	16.26	16.21	11.41	11.76

注：2013 年国家统计局实行城乡住户一体化调查改革，将过去城镇与农村分别开展的调查体系，按照统一指标、统一方法、统一标准、统一调查、统一程序的原则，整合为城乡一体化住户调查新体系。从 2013 年开始正式对外发布全省居民人均可支配收入与支出数据。

1-15 城镇居民家庭基本情况

指标	单位	2015	2018	2019	2020	2021	2022
调查户数	**(户)**	**5453**	**5550**	**5550**	**5550**	**5550**	**5550**
平均每户常住人口	(人)	2.77	3.18	3.21	3.23	3.35	3.37
平均每户就业人口	(人)	1.63	1.73	1.73	1.69	1.77	1.75
人均住房建筑面积	**(平方米)**	**32.25**	**34.49**	**35.73**	**37.35**	**38.79**	**39.2**
城镇居民人均可支配收入	**(元)**	**34757.2**	**44341.0**	**48117.6**	**50257.0**	**54853.6**	**56905.3**
1. 工资性收入		26136.9	32180.1	34151.9	35429.3	38605.8	40017.6
2. 经营净收入		3823.2	4872.6	5473.8	5237.3	5855.2	6069.1
3. 财产净收入		3799.5	5816.6	6686.2	7425.9	8020.1	8304.6
4. 转移净收入		997.6	1471.7	1805.7	2164.4	2372.5	2514.0
城镇居民人均消费支出	**(元)**	**25673.1**	**30924.3**	**34424.1**	**33511.3**	**36621.1**	**36936.2**
食品烟酒		8533.4	9780.2	10757.5	10794.7	11622.0	12129.8
衣着		1453.7	1415.3	1480.8	1282.1	1519.9	1381.4
居住		5715.3	8147.8	8961.6	9457.9	9696.4	9925.7
生活用品及服务		1526.3	1726.2	1894.8	1895.3	1874.8	1905.8
交通通信		3905.0	4107.3	4597.1	4626.3	5008.5	4888.5
教育文化娱乐		2671.5	3335.7	3984.5	2958.7	3872.8	3747.8
医疗保健		1096.4	1591.3	1883.0	1748.6	2143.7	2019.2
其他用品及服务		771.4	820.5	864.9	747.7	882.9	937.8
城镇居民每百户主要耐用消费品拥有量							
家用汽车	(辆)	29.67	42.92	47.63	48.88	53.77	59.15
摩托车	(辆)	40.15	46.42	45.55	44.90	45.13	43.93
助力车	(台)	20.20	34.08	39.31	41.50	53.95	56.74
洗衣机	(台)	70.91	91.84	93.75	94.33	98.65	98.68
电冰箱	(台)	75.30	95.04	97.91	98.55	103.27	103.68
微波炉	(台)	39.40	44.28	46.14	46.91	46.15	46.14
彩色电视机	(台)	99.53	105.94	107.57	108.23	106.94	107.40
空调	(台)	144.26	202.39	212.11	213.87	244.28	248.54
热水器	(台)	83.50	101.71	102.99	105.27	105.84	106.49
排油烟机	(台)	57.50	72.47	75.09	75.91	77.53	78.26
移动电话	(部)	221.45	258.88	263.99	264.56	274.77	276.37
计算机	(台)	84.45	83.66	86.82	88.63	80.19	80.19
照相机	(台)	37.10	20.50	21.21	21.42	14.82	15.05

1-16 农村居民家庭基本情况

指标	单位	2015	2018	2019	2020	2021	2022
调查户数	**（户）**	**2602**	**2350**	**2350**	**2350**	**2350**	**2350**
平均每户常住人口	（人）	3.60	3.45	3.47	3.45	3.74	3.72
平均每户就业人口	（人）	2.04	1.81	1.76	1.72	1.88	1.86
农村居民人均住房建筑面积	**（平方米）**	**42.14**	**47.12624**	**48.68**	**48.92**	**50.14**	**50.75**
农村居民人均可支配收入	**（元）**	**13360.4**	**17167.7**	**18818.4**	**20143.4**	**22306.0**	**23597.8**
1. 工资性收入		6724.0	8510.7	9698.7	10613.5	12765.0	13560.2
2. 经营净收入		3590.1	4432.7	4446.9	4584.9	5438.8	5759.3
3. 财产净收入		337.0	448.9	541.0	616.1	795.3	868.8
4. 转移净收入		2709.3	3775.5	4131.7	4328.9	3306.8	3409.5
农村居民人均消费支出	**（元）**	**11103.0**	**15411.3**	**16949.4**	**17132.3**	**20011.8**	**20800.0**
食品烟酒		4511.3	5641.2	6289.3	6991.8	7867.4	8393.1
衣着		367.1	523.6	552.0	506.9	721.4	694.0
居住		2494.8	3355.8	3707.4	3829.2	4722.4	4782.7
生活用品及服务		654.6	817.0	817.9	803.2	1014.2	992.5
交通通信		1160.4	1930.4	2139.8	1958.1	2222.9	2471.2
教育文化娱乐		952.4	1473.0	1602.7	1275.5	1789.4	1881.0
医疗保健		723.1	1366.7	1520.7	1517.9	1342.2	1219.6
其他用品及服务		239.1	303.6	319.8	249.8	331.8	365.9
农村居民每百户主要耐用消费品拥有量							
家用汽车	（辆）	10.67	22.73	26.01	27.69	31.84	36.93
摩托车	（辆）	116.95	116.7287	116.58	115.45	110.87	109.43
助力车	（台）	30.80	35.84	40.49	42.42	56.40	60.22
洗衣机	（台）	64.82	84.7105	89.98	90.32	96.62	97.18
电冰箱	（台）	78.29	92.93775	97.00	97.48	102.86	103.27
微波炉	（台）	19.10	27.01	29.09	29.52	34.33	34.81
彩色电视机	（台）	117.22	116.5058	116.47	115.93	112.01	112.65
空调	（台）	62.15	113.5288	129.63	132.71	173.09	177.77
热水器	（台）	77.71	94.02	97.99	101.70	101.59	103.20
排油烟机	（台）	29.50	49.07	52.12	53.62	58.82	59.68
移动电话	（部）	267.18	290.443	286.34	277.85	293.90	296.27
计算机	（台）	33.93	35.2914	38.45	39.75	36.02	36.14
照相机	（台）	4.50	4.88	4.38	3.60	2.65	3.11

1-17 全省、城镇、农村居民人均可支配收入及消费支出(2014-2022 年新口径)

年　份	人均可支配收入（元）	实际增长（%）	人均消费支出（元）	实际增长（%）	恩格尔系数（%）
全省居民					
2014	25685.0	7.2	19205.5	7.7	34.3
2015	27858.9	6.9	20975.7	7.6	34.5
2016	30295.8	6.3	23448.4	9.3	34.2
2017	33003.3	7.3	24819.6	4.2	33.5
2018	35809.9	6.2	26054.0	2.7	32.6
2019	39014.3	5.3	28994.7	7.6	32.3
2020	41028.6	2.5	28491.9	-4.2	33.8
2021	44993.3	8.8	31589.3	10.0	33.2
2022	47064.6	2.4	32168.7	-0.4	34.3
城镇居民					
2014	32148.1	6.4	23611.7	6.7	33.2
2015	34757.2	6.4	25673.1	7.0	33.2
2016	37684.3	5.9	28613.3	8.8	32.9
2017	40975.1	6.9	30197.9	3.7	32.2
2018	44341.0	5.9	30924.3	0.2	31.6
2019	48117.6	5.2	34424.1	8.0	31.2
2020	50257.0	1.8	33511.3	-5.1	32.2
2021	54853.6	8.1	36621.1	8.2	31.7
2022	56905.3	1.5	36936.2	-1.3	32.8
农村居民					
2014	12245.6	8.3	10043.2	10.1	39.5
2015	13360.4	7.7	11103.0	9.2	40.6
2016	14512.2	6.5	12414.8	9.6	40.4
2017	15779.7	7.8	13199.6	5.5	40.2
2018	17167.7	6.8	15411.3	14.6	36.6
2019	18818.4	4.8	16949.4	5.2	37.1
2020	20143.4	3.9	17132.3	-1.9	40.8
2021	22306.0	10.6	20011.8	16.7	39.3
2022	23597.8	3.4	20800.0	1.6	40.3

注：2013 年国家统计局实行城乡一体化调查改革，由于新老调查体系在调查范围和对象、城乡划分标准、样本抽选方法、计算和汇总方式、指标名称和口径等都发生了一定变化，前后数据存在不可比因素。2013 年用新口径计算。

1-18 各市全体、城镇、农村居民人均可支配收入和消费支出（2022年）

单位：元

市　别	全体居民人均可支配收入	全体居民人均消费支出	城镇居民人均可支配收入	城镇居民人均消费支出	农村居民人均可支配收入	农村居民人均消费支出
广　州	71357.9	44036.6	76849.4	46825.2	36292.3	26229.7
深　圳	72718.2	44792.9	72718.2	44792.9	—	—
珠　海	62976.1	41333.3	65743.2	42856.5	35828.6	26389.0
汕　头	32653.8	22824.0	37036.9	25094.0	22056.8	17267.0
佛　山	64150.2	41129.2	65416.8	41897.2	38971.3	25861.4
韶　关	31411.1	21486.7	38742.0	25168.5	21234.3	16375.7
河　源	25825.1	18426.3	31517.6	20214.2	20189.6	16656.2
梅　州	27431.1	19624.1	33923.6	22063.9	20289.6	16940.3
惠　州	44890.4	29408.0	50811.1	32578.6	28963.7	20879.3
汕　尾	29020.1	21635.4	34766.3	25379.2	21226.8	16557.8
东　莞	63832.9	39432.5	65405.9	40131.4	45135.8	31124.8
中　山	59764.0	38648.1	62195.7	39887.3	43490.2	30355.0
江　门	38756.2	24538.9	45399.8	28182.6	24742.2	16853.1
阳　江	30514.4	21371.9	36319.1	23908.9	23431.1	18276.2
湛　江	28861.4	19141.6	37098.6	23422.2	21713.2	15426.9
茂　名	27787.9	18740.1	34303.5	20789.8	22444.0	17059.1
肇　庆	31469.8	19592.8	38711.1	23385.0	23653.4	15499.4
清　远	29911.6	20710.6	37244.0	24146.0	20803.4	16443.2
潮　州	26420.0	19568.3	29758.2	21147.1	20274.8	16662.8
揭　阳	24788.2	18662.0	30273.1	20393.5	18959.3	16821.9
云　浮	25951.9	16840.2	32380.5	19149.6	20786.9	14984.8

注：农村因深圳完全城市化，无相关数据。

主要统计指标解释

总人口　指一定时点、一定地区范围内有生命的个人的总和。按不同的统计范围可分为常住人口和户籍人口；统计时点通常为每年 12 月 31 日 24 时。

城镇人口比例　指城镇人口与同期总人口之比，反映该区域人口的城镇化水平。通常以百分比表示。

国内（地区）生产总值　指按市场价格计算的一个国家（或地区）所有常住单位在一定时期内生产活动的最终成果。国内（地区）生产总值有 3 种计算方法，即生产法、收入法和支出法。3 种方法分别从不同的方面反映国内生产总值及其构成。

就业人员　指在一定年龄以上，有劳动能力，为取得劳动报酬或经营收入而从事一定社会劳动的人员。具体指年满 16 周岁，为取得报酬或经营利润，在调查周内从事了 1 小时（含 1 小时）以上劳动的人员：或由于学习、休假等原因在调查周内暂时处于未工作状态，但有工作单位或场所的人员；或由于临时停工放假、单位不景气放假等原因在调查周内暂时处于未工作状态，但不满三个月的人员。

单位就业人员　指报告期末最后一日 24 时在本单位中工作，并取得工资或其他形式劳动报酬的人员数。该指标为时点指标，不包括最后一日当天及以前已经与单位解除劳动合同关系的人员，是在岗职工、劳务派遣人员及其他就业人员之和。就业人员不包括：

（1）离开本单位仍保留劳动关系，并定期领取生活费的人员；
（2）在本单位实习的各类在校学生；
（3）本单位因劳务外包而使用的人员。

在岗职工　指在本单位工作且与本单位签订劳动合同，并由单位支付各项工资和社会保险、住房公积金的人员，以及上述人员中由于学习、病伤、产假等原因暂未工作仍由单位支付工资的人员。在岗职工还包括：

（1）应订立劳动合同而未订立劳动合同人员（如使用的农村户籍人员）；
（2）处于试用期人员；
（3）编制外招用的人员；
（4）派往外单位工作，但工资仍由本单位发放的人员（如挂职锻炼，外派工作等情况）。

工资总额　指根据《关于工资总额组成的规定》（1990 年 1 月 1 日国家统计局发布的一号令）进行修订，在报告期内（季度或年度）直接支付给本单位全部就业人员的劳动报酬总额。包括计时工资、计件工资、奖金、津贴和补贴、加班加点工资、特殊情况下下支付的工资，是在岗职工工资总额、劳务派遣人员工资总额和其他就业人员工资总额之和。

工资总额是税前工资，包括单位从个人工资中直接为其代扣或代缴的房费、水费、电费、住房公积金、职工年金和社会保险基金个人缴纳部分等。

工资总额不论是计入成本的还是不计入成本的，不论是以货币形式支付的还是以实物形式支付的，均列入工资总额的计算范围。

平均工资　是指在报告期内单位发放工资的人均水平。计算公式为

$$\text{平均工资} = \frac{\text{报告期工资总额}}{\text{报告期平均人数}}$$

平均工资通常是以年平均工资的形式表现，月平均工资就是用年平均工资除以 12 求得。

二、教育

简要说明

1．本篇资料主要反映广东省教育概况。

2．本篇资料主要包括：

⑴ 高等教育、成人教育、中等职业教育、普通高中、义务教育及幼儿学前教育，主要包括学校数、在校生数、招生数、毕业生数、教职工数和专任教师数等。

⑵ 地区分全省和 21 个地级以上市。

⑶ 年份有当年、近 5 年和 1978 年以来连续年份。

3．统计资料来源：本篇资料由广东省教育厅、广东省人力资源和社会保障厅负责整理、审核、提供。

深入学习贯彻落实党的二十大精神
加快建设高质量教育体系

2022年，在省委、省政府的正确领导下，省教育厅党组坚持以习近平新时代中国特色社会主义思想为指导，全面贯彻党的教育方针和党的十九届历次全会、二十大精神，牢记嘱托、砥砺奋进，深刻领悟“两个确立”的决定性意义，增强“四个意识”、坚定“四个自信”、做到“两个维护”，统筹抓好疫情防控和教育改革发展，全力确保校园安全稳定，加快高质量教育体系建设，教育公平日益彰显，教育质量不断提升。

一、扎实推进基础教育高质量发展。与21个地市政府签订高质量发展任务书，组织10个督导组开展专项督导，对学位建设、“双减”、大班额化解等工作实地核查，全年完成公办学位建设约56.8万个，顺利完成民生实事和年度学位建设任务。巩固提升学前教育“5080”成果，规范化幼儿园占比达87.14%，公办幼儿园和普惠性民办幼儿园在园幼儿占比达85%以上。支持7个县（市、区）创建全国义务教育优质均衡发展县；稳妥推进规范民办义务教育工作，“公参民”学校体制机制理顺完成率达96.7%，随迁子女入读公办学位比例提升至95%左右；民办义务教育学校在校生规模占比较2020学年下降约13.3个百分点，全面达到中央要求（5%以下），先后在全国推进会和2023年全国教育工作会议上做典型经验发言。推动普通高中优质特色多样化发展，持续培育创建普通高中新课程新教材省级示范区和省级示范校。推进特殊教育普惠融合发展，坚持“全覆盖，零拒绝”原则，“一人一案”落实30178名残疾学生就学。扎实推进“双减”工作，所有学校落实作业管理“压总量、控时间”要求，所有学校全面提供课后服务，所有县（市、区）均建立课后服务经费保障机制；21个地市均已成立“双减”工作专门机构，全省义务教育阶段学科类线下、线上培训机构数量压减比例分别达96%、86%，义务教育阶段学科类培训“营利性改非营利性”、线上培训机构“备案改审批”、纳入资金监管机构的比例均达100%；制定艺术类、体育类、科技类校外培训机构设置标准和审批指引，开展艺考类培训机构专项治理，全面规范非学科类校外培训机构。加强专门学校建设，2022年5个地市各新建一所专门学校，全省共建有11所专门学校、2个临时校区。加快健全省－市－县－校四级教研体系，着力打造“走进粤东西北教研帮扶活动”“南方教研大讲堂”等教研品牌；推动配齐配强各学科专职教研员，全省在编在岗教研员达到4885人，比2020年增加1倍以上。提升教育数字化水平，推进国家课程数字化教材规模化应用，推进17个互联网环境下基础教育教学改革实验区建设，启动编制省“互联网＋教育”指导意见。推进教育装备标准体系建设。

二、加快完善现代职业教育体系。召开全省职业教育大会，出台推动职业教育高质量发展若干措施，推动部省共建大湾区职业教育综合改革合作示范区。扎实实施职业院校办学条件达标工程。立项建设45所省域高水平高职院校和88所省高水平中职学校。畅通技术技能人才成长通道，持续扩大中高本协同育人试点规模。会同清远市加强省职教城管理，制定“三方”职责清单，落实高校党政领导值班值守制度，完善长效管理机制。深入开展1+X证书制度试点，累计完成考核47.5万人次、获证18.7万人，均居全国首位，超过1万名中职学生通过X证书获升学机会，有关工作举措和成效获教育部在全国推广。组队参加2022年全国职业院校教师教学能力大赛和学生专业技能大赛分别获奖39项、223项，分别位列全国第一、第二位。

三、全力提升高等教育质量。推动高起点筹建深圳理工大学、大湾区大学等高校，有序推动独立学院转设。深入推进新一轮高等教育“冲补强”提升计划，新增3所高校入选新一轮“双一流”建设名单，新增高校数全国第一，“双一流”建设高校数由位居全国第七提升至第四；佛山、东莞两市获批建立两个国家卓越工程师创新研究院，占全国首批4个的一半。实施高等教育智慧教育改革，启动“第二轮”新师范建设，立项建设一批优势突出、特色鲜明的高水平临床医学院、公共卫生学院和中医药学院，出台《关于加强基础学科人才培养的实施意见》，实施集成电路人才培养扩容提质工程，遴选建设6个省级集成电路人才培养基地；160个学科入围ESI排名前1%，新增174个国家级一流本科专业建设点。启动实施基础研究卓越中心建设计划，完成首批3家卓越中心论证立项。广州医科大学钟南山院士团队成果入选“中国高等学校十大科技进展”，广东高校获第二十三届中国专利银奖4项、优秀奖5项，银奖以上获奖数位居全国第一。着力做好就业创业工作，在高校毕业生人数再创新高的情况下，截至8月31日，就业去向落实率为89.73%（全国排名第五）；12所高校获评国家级创新创业学院和国家级创新创业教育实践基地建设单位，位居全国第二；参加中国国际“互联网+”大学生创新创业大赛全国总决赛共获34金、53银，获金奖数连续三年稳居全国前三。完善高校跨市办学管理制度，全面规范党建、思政、安全、教学、科研等工作

四、全面深化教育领域综合改革。统筹推进育人方式、办学模式等改革，省、市、县、校立体攻坚，教育评价改革试点省建设取得阶段性成效，在全国会议等多个场合作经验介绍；严格落实“十不得一严禁”，建立工作长效机制，坚决扭转不科学的教育评价导向。深化教师评价改革，建立科学评价体系，突出考核评价教师教书育人能力和教学实绩。推动教育督导“长牙齿”，开展对市县级人民政府履行教育职责评价并“点对点”反馈政府履行教育职责评价结果，出台《广东省教育督导问责实施细则（试行）》。大力发展素质教育，推动印发《广东省全面加强和改进新时代学校体育美育工作行动方案》，开齐开足体育、美育和劳动课程；高质量完成河源、云浮部分农村小学运动场地改善任务。中小学生体质健康优良率连续第二年排名全国第二，大学生征兵工作稳步推进，超额完成省政府、省军区下达的大学毕业生征集任务；推进近视防控工作，超过半数的中小学校普通教室完成照明改造工作。深入推进高考综合改革，实施播音主持艺术术科统考，优化招生院校专业组设置，教育公平得到有力彰显。稳步推进中考改革。 部省联合印发实施粤港澳大湾区高等教育合作发展2022年工作要点，加快推进华南理工大学广州国际校区等项目建设，新设广州南沙民心港澳子弟学校、东莞暨大港澳子弟学校，全省各级各类学校港澳台在校生超15万人，规模全国最大。大力引进世界知名高校来粤合作办学，已获批设立6所具有法人资格的合作办学机构（含1所筹设），占全国同类机构总量的一半；香港科技大学（广州）获批设立并如期开学，香港城市大学（东莞）获批筹设。推动印发《广东省全面加强新时代语言文字工作若干措施》，指导全省21个地市、99所高校成立语委机构。省语委办被教育部、国家语委授予“国家通用语言文字推广普及先进集体”称号。

五、大力提升教育保障能力和水平。深入学习贯彻习近平总书记给北京师范大学“优师计划”师范生重要回信精神，扎实做好公费定向培养粤东粤西粤北地区中小学教师工作，安排2023年公费定向培养招生计划2378个。全面加强教师思想政治建设和师德师风建设，开展主题教育月活动。组织开展粤东粤西粤北地区教师全员轮训，培训教师约28.96万名。深入推动中小学教师“县管校聘”管理改革，落实中小学教师平均工资收入“两个不低于或高于”，加强和规范临聘教师管理。精心组织“长江学者奖励计划”讲席学者项目申报工作，2022年我省高校入选30人，入选人数连续两年位居全国首位。健全覆盖学前教育至研究生教育阶段学生资助体系和中央、省、市、县、校五级学生资助管理体系，落实“奖、贷、助、勤、补、免”全方位资助政策，确保“不让一名学生因家庭

经济困难而失学”。全面推进依法治教、依法治校。持续开展全省教育系统行政执法案卷评查，按季度开展法情通报。深入贯彻习近平法治思想，全面推动习近平法治思想融入学校教育；持续7年开展全省学生“学宪法讲宪法”系列活动，在第七届全国学生“学宪法讲宪法”活动全国总决赛中获得知识竞赛团体冠军；推动将党的创新理论和党的建设相关内容写入学校章程，全省中小学完成章程修改备案工作。全面落实乡村振兴驻镇帮镇扶村任务。全面推动教育援疆工作，组织16所高校与新疆对口支援地区开展“校地共建”，选派400多名大学生到西藏、新疆支教，广东电视台、南方日报等媒体报道我省教育对口帮扶工作和先进人物事迹。深入推动中小学“厕所革命”工作，制定新一轮提升整改计划，补齐影响师生生活质量的短板。开展绿色学校建设工作，全省80.88%的学校被认定为“广东省绿色学校”，超额完成既定的目标任务。

撰稿：魏天翔 周淳

2-1 各级各类教育基本情况(2022)

指　　标	学校数（所）	毕业生数（人）	招生数（人）	在校生数（人）	教职工数（人）	专任教师数（人）
一、高等教育	175	1145779	1550939	4426614	199601	136708
研究生	32	45084	68644	195410		
普通本专科	161	633760	795587	2670913	198115	135907
普通本科院校	66	316869	380308	1321922		
职业本科院校	2	4154	9735	24610		
高职（专科）院校	93	312737	405544	1324381		
成人本专科	14	337601	483544	1102687	1486	801
本科		116328	199271	456527		
专科		221273	284273	646160		
网络本专科		129334	203164	457604		
二、中等职业教育	372	271921	349075	942235	57553	45885
三、普通高中	1121	631295	749127	2117786	303581	164739
四、普通初中	3903	1331734	1616328	4536040	433591	327891
五、小学	10614	1660918	1759068	10840519	516986	602033
六、幼儿教育	21566	1780043	1523778	4980513	667794	351002
七、特殊教育	152	10241	13087	74455	9142	7328
八、专门学校	8	260	236	658	412	205

注：1．研究生学校数为培养研究生单位数，普通本专科、成人本专科学校数为普通高校、成人高校学校数。中等职业教育不含技工数。2014 年起中国科学院大学所辖的广州化学研究所、南海海洋研究所、华南植物研究所、广州能源研究所和广州地球化学研究所的教育事业统一归口中国科学院大学管理。从2014年起研究生数据均不含以上培养研究生单位数据。

2．普通本专科学生数和教职工数包含独立学校数。教职工数自 2020 年起取全口径教职工数（下同）。

3．自 2020 年起，小学教职工仅统计小学及小学教学点学校的教职工数；普通初中教职工数仅统计初级中学、职业初中及九年一贯制学校的教职工数；普通高中仅统计十二年一贯制学校、完全中学及高级中学学校的教职工数；专任教师数则按教育层次进行归类。

4．特殊教育学生数含在普通中小学随班就读及送教上门学生数。

5．研究生招生数和在校生数自 2020 年起，含在职人员攻读硕士学位学生。

2-2 普通高等教育基本情况(2022)

项 目	学校数（所）	毕业生数（人）	招生数（人）	在校学生数（人）	教职工数（人）	
						# 专任教师
合 计	**161**	**633760**	**795587**	**2670913**	**198115**	**135907**
# 女性		331716	407449	1336077	100705	68602
按隶属关系分						
中央属	4	23328	26804	102511	21521	10703
地方属	157	610432	768783	2568402	176594	125204
按学校类别分						
综合大学	72	280548	336412	1120389	91492	57883
理工院校	36	176601	216220	723902	44792	33103
农业院校	4	24797	28756	116727	8074	6096
医药院校	12	30153	40802	145267	14259	10432
师范院校	10	37499	47169	178684	14230	9760
语文院校	2	6939	7444	28768	3104	1997
财经院校	14	63166	97702	296479	15907	12613
政法院校	2	3501	4034	12699	965	536
体育院校	3	3426	4084	15079	1667	1033
艺术院校	6	7130	12964	32919	3625	2454

2-3 中等教育基本情况(2022)

项　目	学校数(所)	毕业生数(人)	招生数(人)	在校学生数(人)	教职工数(人)	#专任教师
中等职业教育	**372**	**271921**	**349075**	**942235**	**57553**	**45885**
调整后中等职业学校	229	162874	212407	568129	34933	27540
普通中专学校	53	32622	43116	121007	6871	4734
成人中专学校	1	1472	1959	5249	246	207
职业高中学校	89	63616	76165	205213	14638	12005
其他机构	20	7098	8525	23604	865	702
附设中职班	42	4239	6903	19033	—	697
技工学校	148	173341	222783	650102	34099	26316
普通中学	**5024**	**1963029**	**2365455**	**6653826**	**737172**	**492630**
#高中	1121	631295	749127	2117786	303581	164739

注：1. 自 2020 年起，教职工数取普通中学学校教职工数，其中九年一贯制学校、十二年一贯制学校的教职工数计入普通中学教职工数；专任教师数则按教育层次进行归类。

2. 中等技术学校、中等师范学校归并到普通中等学校。

3. 其他机构和附设中职班不计学校数。

2-4 技工学校基本情况(2022)

项　目	单位	合计	地方劳动保障部门办	行业办	企业办	民办
技工学校个数	(所)	148	59	8	9	72
招生学校数	(所)	140	57	7	9	67
在职教职工人数	(人)	34099	20479	1173	654	11793
文化技术理论课教师		18248	11935	635	257	5421
# 高级讲师		3488	2733	147	35	573
生产实习指导老师		8068	4371	194	253	3250
# 高级实习指导教师		716	577	6	15	118
一体化教师		12613	9056	417	195	2945
兼职教师	(人)	3549	1036	50	84	2379
文化技术理论课教师		1988	623	43	42	1280
生产实习指导老师		1433	402	7	42	982
招生人数	(人)	222783	125095	5805	4288	87595
高级班学生		100832	77837	2566	1147	19282
技师和预备技师班学生		4153	2783	261	0	1109
在校生人数	(人)	650102	371615	17478	12727	248282
高级班学生		306525	234994	8792	3772	58967
技师和预备技师班学生		11743	9145	604	0	1994
毕业生人数	(人)	173341	99392	3999	3138	66812
高级班学生		67584	50530	1652	1004	14398
技师和预备技师班学生		2459	2130	86	0	243
就业人数	(人)	161662	91418	3284	3263	63697
高级班学生		66081	50030	1587	992	13472
技师和预备技师班学生		2401	2077	81	0	243
培训社会人员数	(人)	207028	106342	12505	34161	54020
培训社会人员结业人数	(人)	132453	64576	12176	14332	41369
获取初级职业资格证		18615	16635	32	65	1883
获取中级职业资格证		25360	8451	578	493	15838
获取高级职业资格证		7217	4091	9	0	3117
获取技师和高级技师资格证		970	903	24	15	28

注：广东无国务院部委办。

2-5 各市普通高等教育基本情况(2022)

市　别	学校数（所）	毕业生数（人）	招生数（人）	在校学生数（人）	教职工数（人）	专任教师数（人）
合　计	**161**	**633760**	**795587**	**2670913**	**198115**	**135907**
广　州	84	358211	451623	1489276	116092	80015
深　圳	8	24850	31660	109348	17226	6962
珠　海	6	25599	18524	73181	5396	3971
汕　头	4	6100	10826	34831	3187	2009
佛　山	6	25626	26722	97091	5912	4802
韶　关	2	10427	7870	46560	3721	2116
河　源	1	4308	5650	17487	680	545
梅　州	2	7885	8378	29318	2313	1797
惠　州	5	16382	20418	73648	3851	2711
汕　尾	1	2947	2988	9689	637	497
东　莞	6	27187	43507	116125	7714	5677
中　山	3	10894	12219	38615	2082	1500
江　门	5	15829	22257	81692	4443	3686
阳　江	1	3220	3849	13212	612	481
湛　江	6	26964	42522	147832	9238	7141
茂　名	5	20862	24747	88962	3913	3279
肇　庆	7	29021	30536	113322	6587	5137
清　远	3	5621	12208	34163	1307	1045
潮　州	2	5845	8668	25739	1775	1443
揭　阳	2	2892	5158	14762	803	630
云　浮	2	3090	5257	16060	626	463

注：1. 以学校为单位统计，含分校区数据。
　　2. 2019年及以前高等教育教职工数取校本部的数，2020年起，教职工取全口径数。

2-6 各市中等职业教育基本情况(2022)

市 别	学校数（所）	毕业生数（人）	招生数（人）	在校学生数（人）	教职工数（人）	专任教师数（人）
合 计	**372**	**271921**	**349075**	**942235**	**57553**	**45885**
广 州	77	56396	55330	163313	8776	6606
深 圳	16	13448	15507	41829	4282	2962
珠 海	8	6889	6984	20358	1263	1035
汕 头	15	8704	12950	32577	2236	1812
佛 山	26	22138	25365	68499	5242	3981
韶 关	14	10484	11717	34386	2410	2060
河 源	15	7187	14044	32593	1867	1412
梅 州	16	7855	8712	24700	1248	984
惠 州	25	13779	20277	55831	3048	2374
汕 尾	10	4783	7690	19308	1088	938
东 莞	20	17259	23879	62270	4519	3508
中 山	7	7799	9737	27755	1921	1589
江 门	16	9970	11932	33470	1934	1726
阳 江	6	4520	6891	18532	941	787
湛 江	33	17801	29614	73320	3413	2890
茂 名	12	19469	26889	70453	3967	3441
肇 庆	15	18689	23431	63776	3459	2878
清 远	14	9071	13264	36965	2247	1910
潮 州	8	2651	5163	12066	824	604
揭 阳	11	7662	11563	29287	1761	1471
云 浮	8	5367	8136	20947	1107	917

注：中等职业教育数据不含技工学校数据。

2-7 各市普通高中基本情况(2022)

市别	学校数 (所)	毕业生数 (人)	招生数 (人)	在校学生数 (人)	普通中学教职工数 (人)	专任教师数 (人)
合计	**1121**	**631295**	**749127**	**2117786**	**737172**	**164739**
广州	126	52616	61936	170272	76249	14885
深圳	125	48651	75516	194735	104037	16568
珠海	19	11046	14438	38760	12680	3113
汕头	98	46345	51633	145159	42541	11002
佛山	65	42684	46958	137450	46653	10745
韶关	25	17162	18735	54644	15789	4226
河源	37	23539	28748	80311	25266	6290
梅州	61	28583	30073	88840	25720	7297
惠州	47	34354	41881	120165	42900	8518
汕尾	34	18088	20972	60358	18774	4248
东莞	56	29759	44011	120953	58252	8732
中山	23	17288	21157	58586	23640	4489
江门	53	27062	29269	86087	23393	6793
阳江	23	16144	19947	54743	17863	3763
湛江	56	41751	48453	136888	41220	10123
茂名	70	53495	53108	160672	43796	13285
肇庆	44	24285	29139	84227	26863	6774
清远	34	21495	28012	76891	24270	5811
潮州	34	16420	18058	52640	14861	4166
揭阳	68	44802	49392	145670	38164	10088
云浮	23	15726	17691	49735	14241	3823

注：2020年起，普通中学教职工数取普通中学学校教职工数，其中九年一贯制学校、十二年一贯制学校的教职工数计入普通中学教职工数；专任教师数则按教育层次进行归类。

2-8 各市普通初中基本情况(2022)

市　别	学校数（所）	毕业生数（人）	招生数（人）	在校学生数（人）	专任教师数（人）
合　计	**3903**	**1331734**	**1616328**	**4536040**	**327891**
广　州	429	123694	153780	432100	33843
深　圳	396	114661	151060	421585	33840
珠　海	71	24013	29008	82874	6073
汕　头	220	76644	91259	258341	18932
佛　山	170	80532	97680	275210	20409
韶　关	126	35921	44148	120511	8634
河　源	164	49858	54550	162261	12446
梅　州	180	54889	64391	185443	13800
惠　州	262	79978	95150	267075	18314
汕　尾	133	41042	45695	129188	9293
东　莞	211	81908	103795	283063	19893
中　山	93	39429	50378	140080	9479
江　门	150	47585	55251	157847	11150
阳　江	99	34579	44214	121713	8047
湛　江	244	94908	118742	327599	21555
茂　名	202	98377	116416	324521	23542
肇　庆	164	56675	67973	191870	12394
清　远	159	51434	65656	179987	11903
潮　州	114	29409	33651	96260	7402
揭　阳	233	81777	90126	257715	18773
云　浮	83	34421	43405	120797	8169

2-9 各市小学基本情况(2022)

市 别	学校数(所)	毕业生数(人)	招生数(人)	在校学生数(人)	教职工数(人)	专任教师数(人)
合 计	**10614**	**1660918**	**1759068**	**10840519**	**516986**	**602033**
广 州	992	164954	213837	1204223	59050	67290
深 圳	353	161004	204997	1166852	34916	66513
珠 海	149	28620	35372	203540	10137	10884
汕 头	725	93381	89972	578465	24430	29868
佛 山	423	97889	117674	686311	35495	37774
韶 关	217	43988	39864	265341	14375	15284
河 源	359	53074	43229	294519	17908	20817
梅 州	448	63551	54574	365319	20902	21833
惠 州	590	98226	99814	630105	27309	34390
汕 尾	448	45293	44896	289512	16060	17075
东 莞	341	124538	133382	832701	35147	44603
中 山	212	51758	60925	359892	14982	18507
江 门	332	56209	57781	360358	16137	18356
阳 江	166	44100	38617	255442	11651	15170
湛 江	914	118909	124364	776083	38554	41459
茂 名	1400	114787	111128	709378	43219	41144
肇 庆	234	67081	61417	404118	18879	21595
清 远	354	64521	65534	422369	21290	22898
潮 州	567	35003	31868	208943	10656	11413
揭 阳	1207	90533	91531	567372	29663	30114
云 浮	183	43499	38292	259676	16226	15046

注：2020 年起，小学教职工数仅统计小学及小学教学点的教职工数；专任教师数则按教育层次进行归类。

2-10 各市学前教育基本情况(2022)

市 别	学校数（所）	毕业生数（人）	招生数（人）	在校学生数（人）	教职工数（人）	专任教师数（人）
合 计	**21566**	**1780043**	**1523778**	**4980513**	**667794**	**351002**
广 州	2223	199537	196193	655288	98532	45886
深 圳	1935	199375	175744	591691	93976	43597
珠 海	423	31627	29076	100147	16129	7898
汕 头	1357	87288	77521	227188	30261	18283
佛 山	1087	115169	109683	363630	53806	25899
韶 关	606	40279	33269	118616	15720	7941
河 源	565	46398	36577	110821	13273	6713
梅 州	936	59681	46718	156952	17840	11048
惠 州	867	93290	84384	242356	31109	15614
汕 尾	563	44020	27636	103299	12876	7139
东 莞	1269	129964	105572	383717	56522	27177
中 山	575	52085	50931	165292	22406	10921
江 门	659	51312	45515	157768	20839	10219
阳 江	697	38931	29182	106863	14839	7824
湛 江	2042	141323	104532	345112	36866	22888
茂 名	1652	137443	109561	329522	36830	26852
肇 庆	706	63651	57542	161929	20592	10506
清 远	835	64604	57318	169466	21244	10805
潮 州	706	34082	27726	100498	13245	7720
揭 阳	1380	107653	82867	280656	28282	18666
云 浮	483	42331	36231	109702	12607	7406

2-11 各市特殊教育基本情况(2022)

市　别	学校数（所）	毕业生数（人）	招生数（人）	在校学生数（人）	教职工数（人）	专任教师数（人）
合　计	**152**	**10241**	**13087**	**74455**	**9142**	**7328**
广　州	19	1213	1351	7985	1567	1341
深　圳	10	625	1239	5616	1197	1003
珠　海	2	118	210	1220	284	218
汕　头	8	690	623	4194	331	289
佛　山	7	349	540	2829	501	450
韶　关	11	483	571	3042	299	226
河　源	7	588	695	3784	392	308
梅　州	9	641	641	3978	289	242
惠　州	7	424	518	2908	306	254
汕　尾	5	202	257	1785	231	185
东　莞	2	215	269	1767	386	216
中　山	2	190	260	1706	265	225
江　门	8	359	395	2280	285	251
阳　江	5	368	395	2179	216	206
湛　江	10	618	1095	5884	500	431
茂　名	8	676	1222	6933	829	523
肇　庆	8	570	693	3592	340	303
清　远	9	559	739	4005	420	231
潮　州	4	204	219	1463	96	90
揭　阳	6	778	762	4778	217	180
云　浮	5	371	393	2527	191	156

注：特殊教育学生数含在普通中小学随班就读及送教上门学生数。

2-12 各级各类学校教育经费支出情况(2022)

指标	国家财政性教育经费(亿元)	一般公共预算安排的教育经费	民办学校中举办者投入经费(亿元)	社会捐资经费(亿元)	事业收入合计(亿元)	学费收入	其他收入(亿元)
合　计	**4685.16**	**4550.56**	**25.93**	**14.29**	**1547.97**	**1338.37**	**93.18**
按学校隶属关系分							
中央	137.24	131.95		2.15	48.57	21.48	11.73
地方	4547.92	4418.61	25.93	12.14	1499.40	1316.89	81.45
按学校类别分							
高等教育	**924.39**	**883.26**	**1.09**	**7.81**	**493.16**	**370.00**	**48.30**
普通高等学校	914.84	873.73	1.09	7.80	478.70	358.43	48.18
成人高等学校	9.55	9.53			14.46	11.57	0.12
高中阶段教育	**811.17**	**773.67**	**5.76**	**1.51**	**220.23**	**180.59**	**9.02**
中等专业学校	128.13	112.37	0.68	0.15	18.19	12.26	1.10
职业高中	61.72	60.52	0.15	0.06	4.14	2.70	0.50
技工学校	90.20	85.63	0.10	0.02	29.87	23.51	1.91
成人中等学校	1.65	1.64			0.26	0.18	
普通高中	529.47	513.51	4.83	1.28	167.77	141.94	5.51
义务教育	**2551.99**	**2519.12**	**11.80**	**3.73**	**475.32**	**438.62**	**28.11**
初级中学	918.60	901.65	5.22	0.98	182.88	164.04	9.71
小学	1605.50	1589.69	6.57	2.73	292.17	274.37	18.34
特殊教育学校	27.89	27.78	0.01	0.02	0.27	0.21	0.06
学前教育	**265.77**	**246.69**	**7.29**	**0.95**	**353.02**	**348.98**	**6.02**
幼儿园	265.77	246.69	7.29	0.95	353.02	348.98	6.02
其他	**131.85**	**127.82**		**0.28**	**6.23**	**0.18**	**1.74**

2-13 各级各类学校情况

项目	2015	2018	2019	2020	2021	2022
高等学校						
学校数 （所）	143	153	154	154	160	161
毕业生数 （人）	476901	523936	522094	550090	574407	633760
普通本科 （人）	224145	253961	267550	274415	282227	316869
职业本科 （人）			0	0	0	4154
高职(专科) （人）	252756	269975	254544	275675	292180	312737
招生数 （人）	561456	589034	640056	917196	751886	795587
普通本科 （人）	275399	293747	302289	335912	348195	380308
职业本科 （人）			3590	9279	6388	9735
高职(专科) （人）	286057	295287	334177	572005	397303	405544
在校学生数 （人）	1856355	1963170	2053977	2400227	2539779	2670913
普通本科 （人）	1040784	1133292	1156218	1209688	1266623	1321922
职业本科 （人）			3590	12845	19104	24610
高职(专科) （人）	815571	829878	894169	1177694	1254052	1324381
教职工数 （人）	139888	153126	160253	177919	190310	198115
#专任教师 （人）	98897	108222	114700	122350	128811	135907
中等职业教育						
学校数 （所）	481	444	426	396	382	372
毕业生数 （人）	417278	318470	279317	266124	260465	271921
招生数 （人）	395377	297190	314820	313885	335993	349075
在校学生数 （人）	1172119	867254	859668	866831	903049	942235
教职工数 （人）	57760	56750	56252	55946	57214	57553
#专任教师 （人）	44972	44105	44034	43848	44944	45885
技工学校						
学校数 （所）	163	162	163	146	148	148
毕业生数 （人）	144631	165103	184825	153861	154507	173341
招生数 （人）	199406	190560	212843	216672	219396	222776
在校学生数 （人）	588570	542661	577688	608956	628794	650102
教职工数 （人）	29439	30397	30910	31697	32677	34099
#专任教师 （人）	21011	22917	23111	24009	24866	26316
普通中学						
学校数 （所）	4434	4627	4720	4783	4908	5024
毕业生数 （人）	2019599	1739826	1777980	1802553	1855733	1963029
招生数 （人）	1828856	1924497	2019714	2091430	2251435	2365455

注：1. 2019 年及以前，高等教育的教职工取校本部的数；2020 年起，教职工取全口径。
　　2. 普通高等学校含大学，学院，独立学院，职业本科学校，高等专科院校，高等职业学校，其他普通高教机构。

2-13 续表

项目	2015	2018	2019	2020	2021	2022
在校学生数 （人）	5607203	5561808	5727682	5858187	6299810	6653826
教职工数 （人）	475396	490666	497285	661340	709301	737172
# 专任教师 （人）	426648	436368	440394	452731	472469	492630
小学						
学校数 （所）	10126	10308	10565	10600	10599	10614
毕业生数 （人）	1214916	1372693	1430339	1469516	1590812	1660918
招生数 （人）	1658031	1888110	1944213	1770662	1838010	1759068
在校学生数 （人）	8688785	9883724	10334303	10571118	10790100	10840519
教职工数 （人）	514405	585423	612020	490985	511483	516986
# 专任教师 （人）	468608	530291	553241	573428	592196	602033
学龄儿童入学						
学龄儿童总数 （万人）	1146	940	983	1008	1028	1041
已入学学龄儿童数（万人）	1144	940	983	1008	1028	1040
学龄儿童入学率 （%）	100.0	100.0	100.0	100.0	100.0	99.9
学前教育						
幼儿园数 （所）	16368	18953	19885	20747	21101	21566
在园幼儿数 （人）	4022844	4491112	4645041	4801766	5003933	4980513
教职工数 （人）	436203	549904	582390	611347	652841	667794
# 专任教师 （人）	240749	292853	307952	321477	345057	351002
特殊教育学校						
特殊教育学校数 （所）	116	135	141	143	150	152
招生数 （人）	7303	9055	10149	12550	13198	13087
在校学生数 （人）	36048	47912	52869	63802	71170	74455

注：1. 1995 年以来小学毕业生升学率采用教育部口径，即升学率＝初中招生数 / 小学毕业生数

2. 自 2020 年起，普通中学教职工数取普通中学学校教职工数，其中九年一贯制学校、十二年一贯制学校的教职工数计入普通中学教职工数；小学教职工数仅取小学及小学教学点学校教职工数；专任教师数则按教育层次进行归类

3. 特殊教育学生数含在普通中小学随班就读及送教上门学生数

4. 高中阶段毕业生数不包括技工学校毕业生数。

2-14 研究生教育情况

项目	2015	2018	2019	2020	2021	2022
培养单位数 （个）	**28**	**28**	**30**	**30**	**32**	**32**
高等学校	25	25	27	27	29	29
科研单位	3	3	3	3	3	3
招生数 （人）	**30650**	**42515**	**46576**	**59918**	**64501**	**68644**
博士	3540	4752	5697	6394	7023	7687
高等学校	3532	4744	5689	6386	7015	7676
科研单位	8	8	8	8	8	11
硕士	27110	37763	40879	53524	57478	60957
高等学校	27018	37659	40751	53399	57340	60767
科研单位	92	104	128	125	138	190
在校学生数 （人）	**89404**	**114830**	**129572**	**151347**	**174309**	**195410**
博士	14474	16978	19430	22127	25020	27906
高等学校	14443	16950	19404	22100	24996	27877
科研单位	31	28	26	27	24	29
硕士	74930	97852	110142	129220	149289	167504
高等学校	74682	97545	109800	128853	148888	167042
科研单位	248	307	342	367	401	462
毕业生数 （人）	**26174**	**28878**	**30178**	**36011**	**38911**	**45084**
博士	2947	3120	3085	3393	3735	4506
高等学校	2937	3110	3075	3386	3724	4500
科研单位	10	10	10	7	11	6
硕士	23227	25758	27093	32618	35176	40578
高等学校	23151	25665	26999	32518	35071	40454
科研单位	76	93	94	100	105	124

注：1. 2014年起中国科学院大学所辖的广州化学研究所、南海海洋研究所、华南植物研究所、广州能源研究所和广州地球化研究所的教育事业统一归口中国科学院大学管理，从2014年起研究生数据均不含以上培研究生单位数据。
2. 研究生培养单位含2021年新增但未招生的肇庆学院、广东石油化工学院。

2-15 各级各类成人教育在校学生数

单位：人

项目	2015	2018	2019	2020	2021	2022
成人高等教育	**664495**	**749161**	**931474**	**1103093**	**975147**	**1102687**
成人高等学校	17556	85988	194092	276342	25174	25944
广播电视大学	10256	79710	185641	265802	12956	12378
职工高等学校	5411	6278	8451	10540	12218	13566
管理干部学院						
教育学院	1889					
普通高校附设	646939	663173	737382	826751	949973	1076743
函授部	281334	322401	332878	393209	538311	681925
夜大学	365605	340772	404504	433542	411662	394818
成人脱产班	0					
成人中等教育	7443					
成人中专学校	7341	4405	4560	4596	4943	5249
成人中学	102					
成人初等教育						
职工初等教育						
农民初等教育						
# 扫盲班						

2-16 各市中等职业技术教育招生基本情况

单位：人

市　别	2015	2018	2019	2020	2021	2022
合　计	**395377**	**297190**	**314820**	**313885**	**335993**	**349075**
广　州	80281	66026	63539	60259	57152	55330
深　圳	13691	12875	13835	12504	14144	15507
珠　海	7556	6217	6744	6680	7142	6984
汕　头	30462	11095	11021	10334	11784	12950
佛　山	25074	18527	27862	21858	22915	25365
韶　关	9000	10028	11856	12442	11940	11717
河　源	8293	7276	8108	9709	11129	14044
梅　州	10373	8716	9282	9345	8704	8712
惠　州	20074	17398	16775	18715	21370	20277
汕　尾	4243	5203	5737	6185	7397	7690
东　莞	20014	20433	19515	19077	22252	23879
中　山	8129	8315	8535	8843	10218	9737
江　门	15298	11576	11719	10941	11983	11932
阳　江	4860	4072	4990	5947	6799	6891
湛　江	26636	18473	22337	25082	25475	29614
茂　名	18451	23529	23566	23427	26948	26889
肇　庆	19264	18346	20496	20605	22892	23431
清　远	11868	10035	10379	11731	13894	13264
潮　州	3584	3164	2970	3394	3906	5163
揭　阳	49240	9748	9207	9568	10813	11563
云　浮	8986	6138	6347	7239	7136	8136

注：中等职业教育数据不含技工学校数据。

2-17 各市中等职业技术教育在校生基本情况

市别	2015	2018	2019	2020	2021	2022
合计	**1172119**	**867254**	**859668**	**866831**	**903049**	**942235**
广州	237919	184094	180990	179515	171402	163313
深圳	38145	38922	39442	39134	40186	41829
珠海	21326	18962	18493	19320	20634	20358
汕头	81172	38299	31061	28350	30214	32577
佛山	73773	60002	64974	62648	66284	68499
韶关	25003	25979	29730	32498	34127	34386
河源	24933	20992	21202	23508	27200	32593
梅州	40439	27308	26206	25153	24832	24700
惠州	57523	51440	48687	49061	53142	55831
汕尾	18438	11965	13618	15226	17558	19308
东莞	53434	58459	56962	55677	57362	62270
中山	24563	23243	23847	24604	26333	27755
江门	45009	36898	33725	31736	32533	33470
阳江	14345	13766	13379	14509	16840	18532
湛江	84010	59927	58386	61043	65865	73320
茂名	52187	57808	63120	64184	67182	70453
肇庆	59057	53771	54052	56781	61176	63776
清远	39222	29023	28771	30150	34293	36965
潮州	13897	9248	8825	8907	9835	12066
揭阳	135759	27277	25980	26594	26927	29287
云浮	31965	19871	18218	18233	19124	20947

注：中等职业教育数据不含技工学校数据。

2-18 各市普通高中招生基本情况

单位：人

市　别	2015	2018	2019	2020	2021	2022
合　计	**664376**	**604224**	**639413**	**671805**	**705236**	**749127**
广　州	60267	52401	53127	54360	54844	61936
深　圳	42329	46037	49206	56027	64932	75516
珠　海	10144	10388	10948	11913	12552	14438
汕　头	49270	44699	47522	46934	47929	51633
佛　山	39525	40922	42129	44173	46756	46958
韶　关	19375	16622	17270	17716	18384	18735
河　源	19887	21316	23203	24470	26468	28748
梅　州	32241	26452	28794	29364	29566	30073
惠　州	29378	30551	34029	37701	40458	41881
汕　尾	23478	17831	18090	18774	20620	20972
东　莞	26720	27956	30221	33822	41943	44011
中　山	16365	15447	17175	18739	18878	21157
江　门	26581	26568	28250	29331	29427	29269
阳　江	15734	15000	16382	16952	17936	19947
湛　江	57502	42552	42050	43087	45267	48453
茂　名	60321	51056	53686	53822	54484	53108
肇　庆	26814	23570	24850	27688	25997	29139
清　远	22851	21764	23337	23912	25223	28012
潮　州	19378	16287	16879	17538	17622	18058
揭　阳	50928	41672	46411	49780	49395	49392
云　浮	15288	15133	15854	15702	16555	17691

2-19 各市普通高中在校生基本情况

单位：人

市　别	2015	2018	2019	2020	2021	2022
合　计	**2054033**	**1837141**	**1837399**	**1903517**	**2007726**	**2117786**
广　州	178564	163838	159355	159450	161633	170272
深　圳	120073	131102	137539	150289	169533	194735
珠　海	29609	30588	31909	33350	35443	38760
汕　头	154794	136527	137056	137178	140739	145159
佛　山	115268	118529	120734	127543	133772	137450
韶　关	60709	50541	50560	51505	53177	54644
河　源	65393	62477	65276	69024	74669	80311
梅　州	106609	84086	83306	84441	87545	88840
惠　州	91082	91095	95151	102887	112554	120165
汕　尾	74174	56995	54116	54481	57508	60358
东　莞	78905	82710	85561	91548	107201	120953
中　山	47506	46218	47790	51077	54507	58586
江　门	79182	76002	78321	82032	84916	86087
阳　江	50595	44216	45261	47949	51161	54743
湛　江	183055	139252	130920	127441	130341	136888
茂　名	196688	162880	156727	158290	161504	160672
肇　庆	84247	72363	70345	75319	78014	84227
清　远	71005	67151	66805	68266	72035	76891
潮　州	61968	49160	48745	49907	51371	52640
揭　阳	153878	126054	126271	135192	142326	145670
云　浮	50729	45357	45651	46348	47777	49735

2-20 各市普通初中招生基本情况

单位：人

市别	2015	2018	2019	2020	2021	2022
合计	**1164480**	**1320273**	**1380301**	**1419625**	**1546199**	**1616328**
广州	110824	122121	131578	138917	145159	153780
深圳	92997	118051	124848	137214	143846	151060
珠海	18997	22818	24773	26646	27470	29008
汕头	74081	78601	80053	81877	87366	91259
佛山	65850	78341	83566	86358	92769	97680
韶关	31996	36222	35845	34973	40350	44148
河源	36625	46669	49784	51402	55944	54550
梅州	45083	51314	53431	57839	61253	64391
惠州	62207	81600	84317	82967	93084	95150
汕尾	39481	41302	40535	38864	44674	45695
东莞	76593	95860	97821	92418	104844	103795
中山	34155	39727	40883	43898	47242	50378
江门	44764	48234	49560	50618	54042	55251
阳江	25909	33572	34935	36284	41561	44214
湛江	87218	90310	95900	98532	111706	118742
茂名	93417	93591	97592	97836	109918	116416
肇庆	51386	53756	56675	58377	65295	67973
清远	41334	48242	52201	55089	60657	65656
潮州	26598	27495	29969	30970	32423	33651
揭阳	77029	80196	81642	81094	86589	90126
云浮	27936	32251	34393	37452	40007	43405

2-21 各市普通初中在校生基本情况

单位：人

市别	2015	2018	2019	2020	2021	2022
合计	**3553170**	**3724667**	**3890283**	**4054670**	**4292084**	**4536040**
广州	336664	350590	366867	383753	407956	432100
深圳	265148	316902	339851	367341	393641	421585
珠海	57950	64395	68705	73341	78311	82874
汕头	231265	224709	229953	236498	245991	258341
佛山	190744	224004	235575	245373	260195	275210
韶关	94080	106296	107503	108082	112300	120511
河源	110961	127383	137742	148131	157861	162261
梅州	139563	149026	155353	164181	174483	185443
惠州	179645	217033	232574	243085	255570	267075
汕尾	124591	117054	118749	120458	124427	129188
东莞	208677	249653	263482	265727	276080	283063
中山	98245	113181	117270	122552	130424	140080
江门	134963	138265	141788	145913	151976	157847
阳江	78541	92276	98398	104032	112341	121713
湛江	297605	261919	271742	282606	304459	327599
茂名	298459	277313	281404	288074	305187	324521
肇庆	165154	156036	161919	168263	180434	191870
清远	123469	135165	143504	154046	166415	179987
潮州	83212	80307	84057	87610	92630	96260
揭阳	248730	231177	237009	241424	249477	257715
云浮	85504	91983	96838	104180	111926	120797

2-22 各市小学招生基本情况

单位：人

市　别	2015	2018	2019	2020	2021	2022
合　计	**1658031**	**1888110**	**1944213**	**1770662**	**1838010**	**1759068**
广　州	178035	206514	210895	198393	211956	213837
深　圳	172097	206327	203957	190742	204514	204997
珠　海	27963	32644	34809	31949	34833	35372
汕　头	92881	100787	103070	98398	99581	89972
佛　山	89702	113894	117468	108646	115707	117674
韶　关	40370	48337	48233	43074	41433	39864
河　源	54892	53681	53484	47013	46345	43229
梅　州	60014	64736	68412	57639	59914	54574
惠　州	96841	112594	113801	102331	105655	99814
汕　尾	45019	50234	53850	46046	48705	44896
东　莞	140495	158396	160064	140231	143850	133382
中　山	51422	59426	61802	57575	61507	60925
江　门	55769	64395	63474	57646	60154	57781
阳　江	42092	45701	46019	40547	40826	38617
湛　江	111734	130776	138902	128870	134215	124364
茂　名	109481	120189	128529	115425	118693	111128
肇　庆	65658	70714	72484	64619	64182	61417
清　远	59359	72588	77100	68642	68962	65534
潮　州	35303	35475	36989	39151	35310	31868
揭　阳	88187	95004	102471	91536	99139	91531
云　浮	40717	45698	48400	42189	42529	38292

2-23 各市小学在校生基本情况

单位：人

市　别	2015	2018	2019	2020	2021	2022
合　计	**8688785**	**9883724**	**10334303**	**10571118**	**10790100**	**10840519**
广　州	937870	1058455	1104714	1125103	1164403	1204223
深　圳	864841	1027969	1068992	1091179	1133041	1166852
珠　海	148795	172071	181989	185969	194961	203540
汕　头	500404	545223	564301	576215	584147	578465
佛　山	490146	580066	616570	638742	664264	686311
韶　关	218150	248414	260813	268462	269636	265341
河　源	277545	307634	312719	311036	303570	294519
梅　州	312546	354868	370951	373666	373597	365319
惠　州	504066	584251	609393	621791	633683	630105
汕　尾	244762	263472	276450	285556	289694	289512
东　莞	719263	803482	837399	842240	848515	832701
中　山	276744	311717	326422	335628	350094	359892
江　门	306211	337381	348700	354628	360059	360358
阳　江	206912	245787	256665	261279	260989	255442
湛　江	570321	672313	715299	748066	770820	776083
茂　名	577167	646820	679448	701483	712258	709378
肇　庆	342841	385169	400466	407485	408882	404118
清　远	299721	367865	394825	410969	421202	422369
潮　州	192524	203516	207118	213159	213900	208943
揭　阳	491090	522235	542455	554855	567135	567372
云　浮	206866	245016	258614	263607	265250	259676

2-24 各市学前教育招生基本情况

单位：人

市别	2015	2018	2019	2020	2021	2022
合计	**1868715**	**2008699**	**1808192**	**1825885**	**1672236**	**1523778**
广州	164102	191685	193130	221927	206847	196193
深圳	159728	193675	179844	187135	192791	175744
珠海	27641	29861	28601	31691	32647	29076
汕头	79188	80222	67795	89216	67312	77521
佛山	94990	112895	113278	125672	118050	109683
韶关	48550	42690	41256	44214	37453	33269
河源	64522	58460	49494	50029	43569	36577
梅州	94566	88463	70747	61004	56287	46718
惠州	98785	102913	94644	92786	89292	84384
汕尾	43737	61984	50163	38510	32385	27636
东莞	132911	137320	121328	125992	120139	105572
中山	46290	50047	53369	55994	51353	50931
江门	51422	45591	52072	54992	54501	45515
阳江	51348	51209	41082	40144	34520	29182
湛江	178434	179880	139969	132624	119197	104532
茂名	175883	206027	172729	151884	124831	109561
肇庆	65277	70163	69017	69302	66544	57542
清远	72530	69683	70307	66642	63231	57318
潮州	42179	43444	32320	42271	31526	27726
揭阳	114295	136422	114575	91811	84902	82867
云浮	62337	56065	52472	52045	44859	36231

2-25 各市学前教育在校生基本情况

市别	2015	2018	2019	2020	2021	2022
合计	**4022844**	**4491112**	**4645041**	**4801766**	**5003933**	**4980513**
广州	445218	498127	527648	574541	633203	655288
深圳	438498	524193	545032	559674	597569	591691
珠海	66666	79055	81459	87959	100457	100147
汕头	179226	184649	191402	212323	216751	227188
佛山	268740	304035	318480	338060	358462	363630
韶关	119343	119502	118349	119464	122028	118616
河源	119081	122057	119402	118103	118396	110821
梅州	145804	156837	156989	164282	164728	156952
惠州	193674	224216	229843	226274	242747	242356
汕尾	60926	81573	98430	99290	103559	103299
东莞	314449	355587	364816	370798	388436	383717
中山	129617	143555	147946	154899	161069	165292
江门	139386	141283	143662	149419	158150	157768
阳江	99284	105968	104267	104626	109221	106863
湛江	295880	338065	355463	348825	354285	345112
茂名	285363	312547	334761	348161	339475	329522
肇庆	145801	157943	156408	157948	163935	161929
清远	156763	173774	172595	171158	173553	169466
潮州	98227	102650	100437	105263	104002	100498
揭阳	218798	251614	263554	275989	279106	280656
云浮	102100	113882	114098	114710	114801	109702

2-26 历年普通高等教育基本情况

年份	学校数（所）	毕业生数（人）	招生数（人）	在校生数（人）	教职工数（人）	专任教师数（人）
1978	23	5125	11430	30705	20139	9047
1979	26	1876	8706	37892	21736	9709
1980	27	7595	9654	41004	24223	9480
1981	28	5491	9817	44723	25591	9832
1982	30	15311	11732	40931	28024	11165
1983	33	10411	14588	45592	29592	11974
1984	34	10615	19979	54730	31523	11629
1985	41	11004	25955	69897	34141	13586
1986	44	16284	25464	78346	36956	14824
1987	44	20552	28624	86297	37526	14979
1988	45	25277	36878	97224	38783	15706
1989	45	26248	29317	100393	39008	15762
1990	45	33663	29613	95929	38841	15735
1991	41	32627	30541	92655	38416	15470
1992	43	30294	35519	97432	38894	15076
1993	45	27670	47560	116957	40169	15734
1994	47	25999	47573	137458	40870	16134
1995	42	34830	49419	151788	41464	16552
1996	41	42644	55680	164017	42355	16899
1997	42	44134	57059	174740	42816	16939
1998	43	49270	60976	185047	42683	17053
1999	50	47988	94114	229583	44645	18489
2000	52	49714	120784	299475	46827	20433
2001	62	58835	139050	381926	51057	23467
2002	71	84696	176135	467807	60305	32961
2003	77	105533	225837	587779	70394	40192
2004	94	125229	264569	726866	79820	46951
2005	102	157082	306956	874686	90771	54257
2006	105	196036	344150	1008577	100317	61119
2007	109	233129	354885	1119655	108190	67091
2008	125	282469	390732	1216390	111780	69223
2009	129	309190	438583	1334089	108598	73943
2010	131	334187	440167	1426624	114018	78569
2011	134	357521	473647	1527254	119351	82916
2012	138	404011	510856	1616838	130127	87402
2013	138	412315	526162	1709881	133719	91099
2014	141	440952	545132	1794188	140348	95193
2015	143	476901	561456	1856355	145449	98897
2016	149	489397	549822	1892878	149360	101160
2017	151	511222	570775	1925775	154540	104381
2018	153	523936	589034	1963170	160099	108222
2019	154	522094	640056	2053977	168225	114700
2020	154	550090	917196	2400227	177919	122350
2021	160	574407	751886	2539779	190310	128811
2022	161	633760	795587	2670913	198115	135907

注：1. 2008 年以后学校数包含独立学院校数。普通高校学校数含 2016 年 10 月、12 月教育部批准设立的深圳北理莫斯科大学、广东以色列理工学院。普通高校学校数含 2018 年 12 月教育部批准设立的深圳技术大学；本科数含 2018 年 12 月教育部同意升格为本科层次职业学校的广州科技职业技术学院（本科）、广东工商职业学院（本科）。

2. 根据国家高校事业统计口径，2012 年以后教职工数均取全口径教职工数。

2-27 历年成人高等教育基本情况

年份	学校数（所）	毕业生数（人）	招生数（人）	在校生数（人）	教职工数（人）	专任教师数（人）
1990	61	20043	17899	87153	8561	3897
1991	62	32018	16775	78807	8715	3831
1992	54	23171	22745	75685	8760	3897
1993	57	16275	52608	125213	9417	4294
1994	58	15768	33441	137014	10220	4891
1995	61	41587	46737	135053	11407	5408
1996	61	31593	28535	125780	11552	5611
1997	61	40798	50643	131155	11683	5736
1998	57	36125	51290	146334	11846	6041
1999	54	43980	60709	166291	12345	5472
2000	41	45316	85635	201410	10037	5636
2001	40	56437	97087	233032	10291	7726
2002	37	67432	125537	288992	13505	7259
2003	34	87088	140235	209246	12673	7033
2004	30	97547	137215	258364	12281	5401
2005	20	33000	144159	295618	9172	5586
2006	19	110337	149345	404451	9253	5382
2007	19	129749	140543	424232	9028	5503
2008	19	129315	159472	444980	9223	5503
2009	15	135010	166462	463395	9262	5685
2010	15	144427	161757	463987	9831	6115
2011	15	151953	161819	460467	4573	2835
2012	15	145810	189069	489117	4656	2814
2013	15	156277	215771	534376	4612	2742
2014	15	152627	264058	626927	4424	2619
2015	15	183503	241193	664495	4286	2552
2016	14	210813	224860	651963	4009	2438
2017	14	236540	254854	653103	4180	2509
2018	14	209757	326377	749161	4117	2474
2019	14	225670	425138	931474	4027	2519
2020	14	265912	453516	1103093	3171	2046
2021	14	299581	431525	975147	3212	2079
2022	14	337601	483544	1102687	1486	801

2-28 历年技工学校基本情况

年份	学校数（所）	在校生数（万人）	招生数（万人）	毕业生数（万人）	教职工总数（万人）	#专任教师数
1979	80	0.7	0.7		0.4	0.2
1980	82	1.6	0.9	1.0	0.4	0.2
1981	87	1.4	0.5	0.7	0.5	0.2
1982	85	1.0	0.5	0.8	0.5	0.2
1983	85	0.9	0.5	0.5	0.5	0.2
1984	92	1.0	0.6	0.5	0.5	0.2
1985	97	1.5	0.8	0.4	0.5	0.2
1986	95	2.0	1.1	0.5	0.5	0.2
1987	107	2.6	1.3	0.6	0.6	0.3
1988	109	3.4	1.5	0.6	0.7	0.3
1989	124	3.9	1.6	1.0	0.8	0.4
1990	127	5.2	2.1	0.6	0.9	0.4
1991	136	5.6	2.2	1.7	1.0	0.4
1992	145	6.3	2.7	1.7	1.0	0.5
1993	151	7.7	3.5	1.9	1.1	0.5
1994	159	9.5	3.9	2.2	1.1	0.5
1995	171	11.1	4.7	2.8	1.2	0.6
1996	178	12.3	4.8	3.4	1.3	0.7
1997	186	13.2	5.2	3.5	1.2	0.7
1998	190	13.5	4.8	4	1.3	0.8
1999	194	15.6	5.6	4.2	1.3	0.7
2000	186	15.5	5.8	4.5	1.2	0.7
2001	159	16.7	7.1	4.1	1.1	0.7
2002	156	17.8	8.2	4.4	1.1	0.8
2003	186	24.0	10.0	4.3	1.3	0.9
2004	186	28.1	11.5	5.5	1.4	1.0
2005	191	32.8	12.9	7.1	1.5	1.0
2006	202	38.2	15.1	8.2	1.6	1.1
2007	217	45.8	18.1	9.5	2	1.5
2008	228	53.5	20.3	10.3	2.1	1.6
2009	242	64.1	26.7	12.5	2.5	1.9
2010	246	75.6	28.2	12.8	2.8	2.0
2011	246	85.1	30.2	13.2	2.8	2.0
2012	243	88.5	30.1	14.1	2.8	2.1
2013	243	87.6	27.3	12.7	2.9	2.0
2014	243	62.3	20.3	14.2	2.9	2.1
2015	163	58.9	19.9	14.5	2.9	2.1
2016	166	53.3	18.6	16.1	2.9	2.2
2017	162	55.4	18.9	14.7	3.0	2.3
2018	162	54.3	19.1	16.1	3.0	2.3
2019	163	57.8	21.3	18.5	3.1	2.3
2020	146	60.9	21.7	15.4	3.2	2.4
2021	148	62.9	21.9	15.5	3.3	2.5
2022	148	65.01	22.28	17.33	3.41	2.63

2-29 历年普通高中基本情况

年份	学校数（所）	毕业生数（人）	招生数（人）	在校生数（人）	普通中学教职工数（人）	专任教师数（人）
1978	1956	371403	268527	680311	180435	33194
1979	1500	361183	216048	472943	172721	26235
1980	1243	233699	189538	402135	166183	23614
1981	1124	191494	155023	334525	157390	22150
1982	1001	154486	141872	296630	148225	20443
1983	843	113285	126638	283878	145883	18963
1984	820	85740	128431	318630	150582	19506
1985	832	96998	121376	333154	158714	20722
1986	828	98771	121661	350285	165276	21393
1987	825	112049	126351	352768	170755	22422
1988	823	111825	125114	350799	175715	23602
1989	821	108253	123574	351594	176967	23764
1990	837	110310	129526	361234	178487	24693
1991	826	113317	121255	359955	182901	25562
1992	822	114171	116294	348588	190186	26131
1993	802	118953	119641	331501	199399	25871
1994	824	103398	130256	346647	208805	25148
1995	836	102593	155585	389031	223091	26255
1996	848	108762	181399	450928	238141	28738
1997	882	119086	206983	524717	247891	32118
1998	900	142876	226833	590404	256390	35778
1999	914	165284	241505	641074	265253	39187
2000	947	182354	286825	725276	275686	43941
2001	1000	206752	332084	842763	289103	50124
2002	1012	228122	385020	984104	305781	57475
2003	995	274956	442596	1137234	323075	66190
2004	998	318190	508059	1313116	339997	75330
2005	981	374445	569753	1489863	360341	86079
2006	1005	429856	607748	1634639	377490	95581
2007	1019	479969	606934	1724319	395636	103445
2008	1018	534880	668073	1817646	412718	110689
2009	1020	568989	717900	1924412	429596	118549
2010	1026	567648	755881	2089462	445335	125069
2011	1012	630863	777547	2204135	457435	137112
2012	1017	688461	773249	2259282	466859	141835
2013	1015	723659	730784	2204473	470314	144756
2014	1012	728690	696807	2140193	473585	148361
2015	1019	726690	664376	2054033	475396	150861
2016	1031	703300	643293	1973727	478451	151612
2017	1030	676686	611384	1892669	484846	151435
2018	1013	646488	604224	1837141	490666	149931
2019	1008	628523	639413	1837399	497285	148775
2020	1035	598362	671805	1903517	661340	151802
2021	1076	592106	705236	2007726	709301	157383
2022	1121	631295	749127	2117786	737172	164739

注：2020年起，普通中学教职工数取普通中学学校教职工数，其中九年一贯制学校、十二年一贯制学校的教职工数计入普通中学教职工数；专任教师数则按教育层次进行归类。

2-30 历年普通初中基本情况

年份	学校数（所）	毕业生数（人）	招生数（人）	在校生数（人）	专任教师数（人）
1978	280	725718	985826	2452877	121377
1979	947	655264	842119	2214375	117938
1980	1438	431480	784691	2118968	111346
1981	1941	468396	695854	1852548	101063
1982	2271	392887	662130	1705273	92334
1983	2651	377206	680684	1712052	90874
1984	2705	387346	734342	1888312	93553
1985	3017	436284	747799	2031394	99566
1986	3108	505781	742515	2149010	103438
1987	3313	573271	743567	2173253	106675
1988	3246	616436	723707	2091518	109171
1989	3107	610937	691086	2005700	109359
1990	3042	602594	704083	1979067	110035
1991	2996	591590	758299	2022810	113265
1992	2961	577866	880805	2201651	119239
1993	2964	589105	956982	2440376	128072
1994	2993	637122	1047969	2727104	137655
1995	3009	755564	1156238	3005525	149486
1996	3034	837696	1221333	3280949	160091
1997	3007	933232	1273310	3483818	167975
1998	2979	1035789	1317264	3645724	173199
1999	3000	1091006	1374296	3797987	179712
2000	3017	1135845	1424737	3881614	184661
2001	2917	1140968	1426843	4054225	189195
2002	2932	1220166	1467948	4149939	197320
2003	3184	1282353	1548622	4321843	205339
2004	3243	1314006	1586418	4495533	213640
2005	3301	1368854	1626601	4627044	221224
2006	3327	1425940	1706870	4758296	228956
2007	3297	1434350	1743138	4829437	238399
2008	3334	1429971	1803636	4978825	247359
2009	3322	1481488	1756780	5036732	256571
2010	3308	1534663	1663662	5001040	266445
2011	3316	1619069	1540940	4790565	268008
2012	3309	1619805	1402496	4424650	273493
2013	3351	1516552	1299856	4047906	276777
2014	3387	1382995	1195611	3767505	278511
2015	3415	1292909	1164480	3553170	275787
2016	3479	1213188	1218075	3478440	275836
2017	3536	1114551	1266817	3561001	279821
2018	3614	1093338	1320273	3724667	286437
2019	3712	1149457	1380301	3890283	291619
2020	3748	1204191	1419625	4054670	300929
2021	3832	1263627	1546199	4292084	315086
2022	3903	1331734	1616328	4536040	327891

2-31 历年小学基本情况

年份	学校数（所）	毕业生数（人）	招生数（人）	在校生数（人）	教职工数（人）	专任教师数（人）
1978	23820	1142691	1515195	7430209	303467	260933
1979	24458	1062960	1565500	7438125	322562	274065
1980	24981	1043244	1493077	7488593	331390	281403
1981	24728	1042564	1371758	7347804	329762	280398
1982	24916	1044479	1302235	7230311	323942	275502
1983	25037	1143228	1188139	7053368	321185	272479
1984	24821	1166653	1140879	6927289	317692	269535
1985	24630	1141197	1088948	6712468	316431	268120
1986	24566	1064129	1198284	6706215	313210	263428
1987	24651	996946	1227785	6773671	314803	267111
1988	24611	916060	1243156	6887228	320208	269478
1989	24625	836679	1270805	7151532	324942	273601
1990	24610	824945	1299348	7472928	329460	277262
1991	24633	877430	1337393	7789333	336576	283465
1992	24654	1022360	1386454	8039814	343299	289920
1993	24686	1086876	1463095	8321421	351947	298601
1994	24718	1146583	1531761	8622146	360320	305946
1995	24628	1215578	1515530	8831914	376759	321434
1996	24688	1272996	1493611	8976384	392034	338242
1997	24730	1330786	1532419	9113410	402805	346423
1998	24724	1374593	1493285	9351270	404037	347886
1999	24556	1433779	1498378	9209566	414314	357429
2000	24202	1484833	1557286	9299314	420385	364118
2001	23611	1484451	1604435	9529844	428614	371283
2002	23314	1529035	1687362	9796069	437121	379755
2003	22792	1586749	1729914	10253706	447013	389262
2004	21944	1628669	1684682	10496221	455679	396487
2005	21228	1674305	1641550	10670304	463715	403824
2006	20512	1754494	1556420	10569906	467730	407584
2007	19891	1803140	1438722	10176170	474573	414470
2008	19271	1867640	1315880	9564740	476680	416608
2009	18506	1835297	1274186	8876522	477034	418311
2010	16806	1741881	1359159	8485498	487773	430735
2011	15148	1619684	1408922	8220577	488280	432451
2012	13396	1499644	1452959	8082401	486028	432374
2013	11824	1370411	1500473	8079381	486056	437532
2014	10731	1243469	1536722	8319147	497687	454377
2015	10126	1214916	1658031	8688785	514405	468608
2016	10178	1270381	1711845	9052214	535967	486578
2017	10258	1319106	1743657	9419581	560350	507788
2018	10308	1372693	1888110	9883724	585423	530291
2019	10565	1430339	1944213	10334303	612020	553241
2020	10600	1469516	1770662	10571118	490985	573428
2021	10599	1590812	1838010	10790100	511483	592196
2022	10614	1660918	1759068	10840519	516986	602033

注：2020年起，小学教职工数仅统计小学及小学教学点的教职工数；专任教师数则按教育层次进行归类。

2-32 历年学前教育基本情况

年份	学校数（所）	毕业生数（人）	在校生数（人）	教职工数（人）	专任教师数（人）
1978	7331		438528	30371	16782
1979	5690		395646	26949	14881
1980	6513		479193	28880	15333
1981	6340		487477	30893	16545
1982	6678		585354	34611	19263
1983	6646		634201	37518	20906
1984	6254		771137	41489	24415
1985	6104		929877	43531	28319
1986	6912		1048760	48024	30024
1987	7379		1263029	56064	35270
1988	7249	675080	1327988	58426	37452
1989	7280	733732	1419233	62754	40897
1990	7469	803576	1500521	65195	42905
1991	6335	976754	1657423	68626	45115
1992	6917	1087165	1775729	73770	49308
1993	6533	1189012	1905347	78482	53534
1994	7243	1154865	1918458	85560	57790
1995	7923	1419777	2000082	90904	59344
1996	8582	1390978	2018878	96599	64339
1997	9425	1376406	2027578	104353	68651
1998	10147	1323611	2036463	111288	73096
1999	11836	1345465	2130453	123815	79748
2000	12027	1337009	2141789	129060	83552
2001	9790	1392440	2209151	131919	76490
2002	10135	1183264	2115525	135608	77731
2003	10067	1145873	2125196	143381	82186
2004	10213	1143651	2131994	149289	85805
2005	10359	1082389	2139186	158971	91789
2006	10622	1042662	2192932	169126	98396
2007	10594	1033175	2226430	179061	104541
2008	10533	975273	2323511	191444	111597
2009	11018	978931	2494689	210313	122470
2010	11161	1036468	2772293	236760	136321
2011	11785	981433	3078104	269963	149764
2012	12720	1139751	3307177	303996	168842
2013	13793	1082455	3545757	336666	188182
2014	15416	1142897	3793381	387991	213800
2015	16368	1293693	4022844	436203	240749
2016	17288	1403768	4216668	469367	256471
2017	18048	1435015	4414144	515112	281656
2018	18953	1802791	4491112	549904	292853
2019	19885	1783537	4645041	582390	307952
2020	20747	1814323	4801766	611347	321477
2021	21101	1800294	5003933	652841	345057
2022	21566	1780043	4980513	667794	351002

2-33 历年各级各类学校在校学生数

单位：万人

年份	普通高等学校	高中阶段教育			义务教育		学前教育
		中等职业教育学校	技工学校	普通高中	初级中学	小学	幼儿园
1978	3.1	3.6		76.2	245.3	743.0	43.9
1979	3.8	4.5	0.7	53.5	221.4	743.8	39.6
1980	4.1	6.3	1.6	46.5	211.9	748.9	47.9
1981	4.5	6.1	1.4	38.4	185.3	734.8	48.7
1982	4.1	6.5	1.0	34.5	170.5	723.0	58.5
1983	4.6	10.0	0.9	33.1	171.2	705.3	63.4
1984	5.5	13.0	1.0	36.8	188.8	692.7	77.1
1985	7.0	18.0	1.5	38.8	203.1	671.3	93.0
1986	7.8	28.2	1.5	41.0	214.9	670.6	104.9
1987	8.6	34.3	2.6	41.1	217.3	677.4	126.3
1988	9.7	37.6	3.4	35.1	209.2	688.7	132.8
1989	10.0	42.1	3.9	35.2	200.6	715.2	141.9
1990	9.6	45.3	5.2	36.1	197.9	747.3	150.1
1991	9.3	44.7	5.6	36.0	202.3	788.9	165.7
1992	9.7	46.3	6.6	34.9	220.2	809.0	177.6
1993	11.7	50.2	7.7	33.2	244.0	832.1	190.5
1994	13.8	55.9	9.6	34.7	272.7	862.2	191.8
1995	15.2	66.7	11.1	38.9	300.6	883.2	200.0
1996	16.4	67.3	12.3	45.1	328.1	897.6	201.9
1997	17.5	72.7	13.3	52.5	348.4	911.3	202.8
1998	18.5	70.5	14.5	59.0	364.6	918.0	203.6
1999	22.1	69.5	23.0	64.1	379.8	921.0	213.0
2000	30.0	65.6	15.5	72.5	388.2	929.9	214.2
2001	38.2	62.0	16.7	84.3	405.4	953.0	220.9
2002	46.8	61.2	17.8	98.4	415.0	979.6	211.6
2003	58.8	63.1	23.9	113.7	432.2	1025.4	212.5
2004	72.7	65.5	28.1	131.3	449.6	1049.6	213.2
2005	87.5	71.0	32.8	149.0	462.7	1067.0	213.9
2006	100.9	80.8	38.2	163.5	475.8	1057.0	219.3
2007	112.0	90.8	45.8	172.4	482.9	1017.6	222.6
2008	121.6	100.1	53.5	181.8	497.9	956.5	232.4
2009	133.4	120.5	65.0	192.4	503.7	887.7	249.5
2010	142.7	154.8	75.4	208.9	500.1	848.5	277.2
2011	152.7	152.1	79.5	220.4	479.1	822.1	307.8
2012	161.7	149.6	88.5	225.9	442.5	808.2	330.7
2013	171.0	140.9	87.6	220.4	404.8	807.9	354.6
2014	179.4	128.2	62.3	214.0	376.8	831.9	379.3
2015	185.6	117.2	58.9	205.4	355.3	868.9	402.3
2016	189.3	106.6	53.3	197.4	347.8	905.2	421.7
2017	192.6	99.4	55.4	189.3	356.1	942.0	441.4
2018	196.3	86.7	54.3	183.7	372.5	988.4	449.1
2019	205.4	86.0	57.8	183.7	389.0	1033.4	464.5
2020	240.0	86.7	60.9	190.4	405.5	1057.1	480.2
2021	254.0	90.3	62.9	200.8	429.2	1079.0	500.4
2022	267.1	94.2		211.8	453.6	1084.1	498.1

注：1. 普通高等学校包括大学，学院，独立学院，职业本科学校，高等专科院校，高等职业学校，其他普通高教机构；本表所列在校生仅指普通本专科在校生。

2. 1986 年后中等职业教育学校包括普通中专、成人中专、职业高中，1986 年前缺成人中专数据。

2-34 分地区各级教育生均一般公共预算教育经费增长情况(2022)

地 区	中等职业学校(元)			普通高中(元)			普通初中(元)		
	2021 年	2022 年	增减(%)	2021 年	2022 年	增减(%)	2021 年	2022 年	增减(%)
广东省	**20,743.52**	**20,227.92**	**-2.49%**	**27,327.77**	**25,436.49**	**-6.92%**	**22,141.37**	**21,955.12**	**-0.84%**
广州市	30,494.59	34,297.49	12.47%	47,119.37	46,852.08	-0.57%	39,528.71	38,580.80	-2.40%
韶关市	15,901.38	10,993.99	-30.86%	17,050.96	17,157.81	0.63%	14,800.63	14,867.30	0.45%
深圳市	45,625.46	42,678.87	-6.46%	118,507.39	82,228.51	-30.61%	52,066.68	48,093.12	-7.63%
珠海市	29,075.23	27,762.37	-4.52%	62,437.81	60,174.76	-3.62%	39,610.47	37,768.48	-4.65%
汕头市	23,856.51	16,559.72	-30.59%	13,428.32	13,555.51	0.95%	13,485.80	13,492.78	0.05%
佛山市	23,257.58	23,949.33	2.97%	22,784.22	23,078.92	1.29%	21,110.71	21,712.91	2.85%
江门市	11,555.38	13,773.60	19.20%	16,914.89	15,793.83	-6.63%	16,085.77	16,458.93	2.32%
湛江市	10,910.32	9,457.82	-13.31%	13,463.05	12,807.58	-4.87%	12,337.21	12,579.20	1.96%
茂名市	11,281.23	8,379.30	-25.72%	12,279.63	12,365.81	0.70%	12,459.60	13,098.53	5.13%
肇庆市	10,445.48	10,545.44	0.96%	14,011.14	14,819.23	5.77%	12,951.72	14,047.85	8.46%
惠州市	12,989.70	13,149.09	1.23%	20,466.06	20,469.04	0.01%	19,329.95	19,659.75	1.71%
梅州市	10,558.61	8,430.68	-20.15%	14,984.45	15,171.59	1.25%	16,253.54	16,595.83	2.11%
汕尾市	16,049.24	17,668.92	10.09%	17,083.93	17,475.87	2.29%	15,954.04	16,373.28	2.63%
河源市	15,417.71	15,032.95	-2.50%	13,613.81	14,076.54	3.40%	14,991.05	15,012.79	0.15%
阳江市	10,010.44	10,193.28	1.83%	11,122.37	15,028.44	35.12%	14,936.54	14,478.90	-3.06%
清远市	13,754.71	12,971.41	-5.69%	16,701.60	16,873.40	1.03%	15,676.32	15,697.23	0.13%
东莞市	32,697.61	29,687.67	-9.21%	37,598.33	35,264.27	-6.21%	36,695.02	34,914.71	-4.85%
中山市	29,691.96	26,400.43	-11.09%	33,500.79	37,001.90	10.45%	28,703.03	23,580.47	-17.85%
潮州市	16,918.28	20,529.14	21.34%	16,140.72	17,554.70	8.76%	15,884.83	16,685.84	5.04%
揭阳市	12,720.29	12,742.11	0.17%	10,516.05	10,603.54	0.83%	12,398.25	12,751.90	2.85%
云浮市	12,257.82	12,334.10	0.62%	13,604.35	13,803.61	1.46%	16,770.13	16,192.68	-3.44%

2-34 续表

地区	普通小学（元）			幼儿园（元）		
	2021 年	2022 年	增减（%）	2021 年	2022 年	增减（%）
广东省	**14,903.38**	**14,942.65**	**0.26%**	9,598.50	**10,228.76**	**6.57%**
广州市	21,815.00	21,632.34	-0.84%	13,755.60	12,009.65	-12.69%
韶关市	9,804.30	9,880.22	0.77%	9,419.36	9,753.97	3.55%
深圳市	37,478.37	35,895.24	-4.22%	28,093.03	29,721.04	5.80%
珠海市	29,216.25	24,414.41	-16.44%	31,688.59	31,435.89	-0.80%
汕头市	7,676.43	7,818.09	1.85%	2,671.53	2,708.73	1.39%
佛山市	14,500.10	14,740.53	1.66%	4,784.86	6,278.76	31.22%
江门市	12,171.43	11,664.76	-4.16%	1,951.48	1,953.64	0.11%
湛江市	8,350.58	8,523.00	2.06%	2,675.11	2,789.55	4.28%
茂名市	9,097.25	9,243.26	1.60%	4,827.14	5,104.08	5.74%
肇庆市	9,491.81	10,218.25	7.65%	4,061.71	4,235.18	4.27%
惠州市	13,923.54	14,374.48	3.24%	3,428.67	3,683.10	7.42%
梅州市	10,489.87	10,869.64	3.62%	3,459.73	3,725.92	7.69%
汕尾市	12,015.36	12,980.86	8.04%	10,571.71	11,660.06	10.29%
河源市	10,566.82	10,810.39	2.31%	3,784.84	4,119.39	8.84%
阳江市	9,190.34	9,344.91	1.68%	4,327.67	3,969.77	-8.27%
清远市	10,702.83	10,595.42	-1.00%	6,604.67	7,334.04	11.04%
东莞市	24,398.10	23,480.07	-3.76%	6,658.06	7,951.91	19.43%
中山市	19,731.81	16,537.23	-16.19%	4,457.54	3,628.45	-18.60%
潮州市	10,045.68	10,652.56	6.04%	4,408.75	5,389.91	22.25%
揭阳市	8,097.58	8,313.79	2.67%	3,013.05	3,286.06	9.06%
云浮市	9,547.45	9,972.22	4.45%	3,809.89	4,312.74	13.20%

主要统计指标解释

教育经费支出 分为事业经费和基建支出两部分。1. 事业经费支出分为“个人部分支出”和“公用部分支出”两个部分。个人部分支出：指用于公办、民办教职工，离退休人员，学生等个人方面的支出。包括基本工资、补助工资、其他工资、职工福利费、社会保障费及奖贷助学金。公用部分支出包括：公务费、业务费、设备购置费、修缮费、其他属于公用性质的经费支出。2. 基建支出：指属于基建投资额度范围内的，并列入各级计划部门基建计划，由学校和教育事业单位经批准用教育基建拨款和其他自筹资金安排的基本建设，并专存银行基建专户的支出。

普通高等学校 是指按国家规定的设置标准和审批程序批准举办的，通过全国普通高等教育统一招生考试，招收高中毕业生为主要培养对象，实施高等学历教育的全日制大学、独立设置的学院和高等专科学校、高等职业学校和其他机构。大学、独立设置的学院主要实施本科及本科层次以上教育。高等专科学校、高等职业学校实施专科层次教育。其他机构是承担国家普通招生计划任务不计校数的机构，包括普通高等学校分校和批准筹建的普通高等学校等。

中等职业教育学校 是指按国家规定的设置标准和审批程序批准成立的实施中等职业教育的学校（机构），包括原属普通中等专业学校、成人中等专业学校、职业高中及技工学校。

初中学生毛入学率 指初级中学（普通初中和职业初中）在校生总数占初中学龄人口数的比重。

高中阶段教育入学率 是指当年高中阶段在校生（普通高中在校生、中等职业学校在校生、技工学校在校生、成人高中注册学生数）总数占高中阶段学龄人口数的比重。

高等教育毛入学率 是指高等教育阶段（包括国家承认学历的各类高等教育：普通高校本专科、高等学历文凭考试、电视大学注册视听生、自学考试本科专科、军事院校本专科研究生教育）在校学生折合总数占高等教育学龄（18 ～ 22 岁）人口数的比重。

三、卫生

简要说明

1．本篇资料主要反映广东省卫生事业发展情况。

2．本篇资料主要包括：

(1) 级各类卫生机构基本情况、卫生技术人员数、床位及使用情况、医疗业务开展情况、医疗设备拥有和使用情况及农村卫生情况等。

(2) 地区全省和 21 个地级以上市。

(3) 年份主要有当年、近 5 年连续年份。

3．统计资料来源：本篇资料由广东省卫健委、省农业农村厅、省水利厅负责整理、审核、提供。

2022年广东省医疗卫生资源和医疗服务情况

在省委、省政府的正确领导下，全省卫生健康系统坚持以习近平新时代中国特色社会主义思想为指导，全面贯彻落实党的二十大会议精神，深入推进健康中国行动，推动公立医院高质量发展，全面深化重点领域改革，织牢公共卫生安全防护网，全省卫生健康人才队伍不断壮大，医疗技术服务能力明显提升，卫生健康事业健康发展。现根据全省医疗卫生资源与医疗服务年报数据将有关情况分析如下。

一、卫生资源

卫生资源总量稳步增长，人均占有量持续提升，人才队伍建设不断壮大。

（一）医疗卫生机构数。截止2022年底，全省医疗卫生机构59531家，其中：医院1812家，基层医疗机构56636家，专业公共卫生机构731家，其他机构352家。与上年相比，医疗卫生机构总量增加1576家，增长2.7%，其中：医院增加50家，基层医疗机构增加1497家，其他医疗卫生机构增加77家，专业公共卫生机构减少48家。全省三甲医疗机构（含医院、妇幼保健院、专科疾病防治院）159家，较上年增加12家。

医院：按机构类别分，全省综合医院967家，中医医院203家（含中西医结合医院14家）、专科医院595家、护理院47家；按医院等级分，三级医院270家、二级医院644家、一级医院477家、未定级医院421家；按经济类型分，公立医院736家、民营医院1076家。

基层医疗机构：基层医疗机构中，乡镇（街道）卫生院1169家、社区卫生服务机构2729家、门诊部（所）27434家、村卫生室25304家。与上年相比，门诊部（所）增加1652家；由于撤停并改等原因，村卫生室减少144家、卫生院减少4家、社区卫生服务机构减少7家。

专业公共卫生机构：专业公共卫生机构中，全省妇幼保健机构132家、专科疾病防治机构124家、疾病预防控制机构145家、卫生监督机构147家、计划生育服务机构30家、采供血机构49家、急救中心（站）57家、健康教育机构47家。与上年相比，急救机构增加4家，疾病预防控制机构增加3家，卫生监督机构减少4家，专科疾病防治机构减少4家，计划生育服务机构减少61家，采供血机构相对稳定。

（二）医疗机构床位数。截止2022年底，全省医疗机构拥有住院床位60.8万张，其中：医院49.7万张（内：民营医院12.9万张），卫生院6.7万张，妇幼保健机构2.8万张，专科疾病防治机构0.7万张，社区卫生服务机构0.9万张。与上年相比，床位总量增加1.9万张，增长3.3%。按照常住人口统计，全省每千口床位4.81张，较上年增加0.16张。

（三）在岗职工数。截止2022年底，全省医疗卫生机构在岗职工111.2万人，其中：卫生技术人员91.8万人、管理人员10.5万人（内：仅从事管理的人员4.0万人）、工勤技能人员9.8万人、其他技术人员5.6万人。与上年相比，职工总量增加4.9万人，增长4.6%；卫生技术人员增加4.3万人，增长4.9%。

按人员类别分：卫生技术人员中，执业（助理）医师33.5万人，注册护士42.1万人，分别较上年增加1.4万人（增长4.4%）、1.9万人（增长4.7%）；技师5.4万人（含：检验技师3.3万人、

注：根据《国家卫生健康统计调查制度》，医疗卫生机构包括医院、基层医疗机构、专业公共卫生机构、其他机构四类，妇幼保健院和专科疾病防治院纳入专业公共卫生机构统计，医院不含妇幼保健院和专科疾病防治院。

影像技师1.2万人、康复技师0.7万人），较上年增加0.6万人。

按机构类别分：医院在岗职工66.3万人（内：民营医院12.4万人），基层医疗机构34.5万人，专业公共卫生机构9.2万人，分别较上年增长4.1%、5.1%、3.4%。

按执业类别分：2022年，全省临床、中医、口腔、公卫医师分别为23.4万、5.7万、3.3万、1.2万人，占医师比重分别为69.7%、16.9%、9.7%、3.7%。全省全科医生共4.65万人（其中：注册为全科医师专业的4.40万人、乡村全科执业助理医师数0.25万人）。执业（助理）医师中，取得全科医生培训合格证书的0.6万人。

按学历职称分：全省医疗卫生机构中，高级职称在岗职工9.5万人，本科及以上学历在岗职工46.7万人，分别较上年增加0.3万人、3.3万人。卫生技术人员中，拥有高级职称人数9.0万人，占卫生技术人员总数的9.8%；拥有本科以上学历40.9万人，占卫生技术人员总数的44.6%。

千人口指标：按常住人口统计，2022年全省每千人口执业（助理）医师2.65人，注册护士3.32人，分别比上年增加0.12人、0.15人；每万人口全科医师数3.67人，较上年增加0.55人。

（四）设备。截止2022年底，全省医疗卫生机构拥有万元以上设备112.0万台，比上年增加12.8万台（增长12.9%），其中：10-49万元设备22.3万台、50-99万元设备3.6万台、100万元及以上设备3.6万台。

（五）卫生总费用。2021年，全省卫生总费用8064.0亿元，占全省GDP的6.5%，其中：政府卫生支出1966.4亿元，社会卫生支出4014.1亿元，个人现金卫生支出2083.5亿元，所占比重分别为24.4%、49.8%、25.8%。与2020年相比，全省卫生总费用总量增长14.0%，占GDP的比重提高0.1个百分点。

二、医疗服务

医疗机构门诊量减少，住院量增长，互联网诊疗人次不断增加，居民看病、就医需求有序释放。

（一）医疗服务量

诊疗量：2022年，全省医疗机构总诊疗人次达8.04亿人次，其中：医院3.78亿人次，基层医疗机构3.77亿人次（内：卫生院、社区卫生服务机构1.94亿人次，村卫生室0.84亿人次，门诊部（所）0.99亿人次），其他医疗机构0.49亿人次。与2021年相比，医疗机构总诊疗人次下降1.4%。

住院量：2022年，全省医疗机构出院人次达1752.6万人次，其中：医院1438.2万人次，卫生院169.1万人次，妇幼保健院127.8万人次，其他机构17.6万人次。与2021年相比，出院人次增长1.3%。

手术量：全省医疗机构住院病人手术量达1009.6万人次，其中：医院907.3万人次，妇幼保健院88.3万人次，其他医疗机构14.0万人次。与2021年相比，手术人次增加4.8%。根据住院病案首页统计，全省医疗机构四级手术[1]占比10.8%，其中三级医疗机构四级手术占比13.3%。

（二）医疗服务分布

按隶属关系分，2022年省部属、市属、县（区）属及以下医疗机构（含民营医院、基层医疗等机构）总诊疗人次分别为0.50亿、1.26亿、6.28亿人次，分别占总量的6.3%、15.7%、78.0%（2021年分别占6.4%、16.0%、77.6%）；出院人次分别为216.5万、482.1万、1054.0万人次，分别占12.4%、27.5%、60.1%（2021年分别占12.6%、27.0%、60.4%）。

县域医疗机构：全省57个县医疗机构总诊疗1.92亿人次、出院463.8万人次，分别占全省总量的23.8%、26.5%。与去年相比，总诊疗人次、出院人次分别增长2.8%、0.3%，占比中总诊疗人次提升1.0百分点，出院人次下降0.3个百分点。

注：1. 按三级公立医院绩效考核口径统计，四级手术目录使用2022版，包括手术及介入治疗两类。

基层医疗机构[2]：2022 年，全省基层医疗机构总诊疗 3.77 亿人次，占全省总量的 46.9%，其中社区卫生服务中心（站）减少 3.6%，卫生院增加 7.1%，门诊部（所）增加 5.0%，村卫生室减少 3.7%。与 2021 年相比，基层医疗机构总诊疗人次增长 0.7%，占比提高 1.0 个百分点。

全年基层医疗机构出院 180.3 万人次，较去年同期减少 3.0%；基层出院人次占比 10.3%，较去年下降 0.5 个百分点。

（三）医疗服务效率

2022 年，全省医疗机构病床使用率 68.5%，其中：医院 72.2%（三级医院：78.2%、二级医院：69.9%），乡镇卫生院 47.2%，社区卫生服务中心 34.8%。与上年相比，医疗机构病床使用率下降 1.7 个百分点，其中：医院、乡镇卫生院、社区卫生服务中心分别下降 2.1、1.3、1.7 个百分点。

医疗机构出院者平均住院日 7.9 日，较上年下降 0.3 日，其中：医院 8.3 日、乡镇卫生院 5.9 日、社区卫生服务中心 9.4 日。

（四）医师工作负荷

2022 年，全省医院医师日均担负诊疗 8.4 人次，日均担负住院 1.9 个床日；乡镇卫生院医师日均担负诊疗 9.9 人次，担负住院 1.0 个床日；社区卫生服务中心医师日均担负诊疗 18.3 人次，担负住院 0.1 个床日。

三、收支与费用

医疗机构收入总量增加，次均门诊费用上升，次均住院费用下降，收入结构调整。

（一）收入支出

2022 年，全省医疗卫生机构总收入中财政拨款收入、医疗收入占比分别为 18.2%、72.2%。与上年相比，财政拨款收入增加 2.7%，占比下降 0.6 个百分点；医疗收入增加 3.1%，占比下降 2.3 个百分点。

公立医院医疗收入中药品收入占比 26.8%、耗材收入占比 13.6%、检查化验收入占比 29.1%，医疗服务（挂号、诊察、护理、手术、治疗等项目）收入占比 30.5%。与 2021 年相比，药占比降低 0.1 个百分点，耗材占比下降 0.2 个百分点，检查化验占比提高 0.3 个百分点，医疗服务收入占比提高 0.1 个百分点。

全省各级各类医疗卫生机构总费用中人员经费支出占比 40.4%，比去年下降 0.5 个百分点；医院人员经费支出占比 40.1%，比上年提高了 0.3 个百分点。

（二）医疗费用

1. 医院门诊和住院费用。 2022 年，全省医院次均门诊费用 380.0 元，较上年上涨 7.8%；次均住院费用 13857.5 元，较上年下降 1.8%，其中：公立医院次均门诊、次均住院费用分别为 361.8 元、14181.6 元，分别较上年上涨 7.5%、-2.4%。

2. 基层医疗机构门诊和住院费用。 2022 年，社区卫生服务中心次均门诊费用 146.7 元，较上年上涨 18.9%；次均住院费用 4375.8 元，较上年下降 2.2%；乡镇卫生院次均门诊、次均住院费用分别为 96.2 元、3152.3 元，分别较去年上涨 9.3%、0.4%。

四、中医药服务

全省中医药资源不断增长，服务利用效率提升，中医服务体系建设继续提升。

（一）中医资源

截止 2022 年底，全省中医类医疗机构总数达 2.42 万家，较上年增加 535 家，其中：中医医院

注：2. 基层医疗机构包含卫生院、社区卫生服务中心（站）、门诊部、诊所、卫生所、医务室、中小学保健室、村卫生室等机构

203 家，中医类门诊部 309 家，中医类诊所 5609 家，中医村卫生室（行医方式以中医、中西医结合行医为主）18063 家。全省医疗机构设置中医床位 8.4 万张，中医类医疗卫生机构在岗职工 13.8 万人，分别占全省总量的 13.8%、12.4%。基层医疗机构中，有 99.7% 的社区卫生服务中心、97.8% 的社区卫生服务站、95.2% 的村卫生室能够提供中医药服务，满足城乡居民中医服务需求。

（二）中医服务

2022 年，全省医疗机构提供中医门诊服务 1.87 亿人次，占全省总量的 23.3%，其中：中医类医院 6267.9 万人次，中医类门诊部（所）2037.3 万人次，中医类村卫生室 6056.5 万人次，其他机构中医科 4361.7 万人次。与上年相比，中医门诊服务总量增加 0.9%，占全省比重提高 0.6 个百分点。

全省医疗机构中医住院服务量达 244.2 万人次，较上年上涨 2.4%，占全省总量的比重为 13.9%，其中：中医类医院出院 210.1 万人次，其他医疗机构中医科出院 34.2 万人次。

撰稿：胡伟

3-1 各类卫生机构基本情况(2022年)

卫生机构名称	机构数量（个）	实有床位（张）	在岗职工数（人）				
			合计	卫生技术人员	其他技术人员	管理人员	工勤人员
合 计	**59531**	**608258**	**1111769**	**918430**	**55549**	**40223**	**97567**
一、医院	1812	497101	662717	549860	21381	27393	64083
二、卫生院	1169	66975	103114	88402	3955	1787	8970
街道卫生院	7	544	1057	944	20	13	80
乡镇卫生院	1162	66431	102057	87458	3935	1774	8890
三、疗养院	13	634	882	537	35	48	262
四、社区卫生服务中心(站)	2729	8953	68550	60017	1920	1513	5100
社区卫生服务中心	1257	8933	62164	54083	1851	1387	4843
社区卫生服务站	1472	20	6386	5934	69	126	257
五、门诊部	6146	129	71586	62174	1663	2050	5699
六、诊所、卫生所、医务室	21288	59	69788	63792	2060	1772	2164
诊所	18340		58784	53785	1464	1608	1927
卫生所.医务室	2776		9847	9018	568	115	146
护理站（中心）	172	59	1157	989	28	49	91
七、急救中心(站)	57		1102	629	116	161	196
八、采供血机构	49		2990	2255	182	160	393
九、妇幼保健院(所、站)	132	27642	60209	50763	1838	2351	5257
十、专科疾病防治院(所、站)	124	6765	10197	7872	780	469	1076
十一、疾病预防控制机构	145		11512	8629	1050	718	1115
十二、卫生监督所(中心)	147		4394	2886	395	629	484
十三、医学科学研究机构	10		168	35	54	70	9
十四、医学在职培训机构	4		620	128	401	37	54
十五、健康教育所(站、中心)	47		616	225	135	167	89
十六、计划生育服务机构	30		692	521	22	72	77
十七、村卫生室	25304		31890	13528	18362		
十八、其他卫生机构	325		10742	6177	1200	826	2539

注：1. 合计中含村卫生室数，下同。
2. 管理人员指仅从事管理的人员数，指在医疗卫生机构数中仅担负领导职责和管理任务且不从事临床或监督工作的管理人员，下同。
3. 康复医疗机构包括疗养院和康复医疗中心。

3-2 各类卫生机构卫生技术人员情况（2022 年）

单位：人

卫生机构名称	执业（助理）医师	注册护士	药师（士）	检验技师（士）	影像技师（士）	康复技师（士）	其他卫生技术人员
合 计	**335181**	**420790**	**48738**	**33341**	**11681**	**7407**	**59587**
一、医院	179691	274747	28924	18719	8523	5527	32473
二、卫生院	31629	33505	7145	3320	1478	352	10904
街道卫生院	343	407	92	35	9	3	55
乡镇卫生院	31286	33098	7053	3285	1469	349	10849
三、疗养院	189	221	29	35	21	18	24
四、社区卫生服务中心（站）	25557	23049	5179	1888	410	403	3485
社区卫生服务中心	22886	20606	4692	1795	384	376	3305
社区卫生服务站	2671	2443	487	93	26	27	180
五、门诊部	28493	28879	1743	814	463	71	1636
六、诊所、卫生所、医务室	33156	26245	2072	122	32	252	1831
诊所	28377	21685	1876	71	24	198	1476
卫生所．医务室	4768	3658	195	51	8	26	308
护理站（中心）	11	902	1			28	47
七、急救中心（站）	148	360	5	10		2	104
八、采供血机构	255	1360	21	503	1		105
九、妇幼保健院（所、站）	16311	24446	2553	3001	469	714	3189
十、专科疾病防治院（所、站）	2910	2805	636	663	125	65	662
十一、疾病预防控制机构	4250	933	198	1841	63	3	1332
十二、卫生监督所（中心）							2886
十三、医学科学研究机构	19	4	4	4			4
十四、医学在职培训机构	18	48	11	2	1		48
十五、健康教育所（站、中心）	114	45	10	9			45
十六、计划生育服务机构	220	131	71	27	4		68
十七、村卫生室	11247	2205	76				
十八、其他卫生机构	974	1807	61	2383	91		791

注：合计中含村卫生室数；村卫生室只列出执业（助理）医师、注册护士，药师（士）数。

3-3 医院、卫生院卫生技术人员情况(2022年)

单位：人

卫生机构名称	执业(助理)医师	注册护士	药师(士)	检验技师(士)	影像技师(士)	康复技师(士)	其他卫生技术人员
医院、卫生院合计	**211320**	**308252**	**36069**	**22039**	**10001**	**5879**	**43377**
一、医院	179691	274747	28924	18719	8523	5527	32473
综合医院	129347	197737	19419	13995	6260	3081	22336
中医医院	25481	33466	5740	2294	1138	1064	4345
中西医结合医院	3429	4485	544	304	153	166	453
专科医院	21131	38382	3160	2118	971	1138	5273
口腔医院	2628	3394	125	40	93		336
眼科医院	1643	2743	278	139	53	11	661
耳鼻喉科医院	172	205	20	16	7	2	35
肿瘤医院	1880	3274	273	165	193		732
心血管病医院	273	413	27	25	22	1	24
胸科医院	250	442	53	62	19		7
妇产(科)医院	1188	1952	179	179	65	26	259
儿童医院	1289	1906	192	150	52	107	227
精神病医院	4042	11752	851	405	121	128	1058
传染病医院	1275	2024	183	188	59	4	124
皮肤病医院	298	388	95	71	1	1	19
麻风病医院	41	26	11	3			8
职业病医院	12	6	2	10			2
骨科医院	967	1627	123	81	81	122	308
康复医院	1418	2483	261	148	64	613	565
整形外科医院	58	86	3	2			
美容医院	785	1362	62	51	9		87
其他专科医院	2912	4299	422	383	132	123	821
护理院	303	677	61	8	1	78	66
二、卫生院	31629	33505	7145	3320	1478	352	10904

3-4 各市各类卫生技术人员数（2022 年）

单位：人

市　别	执业（助理）医师	注册护士	药师（士）	检验技师（士）	影像技师（士）	康复技师（士）	其他卫生技术人员
全　省	**335181**	**420790**	**48738**	**33341**	**11681**	**7407**	**59587**
广　州	68687	91203	10042	7529	2852	1862	12938
深　圳	47234	51569	4641	4676	1516	860	7568
珠　海	9072	10945	1110	855	255	214	1088
汕　头	12292	14043	1535	1102	326	194	1866
佛　山	24685	31821	4170	2317	838	1052	3208
韶　关	8355	12636	1411	1008	422	290	1462
河　源	7567	10975	1368	911	262	161	1625
梅　州	10594	12111	2141	1245	366	158	1980
惠　州	16911	19911	2080	1566	487	208	2675
汕　尾	5464	6011	1222	622	235	46	1663
东　莞	24495	30520	3375	2318	685	499	2629
中　山	11163	13858	1438	899	293	282	1210
江　门	12252	17335	2235	1190	482	312	2144
阳　江	6317	8432	1060	587	219	112	1614
湛　江	15497	21664	2370	1331	626	240	4395
茂　名	14214	17892	1922	1159	465	200	2335
肇　庆	9835	13358	2125	1040	316	198	2740
清　远	9427	12816	1489	1017	341	200	1449
潮　州	4826	4254	949	534	142	37	794
揭　阳	10896	12001	1193	905	364	159	2247
云　浮	5398	7435	862	530	189	123	1957

注：含村卫生室数。

3-5 各市村卫生室情况(2022年)

市别	村卫生室数(个)	执业(助理)医师(人)	注册护士(人)	乡村医生和卫生员(人)		
				合计	乡村医生	卫生员
全 省	**25304**	**11247**	**2205**	**18362**	**17423**	**939**
广 州	935	590	232	424	399	25
珠 海	140	131	197	72	28	44
汕 头	688	606	122	496	320	176
佛 山	40	38	16	22	19	3
韶 关	1326	437	43	952	930	22
河 源	1508	659	115	933	907	26
梅 州	2118	931	81	1377	1343	34
惠 州	1276	744	233	621	600	21
汕 尾	1156	362	4	885	827	58
中 山	10	23	31	8	3	5
江 门	875	390	155	651	637	14
阳 江	1202	472	19	896	826	70
湛 江	2081	908	280	2084	1891	193
茂 名	3144	1485	225	2468	2409	59
肇 庆	2125	678	114	1639	1582	57
清 远	1502	663	126	955	884	71
潮 州	1572	596	53	1297	1282	15
揭 阳	2638	1048	56	1717	1698	19
云 浮	968	486	103	865	838	27

3-6 各市村卫生室乡村医生学历分布(2022年)

单位：%

市别	大专及以上学历	中专及中技	技工学校	其他
全省	**8.9**	**83.8**	**0.2**	**7.1**
广州	19.0	77.4		3.5
深圳				
珠海	10.7	89.3		
汕头	16.6	69.1		14.4
佛山	15.8	63.2		21.1
韶关	12.7	85.3	0.3	1.6
河源	6.4	91.8	0.3	1.4
梅州	7.1	85.0	0.1	7.9
惠州	20.5	79.5		
汕尾	10.8	78.6	0.2	10.4
东莞				
中山		100.0		
江门	8.9	68.6	0.3	22.1
阳江	8.8	88.0	0.4	2.8
湛江	7.9	84.1		8.0
茂名	5.9	89.0	0.2	4.9
肇庆	4.7	86.6	0.1	8.6
清远	11.0	86.3	0.2	2.5
潮州	10.2	84.2	0.5	5.0
揭阳	9.3	77.5	0.1	13.1
云浮	5.6	85.5		8.9

3-7 全省及各市医院机构、床位、人员数(2022年)

地区	机构数（个）	床位数（张）	在岗职工（人）	卫生技术人员（人）								其他技术人员（人）	管理人员（人）	工勤人员（人）
				小计	执业（助理）医师	注册护士	药师（士）	技师（士）						
								小计	检验技师（士）	影像技师（士）	康复技师（士）			
全省	**1812**	**497117**	**662717**	**549860**	**179691**	**274747**	**28924**	**34025**	**18719**	**8523**	**5527**	**21381**	**27393**	**64083**
广州	298	100490	161168	131446	41592	65164	6698	8470	4162	2308	1543	6376	7365	15981
深圳	151	50377	90058	74116	27547	34463	3125	4861	2893	1252	588	5232	4054	6656
珠海	45	10846	16463	13501	4648	6845	623	851	423	184	168	407	993	1562
汕头	63	19797	24080	20560	6943	10541	973	1140	660	263	180	713	802	2005
佛山	139	37910	52544	43962	14514	21610	2715	3169	1564	708	774	1042	1856	5684
韶关	59	16801	17779	14811	4174	8208	768	930	483	233	203	541	600	1827
河源	69	13437	14017	11935	3493	6416	666	708	423	156	114	257	469	1356
梅州	59	16453	18631	15928	5257	7882	975	1030	649	249	121	573	480	1650
惠州	85	19719	26736	22220	7525	11073	1052	1294	737	343	127	586	1393	2537
汕尾	44	8643	9410	7838	2321	3823	501	512	284	146	27	222	362	988
东莞	121	34145	50211	40797	13904	19881	2291	2695	1629	601	399	891	2549	5974
中山	69	16845	23715	20529	7323	10101	1059	1242	672	264	259	537	658	1991
江门	57	19556	24013	20572	6357	10906	1163	1131	604	299	185	627	603	2211
阳江	65	13235	12533	10333	3163	5391	542	476	281	120	69	308	488	1404
湛江	131	34283	32550	26940	8084	14039	1412	1357	761	380	198	837	1881	2892
茂名	82	23610	21358	18439	5769	10012	974	918	545	254	104	582	520	1817
肇庆	68	15724	19161	15617	4371	7817	1165	931	552	189	161	540	468	2536
清远	64	12934	15226	12448	3834	6600	701	730	433	185	101	377	664	1737
潮州	32	5917	6729	5475	1851	2607	399	343	248	71	24	143	294	817
揭阳	79	18873	17443	14895	5006	7513	659	814	466	203	127	378	564	1606
云浮	32	7506	8892	7498	2015	3855	463	423	250	115	55	212	330	852

注：根据国家统计调查制度，技师（士）从2021年起包括检验、影像、康复等技师（士），下同。

3-8 年全省及各市卫生院机构、床位、人员数(2022 年)

地区	机构数（个）	床位数（张）	在岗职工（人）	卫生技术人员（人）								其他技术人员（人）	管理人员（人）	工勤人员（人）
				小计	执业（助理）医师	注册护士	药师（士）	技师（士）						
								小计	检验技师（士）	影像技师（士）	康复技师（士）			
全省	**1169**	**66975**	**103114**	**88402**	**31629**	**33505**	**7145**	**5219**	**3320**	**1478**	**352**	**3955**	**1787**	**8970**
广州	31	2318	5602	4830	1832	2029	393	341	197	103	35	141	206	425
深圳	2	60	161	91	32	36	11	4	2	2		28	10	32
珠海	12	315	1073	949	463	355	63	50	37	9	3	34	43	47
汕头	32	1724	3687	3135	1317	916	212	142	111	26	4	227	63	262
佛山	6	345	685	569	188	233	69	33	27	4	2	26	7	83
韶关	99	3285	5101	4513	1551	1777	411	380	236	128	12	148	55	385
河源	97	4656	6072	5137	1668	2060	464	298	201	63	28	262	51	622
梅州	119	5084	7638	6706	2460	2363	768	386	279	83	21	290	142	500
惠州	68	2925	5891	4903	1849	1691	431	349	250	74	22	222	102	664
汕尾	47	2613	5495	4552	1610	1488	413	283	200	62	10	201	111	631
江门	63	4335	6674	5922	1997	2395	592	334	194	118	18	212	79	461
阳江	39	2073	3931	3268	1104	1173	285	194	130	60	4	119	114	430
湛江	92	7824	9334	7826	2320	3113	514	444	241	180	18	574	139	795
茂名	99	11808	11062	9644	3727	3904	555	478	271	154	48	419	175	824
肇庆	90	3133	5660	4820	1643	1704	489	224	145	73	3	156	58	626
清远	110	4646	7754	6830	2256	2992	537	467	305	110	46	210	138	576
潮州	42	1763	3556	2819	1153	793	323	205	142	55	6	169	97	471
揭阳	66	4747	8304	7254	2952	2686	367	377	226	123	23	253	153	644
云浮	55	3321	5434	4634	1507	1797	248	230	126	51	49	264	44	492

3-9 全省及各市妇幼保健机构、床位、人员数(2022 年)

地区	机构数（个）	床位数（张）	在岗职工（人）	卫生技术人员（人）									其他技术人员（人）	管理人员（人）	工勤人员（人）
				小计	执业（助理）医师	注册护士	药师（士）	技师（士）							
								小计	检验技师（士）	影像技师（士）	康复技师（士）				
全省	**132**	**27642**	**60209**	**50763**	**16311**	**24446**	**2553**	**4264**	**3001**	**469**	**714**	**1838**	**2351**	**5257**	
广州	12	4313	9007	7938	2711	3814	373	613	477	76	51	196	348	525	
深圳	11	3396	8904	7626	2895	3412	263	604	433	66	103	347	382	549	
珠海	2	805	2080	1829	564	810	86	160	115	23	13	45	186	20	
汕头	6	551	977	806	261	383	50	67	61	3	3	37	40	94	
佛山	4	2134	4874	4173	1310	2077	198	457	243	38	173	108	204	389	
韶关	9	1270	2208	1801	518	916	100	173	114	24	33	44	73	290	
河源	7	1233	2305	1948	618	963	93	153	125	14	13	107	26	224	
梅州	9	935	2218	1862	599	804	147	200	163	19	14	117	22	217	
惠州	6	1373	3260	2691	773	1379	126	237	176	18	33	62	206	301	
汕尾	5	503	820	689	199	272	81	63	46	10	6	47	17	67	
东莞	1	700	1604	1430	492	659	61	134	71	9	33	18	73	83	
江门	6	1430	3098	2520	809	1236	123	232	136	17	79	125	39	414	
阳江	5	932	2234	1848	522	960	91	154	92	26	34	26	186	174	
湛江	10	1764	3622	2945	882	1526	141	170	132	23	15	85	125	467	
茂名	5	1512	3038	2576	765	1347	132	201	145	23	26	104	142	216	
肇庆	9	1522	3360	2746	833	1282	188	204	149	28	24	93	141	380	
清远	9	1076	2029	1647	498	825	85	160	103	18	37	98	35	249	
潮州	4	313	775	614	199	291	40	53	43	8	2	35	37	89	
揭阳	6	1003	2018	1645	442	825	78	127	101	20	6	73	39	261	
云浮	6	877	1778	1429	421	665	97	102	76	6	16	71	30	248	

注：妇幼保健机构含妇幼保健院、所（站）。

3-10 全省及各市中医医院机构、床位、人员数(2022 年)

地区	机构数（个）	床位数（张）	在岗职工（人）	卫生技术人员（人）								其他技术人员（人）	管理人员（人）	工勤人员（人）
				小计	执业（助理）医师	注册护士	药师（士）	技师（士）						
								小计	检验技师（士）	影像技师（士）	康复技师（士）			
全省	**203**	**67737**	**97182**	**83190**	**28910**	**37951**	**6284**	**5247**	**2598**	**1291**	**1230**	**2410**	**3600**	**7982**
广州	41	14934	25126	21348	7512	9750	1684	1316	614	348	323	608	1046	2124
深圳	13	5860	10355	9067	3652	3820	487	599	293	148	150	303	482	503
珠海	5	2112	3179	2777	1070	1236	140	190	87	50	46	34	241	127
汕头	5	1344	1639	1418	535	574	107	84	48	21	14	27	48	146
佛山	14	5770	7652	6520	2145	2984	509	581	191	114	231	239	90	803
韶关	8	1931	2390	2044	560	984	163	142	79	40	22	77	34	235
河源	10	2255	2586	2251	748	989	180	161	79	30	52	51	65	219
梅州	9	2938	4481	3766	1300	1627	369	272	171	72	28	186	99	430
惠州	9	1910	3026	2574	944	1108	200	132	83	42	6	62	153	237
汕尾	5	425	575	488	158	180	74	35	18	13	4	20	15	52
东莞	8	2246	3352	2806	1028	1286	198	213	101	49	55	49	164	333
中山	4	2710	4010	3483	1151	1847	202	209	78	45	74	30	135	362
江门	8	4620	5973	5271	1658	2578	373	226	127	67	32	172	157	373
阳江	5	1801	2468	2159	684	1094	163	117	68	31	14	58	106	145
湛江	10	2867	3220	2721	786	1311	263	142	86	34	21	112	148	239
茂名	7	4270	4489	3862	1313	1916	280	201	128	57	15	116	106	405
肇庆	11	2769	4229	3471	989	1600	344	219	128	39	49	97	108	553
清远	8	2129	2511	2149	653	1087	176	129	68	35	26	50	188	124
潮州	4	710	783	527	216	159	78	41	23	2	16	8	66	182
揭阳	14	2707	2995	2661	1287	937	137	150	68	35	45	43	81	210
云浮	5	1429	2143	1827	521	884	157	88	60	19	7	68	68	180

注：中医医院含中西医结合医院。

3-11 全省及各市专科疾病防治机构、床位、人员数(2022 年)

地区	机构数（个）	床位数（张）	在岗职工（人）	卫生技术人员（人）								其他技术人员（人）	管理人员（人）	工勤人员（人）
				小计	执业（助理）医师	注册护士	药师（士）	技师（士）						
								小计	检验技师（士）	影像技师（士）	康复技师（士）			
全省	**124**	**6765**	**10197**	**7872**	**2910**	**2805**	**636**	**859**	**663**	**125**	**65**	**780**	**469**	**1076**
广州	6	123	904	655	280	212	62	72	64	7		77	88	84
深圳	7	131	1320	1013	491	252	51	108	91	10	5	185	45	77
珠海	1	465	705	606	185	280	30	45	36	1	8	65	5	29
汕头	6	36	283	211	103	32	18	40	36	4		7	21	44
佛山	6	535	888	684	227	270	57	73	57	11	5	63	31	110
韶关	6	445	467	364	100	171	18	65	21	12	32	36	12	55
河源	6	822	303	239	75	104	21	22	16	6		19	6	39
梅州	12	753	551	444	139	166	43	37	28	9		22	13	72
惠州	9	289	762	561	223	148	64	73	63	8	2	55	34	112
汕尾	6	130	204	129	56	21	18	15	12	3		20	14	41
东莞	1	200	302	227	84	90	21	27	23	4		7	40	28
中山	2													
江门	9	222	553	435	157	147	50	50	38	11	1	36	27	55
阳江	2	100	99	76	30	31	3	5	5			7	3	13
湛江	11	178	574	421	164	120	28	44	34	9		55	29	69
茂名	5	1380	840	711	205	349	44	70	45	11	12	44	25	60
肇庆	8	266	376	294	94	120	31	29	24	5		11	8	63
清远	7	548	560	435	141	175	45	45	36	9		46	26	53
潮州	4		117	71	36	8	13	9	8	1		9	13	24
揭阳	6	136	276	207	83	74	17	20	17	3		12	21	36
云浮	4	6	113	89	37	35	2	10	9	1		4	8	12

注：专科疾病防治机构含专科疾病防治院、所（站）。

3-12 全省及各市采供血机构、人员数(2022 年)

地区	机构数（个）	在岗职工数（人）	卫生技术人员（人）								其他技术人员（人）	管理人员（人）	工勤人员（人）
			小计	执业医师	执业（助理）医师	注册护士	药师（士）	技师（士）					
								小计	检验技师（士）	影像技师（士）			
全省	**49**	**2990**	**2255**	**230**	**25**	**1360**	**21**	**514**	**503**	**1**	**182**	**160**	**393**
广州	5	584	436	31	3	278	2	68	67		43	39	66
深圳	3	368	294	15	2	165	1	96	95		19	13	42
珠海	1	53	42	7	1	23		11	11		4	6	1
汕头	3	156	106	15	5	51	4	27	27		12	14	24
佛山	5	211	167	29		82		49	43		12	13	19
韶关	1	112	79	12		42		19	19		6	9	18
河源	2	86	67	4	1	43	3	16	16		3	2	14
梅州	6	119	90	9	3	57	3	17	15		3	7	19
惠州	1	118	89	2		69		18	18		6	4	19
汕尾	1	71	54	4	1	35		11	11		1	1	15
东莞	1	135	109	11		66		29	29		10	1	15
中山	1	76	65	13		36	3	12	12		6	2	3
江门	1	93	69	4		50		15	15		8	4	12
阳江	1	51	39	3	2	21	1	10	10		6	2	4
湛江	4	140	104	13	2	69	3	16	16	1	6	8	22
茂名	2	158	109	17	1	60	1	27	26		4	13	32
肇庆	2	148	104	13	1	64		25	25		17	3	24
清远	3	97	77	12	1	50		13	13		3	5	12
潮州	4	67	45	7		22		14	14		3	8	11
揭阳	1	71	53	5	1	30		16	16		9	3	6
云浮	1	76	57	4	1	47		5	5		1	3	15

3-13 医疗机构住院与诊疗人次数(2022年)

单位：万人次

机构分类	入院人次数	出院人次数	总诊疗人次数	门诊、急诊人次	门诊人次	急诊人次	健康检查人次数
总 计	**1757.5**	**1752.6**	**80416.9**	**77661.5**	**71222.6**	**6438.9**	**6372.1**
一、医院	1442.3	1438.2	37803.2	37066.6	32579.0	4487.6	3796.0
二、卫生院	169.9	169.1	7933.4	7358.4	6412.9	945.5	730.0
三、疗养院	0.2	0.2	9.6	9.4	9.4		5.3
四、社区卫生服务中心(站)	9.9	9.9	11464.0	10612.0	10146.2	465.8	768.0
社区卫生服务中心	9.9	9.9	10517.1	9688.9	9242.7	446.1	749.6
社区卫生服务站			946.8	923.1	903.4	19.6	18.4
五、门诊部	1.3	1.3	3187.2	3157.5	3157.5		431.3
六、诊所.卫生所.医务室	0.0	0.0	6751.8	6718.0	6718.0		14.2
七、妇幼保健院(所、站)	127.8	127.8	4350.8	4235.5	3700.7	534.8	442.1
妇幼保健院	127.8	127.8	4348.5	4233.3	3698.5	534.8	440.4
八、专科疾病防治院(所、站)	6.2	6.2	564.9	547.4	542.2	5.2	185.2
专科疾病防治院	4.1	4.0	241.6	241.2	241.1	0.1	122.3
九、村卫生室			8352.1	7956.6	7956.6		

3-14 各市医院住院与诊疗人次数(2022年)

单位：万人次

市别	入院人次	出院人次	总诊疗人次数	门诊、急诊人次			健康检查人次数
					门诊人次	急诊人次	
全省	**1442.3**	**1438.2**	**37803.2**	**37066.6**	**32579.0**	**4487.6**	**3796.0**
广州市	307.7	307.9	8892.9	8793.5	8037.2	756.3	780.6
深圳市	168.7	168.7	5045.9	5010.0	4463.3	546.7	770.1
珠海市	34.2	34.0	852.6	827.5	727.6	99.9	118.1
汕头市	56.3	56.3	1095.9	1044.8	940.3	104.5	122.7
佛山市	121.3	120.7	4570.3	4413.5	3811.5	602.0	436.1
韶关市	46.1	45.7	729.7	690.7	592.9	97.7	71.9
河源市	29.7	29.4	577.5	556.0	482.1	73.9	39.7
梅州市	43.5	43.5	681.7	671.7	597.8	73.9	63.3
惠州市	58.6	58.4	1782.1	1735.3	1448.3	287.1	148.4
汕尾市	16.7	16.6	349.5	347.2	279.6	67.6	18.0
东莞市	107.8	107.1	3345.6	3330.1	2792.5	537.6	413.2
中山市	56.5	56.4	2308.8	2228.0	1906.5	321.5	224.9
江门市	57.0	56.7	1721.1	1706.8	1480.4	226.4	80.6
阳江市	23.8	23.6	516.5	513.0	448.7	64.3	32.6
湛江市	87.6	86.9	1187.6	1140.9	997.6	143.3	70.3
茂名市	70.1	69.8	834.0	815.5	735.1	80.4	49.8
肇庆市	37.5	37.4	976.3	958.8	812.2	146.5	88.8
清远市	37.7	37.5	841.3	833.5	732.3	101.2	152.8
潮州市	14.3	14.3	344.2	325.3	301.3	24.0	24.2
揭阳市	45.8	46.0	609.9	591.4	532.5	58.9	40.4
云浮市	21.4	21.3	539.9	533.3	459.2	74.1	49.3

3-15 各市卫生院住院与诊疗人次数(2022年)

单位：万人次

市别	入院人次数	出院人次数	总诊疗人次数	门诊、急诊人次			健康检查人次数
					门诊人次	急诊人次	
全省	**169.9**	**169.1**	**7933.4**	**7358.4**	**6412.9**	**945.5**	**730.0**
广州市	4.6	4.5	480.7	433.5	333.8	99.8	20.8
深圳市	0.0	0.0	9.7	9.7	8.4	1.3	0.5
珠海市	0.1	0.1	132.4	128.2	98.0	30.3	9.4
汕头市	1.9	1.9	146.9	128.6	110.4	18.2	32.8
佛山市	0.4	0.4	112.1	104.0	85.4	18.5	5.0
韶关市	9.4	9.4	431.5	316.1	284.3	31.8	51.9
河源市	7.6	7.5	307.0	288.1	268.8	19.4	61.2
梅州市	7.1	7.1	349.8	332.6	313.5	19.1	52.8
惠州市	3.1	3.1	631.8	593.4	468.6	124.8	32.4
汕尾市	3.1	3.1	202.6	189.4	175.1	14.3	12.1
东莞市							
中山市							
江门市	8.9	8.9	867.1	802.6	655.2	147.4	43.7
阳江市	3.9	3.9	263.1	245.0	215.7	29.3	28.0
湛江市	16.8	16.9	647.7	618.1	560.6	57.5	82.1
茂名市	57.3	57.1	1214.4	1130.2	1030.0	100.1	118.6
肇庆市	4.8	4.8	472.1	460.9	386.3	74.7	34.6
清远市	13.9	13.9	613.1	576.8	506.5	70.3	41.8
潮州市	3.9	3.9	272.8	258.1	247.4	10.8	20.5
揭阳市	14.0	13.7	313.1	295.4	269.7	25.7	40.1
云浮市	8.9	8.9	465.5	447.5	395.3	52.2	41.8

3-16 各市妇幼保健机构住院与诊疗人次数（2022 年）

单位：万人次

市 别	入院人次数	出院人次数	总诊疗人次数	门诊、急诊人次			健康检查人次数
					门诊人次	急诊人次	
全 省	**127.8**	**127.8**	**4350.8**	**4235.5**	**3700.7**	**534.8**	**442.1**
广州市	18.2	18.2	773.9	738.3	646.7	91.6	79.5
深圳市	18.0	18.1	640.9	635.0	571.6	63.5	117.6
珠海市	4.2	4.2	146.1	146.0	121.4	24.6	7.6
汕头市	1.5	1.5	50.4	50.1	48.4	1.7	2.6
佛山市	12.2	12.2	511.6	488.5	410.4	78.1	24.6
韶关市	6.0	6.0	129.9	128.1	117.2	11.0	15.6
河源市	5.5	5.5	144.7	144.7	127.1	17.6	0.1
梅州市	3.2	3.2	91.3	86.7	85.9	0.8	20.5
惠州市	6.5	6.5	234.8	229.1	207.8	21.3	32.7
汕尾市	1.0	1.0	30.3	28.2	28.2		2.9
东莞市	5.1	5.1	217.1	217.1	188.0	29.1	1.1
江门市	6.5	6.5	253.4	245.4	198.7	46.7	19.7
阳江市	4.8	4.8	124.3	121.3	105.8	15.5	9.8
湛江市	7.8	7.8	183.8	176.6	161.3	15.2	22.7
茂名市	9.0	9.0	188.9	188.9	162.5	26.4	16.2
肇庆市	5.6	5.6	196.4	196.2	153.4	42.7	30.8
清远市	4.3	4.3	127.1	123.6	106.5	17.1	16.4
潮州市	1.2	1.2	43.6	42.1	41.6	0.5	2.0
揭阳市	4.0	4.0	101.3	98.3	97.0	1.2	4.3
云浮市	3.4	3.3	160.9	151.5	121.2	30.3	15.5

3-17 各市医院、妇幼保健院、专科疾病防治院万元以上设备台数 (2022 年)

单位 : 台

地　区	合计	10 万元以下	10 ～ 49 万元	50 ～ 99 万元	100 万元以上
全　省	**917557**	**664630**	**189343**	**30715**	**32869**
广州市	238276	173138	48613	7811	8714
深圳市	179908	130101	36637	6360	6810
珠海市	27650	19834	5881	891	1044
汕头市	22948	16509	4715	809	915
佛山市	73654	53673	15270	2294	2417
韶关市	23484	16673	5280	763	768
河源市	13784	9842	2963	491	488
梅州市	20854	14402	4889	704	859
惠州市	28672	19784	6497	1234	1157
汕尾市	9370	6771	2048	268	283
东莞市	66388	49592	12536	2073	2187
中山市	30404	23167	5420	858	959
江门市	31152	23576	5811	827	938
阳江市	13471	9320	2872	714	565
湛江市	33256	24156	6869	1128	1103
茂名市	20306	13768	4925	820	793
肇庆市	25544	18562	5405	805	772
清远市	22219	15877	4902	675	765
潮州市	8423	6466	1510	208	239
揭阳市	15622	11054	3429	522	617
云浮市	12172	8365	2871	460	476

3-18 全省卫生技术人员性别、年龄、学历、职称构成(2022 年)

单位：%

分 组	合计	执业（助理）医师			注册护士	药师（士）	技师（士）		其他
		小计	执业医师	执业助理医师			小计	检验技师（士）	
总计	**100.0**	**100.0**	**100.0**	**100.0**	**100.0**	**100.0**	**100.0**	**100.0**	**100.0**
按性别分									
男	29.0	56.7	56.4	58.9	3.6	31.3	42.9	38.3	42.4
女	71.0	43.3	43.6	41.1	96.4	68.7	57.1	61.7	57.6
按年龄分									
25 岁以下	7.4	0.4	0.0	2.9	11.7	3.2	7.8	4.9	18.1
25-34	41.7	26.3	24.9	35.6	52.1	38.3	46.3	41.0	51.0
35-44	27.4	34.7	35.9	26.2	22.4	34.5	26.9	31.2	17.1
45-54	16.1	22.7	22.2	26.5	12.0	17.7	14.1	17.5	10.2
55-59	3.5	6.8	7.1	4.7	1.1	3.8	2.9	3.3	2.1
60 岁及以上	4.0	9.2	9.9	4.2	0.8	2.6	2.1	2.2	1.5
按工龄分									
5 年以下	20.6	13.8	12.6	22.1	22.3	14.6	24.3	18.5	46.4
5-9 年	24.0	18.9	18.4	22.4	28.5	21.3	25.1	22.3	21.6
10-19 年	29.4	30.0	31.3	21.1	30.3	35.7	27.7	31.3	17.0
20-29 年	15.6	19.8	19.4	21.9	13.2	17.4	14.3	17.6	9.8
30 年及以上	10.4	17.5	18.3	12.6	5.7	11.0	8.6	10.2	5.3
按学历分									
研究生	8.7	20.5	23.4	0.2	0.4	4.6	5.9	7.6	9.8
本科	36.4	45.7	50.7	11.6	27.9	41.4	45.4	47.8	33.6
大专	34.0	24.0	19.4	56.0	41.7	32.4	34.9	31.6	34.6
中专及中技	20.1	9.0	6.0	29.9	29.7	19.2	13.1	12.6	20.4
高中及以下	0.7	0.8	0.6	2.4	0.3	2.5	0.7	0.4	1.5
按技术资格分									
正高	2.6	6.3	7.2	0.0	0.4	0.9	2.1	3.0	0.6
副高	8.0	16.0	18.3	0.1	3.3	4.6	7.1	9.9	1.6
中级	22.1	29.4	33.6	0.9	18.5	23.8	21.8	26.4	5.9
助理 / 师级	32.6	38.0	38.6	33.5	29.4	36.1	33.8	32.1	22.0
员 / 士	30.9	9.2	1.3	63.5	46.4	32.3	29.9	25.4	39.7
其他	3.8	1.1	1.0	2.0	2.0	2.4	5.3	3.3	30.1
按聘任技术职务分									
正高	2.4	5.7	6.5	0.0	0.3	0.8	1.8	2.6	0.6
副高	7.6	15.3	17.5	0.1	3.0	4.3	6.7	9.4	1.5
中级	20.3	27.5	31.4	0.8	16.7	22.0	20.0	24.5	4.9
助理 / 师级	31.4	37.2	38.0	31.9	28.5	34.7	31.9	31.0	16.9
员 / 士	28.8	9.8	2.3	61.1	43.5	30.5	27.8	24.3	28.2
其他	9.5	4.5	4.3	6.0	7.9	7.7	11.8	8.2	47.9

注：1. 本章统计截止日期：2023 年 2 月；本表不含村卫生室数据。
2. 技师（士）小计包含检验、影像、康复、其他等技师（士）。

3-19 各市卫生机构数

单位：个

市 别	2015	2017	2018	2019	2020	2022
全 省	**48367**	**51527**	**53928**	**55900**	**57955**	**59531**
广 州	3724	4598	5093	5550	5814	6159
深 圳	3606	4380	5010	5231	5844	5841
珠 海	692	838	936	966	1046	1092
汕 头	1320	1492	1628	1798	1963	2126
佛 山	1475	1932	2097	2281	2532	2699
韶 关	2139	2118	2114	2162	2145	2149
河 源	2181	2037	2033	2043	2116	2106
梅 州	3357	3053	2985	2966	2947	2936
惠 州	2654	2764	3013	3230	3547	3763
汕 尾	1693	1625	1596	1611	1623	1594
东 莞	2237	2722	3055	3154	3434	3696
中 山	673	894	986	1079	1145	1280
江 门	1681	1652	1658	1712	1737	1767
阳 江	1773	1804	1778	1794	1810	1832
湛 江	3448	3478	3471	3535	3643	3726
茂 名	3703	4084	4127	4221	3932	3973
肇 庆	3128	3111	3175	3188	3215	3216
清 远	2415	2435	2522	2571	2622	2657
潮 州	2333	2290	2292	2300	2248	2233
揭 阳	2755	2910	3004	3103	3196	3243
云 浮	1380	1310	1355	1405	1396	1443

注：1. 含村卫生室数。
2. 2013 年起，计划生育服务机构纳入统计。

3-20 各市医院类机构数

单位：个

市　别	2015	2018	2019	2020	2021	2022
全　省	**1482**	**1716**	**1796**	**1864**	**1923**	**1972**
广　州	245	269	283	303	305	312
深　圳	145	158	162	162	163	169
珠　海	44	47	47	45	48	48
汕　头	42	52	56	61	65	68
佛　山	107	125	132	136	141	144
韶　关	69	64	66	64	69	69
河　源	40	65	70	74	78	78
梅　州	50	60	63	62	70	73
惠　州	77	85	87	90	93	94
汕　尾	32	40	41	48	48	49
东　莞	100	104	112	114	119	123
中　山	47	62	67	68	69	69
江　门	48	54	54	59	61	63
阳　江	47	63	67	67	67	71
湛　江	104	120	122	132	138	141
茂　名	68	81	84	84	86	90
肇　庆	59	65	69	67	76	77
清　远	61	70	74	76	75	76
潮　州	27	32	36	39	38	36
揭　阳	46	70	74	79	79	85
云　浮	24	30	30	34	35	37

注：医院类机构包括医院、妇幼保健院、专科疾病防治院。

3-21 各市卫生院数

单位：个

市 别	2015	2018	2019	2020	2021	2022
全 省	**1216**	**1193**	**1186**	**1175**	**1173**	**1169**
广 州	30	31	31	31	32	31
深 圳	2	2	2	2	2	2
珠 海	12	12	12	12	12	12
汕 头	33	33	33	33	32	32
佛 山	14	9	6	6	6	6
韶 关	103	100	98	98	98	99
河 源	97	97	97	97	97	97
梅 州	119	118	118	119	119	119
惠 州	76	70	69	70	70	68
汕 尾	47	46	46	46	47	47
东 莞						
中 山						
江 门	68	63	63	63	63	63
阳 江	39	39	39	39	39	39
湛 江	94	94	94	94	94	92
茂 名	99	99	99	99	99	99
肇 庆	96	97	97	93	90	90
清 远	120	121	121	112	110	110
潮 州	45	42	42	42	42	42
揭 阳	67	66	66	66	66	66
云 浮	55	54	53	53	55	55

3-22 各市妇幼保健机构数

单位：个

市　别	2015	2018	2019	2020	2021	2022
全　省	**130**	**129**	**130**	**130**	**130**	**132**
广　州	16	12	12	12	12	12
深　圳	10	10	10	10	11	11
珠　海	2	2	2	2	2	2
汕　头	4	4	4	5	5	6
佛　山	4	4	4	4	4	4
韶　关	10	9	9	9	9	9
河　源	6	7	7	7	7	7
梅　州	9	9	9	9	9	9
惠　州	6	7	7	7	6	6
汕　尾	5	5	5	5	5	5
东　莞	1	1	1	1	1	1
中　山						
江　门	6	6	6	6	6	6
阳　江	5	5	5	5	5	5
湛　江	10	10	10	10	10	10
茂　名	5	5	5	5	5	5
肇　庆	7	9	10	9	9	9
清　远	9	8	8	8	8	9
潮　州	4	4	4	4	4	4
揭　阳	6	6	6	6	6	6
云　浮	5	6	6	6	6	6

3-23 各市社区卫生服务机构数

单位：个

市 别	2015	2018	2019	2020	2021	2022
全 省	**2554**	**2602**	**2625**	**2679**	**2736**	**2729**
广 州	315	331	325	334	331	333
深 圳	591	615	647	670	753	793
珠 海	121	118	118	114	112	112
汕 头	43	52	50	57	47	39
佛 山	366	380	382	389	390	384
韶 关	31	13	13	16	15	15
河 源	28	20	21	21	17	13
梅 州	13	11	11	10	9	8
惠 州	78	80	84	85	85	81
汕 尾	10	10	10	10	10	11
东 莞	398	396	396	390	395	391
中 山	266	267	262	257	248	233
江 门	23	28	27	27	26	25
阳 江	60	61	61	61	61	61
湛 江	55	60	60	67	64	62
茂 名	61	61	58	63	65	59
肇 庆	34	31	32	35	35	35
清 远	16	12	12	17	17	17
潮 州	10	11	11	11	11	11
揭 阳	27	26	26	26	26	27
云 浮	8	19	19	19	19	19

3-24 各市村卫生室数

单位：个

市　别	2015	2018	2019	2020	2021	2022
全　省	**27178**	**25996**	**25788**	**25887**	**25448**	**25304**
广　州	1051	928	931	921	936	935
深　圳						
珠　海	151	137	134	130	141	140
汕　头	609	615	613	643	656	688
佛　山	161	48	43	41	41	40
韶　关	1514	1404	1365	1366	1340	1326
河　源	1699	1540	1531	1518	1509	1508
梅　州	2434	2195	2155	2162	2138	2118
惠　州	1455	1292	1295	1300	1298	1276
汕　尾	1335	1250	1223	1209	1189	1156
东　莞	231					
中　山	50	18	17	16	15	10
江　门	944	877	878	891	897	875
阳　江	1291	1261	1234	1228	1212	1202
湛　江	2212	2159	2111	2098	2090	2081
茂　名	3187	3486	3463	3513	3166	3144
肇　庆	2261	2203	2184	2177	2149	2125
清　远	1612	1561	1552	1535	1513	1502
潮　州	1579	1587	1585	1597	1590	1572
揭　阳	2385	2500	2542	2589	2639	2638
云　浮	1017	935	932	953	929	968

3-25 各市在岗职工数

单位：人

市 别	2015	2018	2019	2020	2021	2022
全 省	**771034**	**921703**	**964914**	**1009408**	**1062390**	**1111769**
广 州	154153	188695	202725	214612	227267	238147
深 圳	93506	114866	125142	130335	139789	145248
珠 海	17584	22168	23690	24816	27092	28458
汕 头	25395	29648	30904	33058	35057	36847
佛 山	52143	64931	68092	71193	75127	79986
韶 关	23349	26882	27114	28231	29447	31127
河 源	18287	21999	23458	24600	26213	27651
梅 州	27485	30628	31337	32354	34003	34523
惠 州	34576	41399	43040	46232	48861	52082
汕 尾	13690	16060	15687	16249	17056	19330
东 莞	54950	64349	68014	70313	73197	77084
中 山	23788	28069	29171	30275	31426	33393
江 门	31412	36201	37841	39597	40637	42556
阳 江	17306	20990	21116	21792	22293	22981
湛 江	43406	50869	51015	52956	55552	57280
茂 名	34564	43202	41903	43084	44332	46232
肇 庆	28600	32254	32947	33725	36030	36992
清 远	23590	26883	28520	29747	31080	32186
潮 州	12826	13666	14546	15037	15143	15330
揭 阳	25500	30937	31187	32674	33363	34127
云 浮	14924	17007	17465	18528	19425	20209

注：本表含村卫生室数据。

3-26 各市卫生技术人员数

单位：人

市 别	2015	2018	2019	2020	2021	2022
全 省	**620004**	**757840**	**795132**	**832061**	**875803**	**918430**
广 州	126891	156497	168056	177835	187703	195697
深 圳	75417	93643	102831	106271	113303	118273
珠 海	14891	18430	19773	20673	22507	23634
汕 头	20788	24987	26252	28252	29769	31403
佛 山	43641	55398	58215	60946	64093	68237
韶 关	18302	21892	22074	23162	24211	25606
河 源	14146	17612	19059	19991	21484	22892
梅 州	21609	24908	25450	26524	28150	28620
惠 州	28115	34800	36112	38771	41247	43946
汕 尾	9942	12187	11668	12039	12810	15331
东 莞	45226	54317	57332	58930	61046	64626
中 山	19960	24419	25398	26389	27171	29202
江 门	25840	30479	32010	33506	34284	35999
阳 江	13391	16429	16634	17209	17713	18350
湛 江	33766	40620	40669	42353	44582	46150
茂 名	26865	35193	34018	35104	36688	38217
肇 庆	21316	25032	25656	26441	28777	29650
清 远	19145	22248	23880	24931	25938	26761
潮 州	9234	10131	10818	11156	11309	11541
揭 阳	20039	24951	25036	26433	27205	27789
云 浮	11480	13667	14191	15145	15813	16506

注：本表含村卫生室数据。

3-27 各市执业（助理）医师数

单位：人

市 别	2015	2018	2019	2020	2021	2022
全 省	**229389**	**277362**	**292128**	**307289**	**320923**	**335181**
广 州	42600	54134	58671	62329	66204	68687
深 圳	29225	36309	40338	42579	45623	47234
珠 海	5470	7090	7740	8007	8652	9072
汕 头	8772	10469	10980	11538	11876	12292
佛 山	15427	20001	20937	21919	22994	24685
韶 关	6922	7684	7655	7984	8108	8355
河 源	5258	5992	6593	6881	7134	7567
梅 州	9358	9546	9661	10130	10583	10594
惠 州	10458	13339	13992	15005	15903	16911
汕 尾	4533	5316	4760	4776	4764	5464
东 莞	15889	19516	20818	21812	22884	24495
中 山	6682	8800	9321	9859	10000	11163
江 门	8927	10298	10934	11732	11799	12252
阳 江	4519	5631	5738	5983	6155	6317
湛 江	11968	13651	13517	14204	14546	15497
茂 名	11666	13993	13257	13838	14103	14214
肇 庆	6629	8140	8471	8874	9644	9835
清 远	7256	7858	8718	9058	9268	9427
潮 州	4261	4597	4815	4846	4763	4826
揭 阳	9380	10373	10344	10757	10676	10896
云 浮	4189	4625	4868	5178	5244	5398

注：本表含村卫生室数据。

3-28 各市乡村医生和卫生员数

单位：人

市　别	2015	2018	2019	2020	2021	2022
全　省	**26012**	**23064**	**21810**	**20835**	**18808**	**18362**
广　州	1107	693	619	548	432	424
深　圳						
珠　海	162	120	112	107	80	72
汕　头	645	593	580	566	508	496
佛　山	111	23	21	23	23	22
韶　关	1324	1194	1115	1055	947	952
河　源	1536	1245	1124	1077	955	933
梅　州	1967	1841	1752	1578	1407	1377
惠　州	1088	819	767	709	643	621
汕　尾	1283	1106	1067	1022	952	885
东　莞	112					
中　山	53	17	16	15	16	8
江　门	909	756	730	708	660	651
阳　江	1310	1177	1089	1040	938	896
湛　江	2681	2472	2370	2320	2151	2084
茂　名	3364	3373	3173	3037	2500	2468
肇　庆	2048	1948	1897	1851	1696	1639
清　远	1405	1206	1097	1052	970	955
潮　州	1442	1389	1361	1341	1305	1297
揭　阳	2134	2008	1916	1847	1748	1717
云　浮	1331	1084	1004	939	877	865

注：本表统计范围为村卫生室。

3-29 各市医疗卫生机构床位数

单位：张

市 别	2015	2018	2019	2020	2021	2022
全 省	**435666**	**516973**	**545190**	**564701**	**588953**	**608258**
广 州	82022	95134	100080	101640	106513	110505
深 圳	34009	43215	48145	50098	51921	53984
珠 海	8558	9899	10233	11207	11689	12431
汕 头	15512	18985	19595	20035	21464	22326
佛 山	33133	37227	38085	38518	39909	41027
韶 关	16048	18183	19156	19345	21106	22126
河 源	12090	15882	17255	18643	20429	20555
梅 州	15547	18845	19785	20534	22370	23364
惠 州	21879	21452	21852	23143	23844	24979
汕 尾	7928	9951	10231	11561	12340	12261
东 莞	27457	31059	33041	33720	34463	35075
中 山	13259	15802	16124	16015	16523	16994
江 门	19838	23482	24248	24953	25789	26305
阳 江	10914	14200	15542	16169	16356	16421
湛 江	31037	36692	38496	41765	42946	44914
茂 名	26723	34947	36529	36924	38572	39039
肇 庆	15088	17347	18477	18857	20185	21012
清 远	15066	17825	19205	19286	19664	19494
潮 州	6270	6682	7494	8248	7680	8008
揭 阳	15515	19956	21238	22807	23395	25387
云 浮	7773	10208	10379	11233	11795	12051

3-30 各市医院床位数

单位：张

市别	2015	2018	2019	2020	2021	2022
全省	**345258**	**416282**	**441895**	**459045**	**479712**	**497101**
广州	73313	86011	90940	93067	97117	100490
深圳	31617	39837	44738	46794	48645	50377
珠海	7526	8849	9186	10068	10248	10846
汕头	13159	16283	16872	17416	18814	19797
佛山	30560	34508	35530	35852	36879	37910
韶关	11980	13500	14263	14364	15710	16801
河源	5872	8927	10243	11382	13109	13437
梅州	10155	12616	13430	13808	15482	16453
惠州	15198	15916	16354	17438	18286	19719
汕尾	5291	7010	7277	8413	8756	8643
东莞	26715	30239	32181	32900	33663	34145
中山	13161	15685	16008	15899	16378	16845
江门	14434	17079	17632	18399	19271	19556
阳江	8190	10929	12348	12568	12907	13235
湛江	21706	26850	28501	31205	32621	34283
茂名	16579	21502	22536	22726	23589	23610
肇庆	11171	13426	13791	14209	15418	15724
清远	9843	11775	12665	12631	12856	12934
潮州	4058	4569	5497	6232	5587	5917
揭阳	9971	14165	15272	16443	17074	18873
云浮	4759	6606	6631	7231	7302	7506

3-31 各市卫生院床位数

单位：张

市 别	2015	2018	2019	2020	2021	2022
全 省	**55487**	**61244**	**61998**	**64838**	**66854**	**66975**
广 州	1825	2058	1892	1873	2339	2318
深 圳	106	80	60	60	60	60
珠 海	452	348	331	326	320	315
汕 头	1482	1793	1713	1712	1739	1724
佛 山	706	511	335	345	345	345
韶 关	2713	3031	3157	3194	3401	3285
河 源	4009	4349	4304	4571	4660	4656
梅 州	3916	4727	4677	4955	5079	5084
惠 州	3739	3341	3192	3441	3341	2925
汕 尾	1916	2161	2162	2356	2635	2613
东 莞						
中 山						
江 门	3615	4469	4395	4347	4322	4335
阳 江	1722	1936	1960	2198	2145	2073
湛 江	6862	7260	7298	7809	7747	7824
茂 名	7500	9805	10483	10721	11322	11808
肇 庆	2688	2758	2756	2786	2752	3133
清 远	3887	4243	4517	4703	4843	4646
潮 州	1848	1727	1696	1726	1755	1763
揭 阳	4386	4077	4373	4805	4723	4747
云 浮	2115	2570	2697	2910	3326	3321

3-32 各市妇幼保健机构床位数

单位：张

市 别	2015	2018	2019	2020	2021	2022
全 省	**19993**	**24462**	**25398**	**25440**	**26743**	**27642**
广 州	2726	3588	3580	3776	4002	4313
深 圳	2104	3148	3167	3064	3034	3396
珠 海	580	582	596	713	839	805
汕 头	372	691	721	661	661	551
佛 山	1489	1729	1743	1755	2049	2134
韶 关	666	911	980	968	1207	1270
河 源	1248	1432	1379	1386	1451	1233
梅 州	762	906	926	927	907	935
惠 州	1162	1315	1333	1321	1303	1373
汕 尾	352	330	341	341	503	503
东 莞	622	700	700	620	600	700
中 山						
江 门	1164	1131	1267	1240	1238	1430
阳 江	693	972	971	1131	1029	932
湛 江	1285	1429	1479	1513	1572	1764
茂 名	1343	1736	1643	1533	1663	1512
肇 庆	791	752	1505	1496	1522	1522
清 远	935	1181	1160	1116	1155	1076
潮 州	340	350	289	278	323	313
揭 阳	674	875	864	820	853	1003
云 浮	685	704	754	781	832	877

3-33 各市医院病床使用率

单位：%

市 别	2015	2018	2019	2020	2021	2022
全 省	**83.5**	**83.0**	**82.2**	**71.0**	**74.2**	**72.2**
广 州	87.2	86.4	85.7	71.8	77.2	75.1
深 圳	83.4	83.4	82.1	66.1	75.1	71.1
珠 海	73.9	82.1	88.3	73.4	76.8	77.0
汕 头	90.2	85.4	86.5	77.6	77.6	74.9
佛 山	88.5	82.3	82.8	68.0	72.8	74.9
韶 关	83.0	86.7	85.7	79.1	80.1	72.5
河 源	72.4	69.5	70.0	62.0	59.1	55.9
梅 州	80.9	82.1	81.0	72.1	72.3	69.3
惠 州	69.5	78.4	79.3	68.5	72.9	71.1
汕 尾	81.2	73.0	67.8	55.6	60.3	56.0
东 莞	77.7	78.9	81.2	67.0	70.0	66.5
中 山	87.7	78.8	78.3	65.5	72.5	74.1
江 门	85.7	82.8	85.0	75.1	75.8	77.0
阳 江	77.1	85.4	74.6	65.5	66.2	63.0
湛 江	84.4	89.3	87.1	78.7	78.3	76.7
茂 名	95.0	86.9	81.0	78.3	80.2	77.2
肇 庆	79.4	77.8	73.2	67.4	64.4	67.0
清 远	75.4	82.3	79.9	71.2	67.3	65.4
潮 州	71.3	74.7	79.6	71.8	71.7	73.0
揭 阳	83.3	81.2	81.1	75.6	80.4	73.0
云 浮	80.5	79.3	81.7	78.5	77.8	75.5

3-34 各市医院出院者平均住院日

单位：日

市别	2015	2018	2019	2020	2021	2022
全省	**8.8**	**8.9**	**8.4**	**8.7**	**8.7**	**8.3**
广州	9.5	10.1	8.6	9.5	9.1	8.4
深圳	8.1	7.9	7.7	8.0	7.6	7.3
珠海	8.6	8.4	8.4	8.6	9.1	8.7
汕头	10.2	9.5	9.4	9.5	9.2	9.0
佛山	8.7	8.8	8.1	8.5	8.3	8.1
韶关	8.8	8.7	8.7	8.4	9.7	8.5
河源	7.1	7.3	7.6	8.1	8.2	7.8
梅州	8.3	7.6	7.5	7.7	8.3	8.3
惠州	8.4	9.6	9.4	9.3	8.4	8.0
汕尾	9.1	9.2	8.9	9.6	9.8	9.1
东莞	8.6	8.5	8.1	8.2	8.0	7.3
中山	6.9	7.0	7.1	7.3	7.1	7.4
江门	9.3	9.1	9.2	9.6	9.1	8.9
阳江	8.8	9.2	8.0	8.6	10.0	10.2
湛江	9.2	9.5	9.1	8.8	10.0	8.9
茂名	9.8	9.3	9.3	9.3	9.1	9.4
肇庆	9.5	9.4	9.9	9.6	9.7	9.0
清远	7.4	7.3	7.6	7.3	7.8	7.5
潮州	8.2	8.4	8.7	9.9	9.0	9.3
揭阳	8.1	8.3	8.2	8.9	9.6	9.8
云浮	8.3	7.5	8.3	8.5	8.3	8.4

3-35 各市医院出院病人病死率

单位：%

市 别	2015	2018	2019	2020	2021	2022
全 省	**0.6**	**0.6**	**0.6**	**0.7**	**0.6**	**0.7**
广 州	0.9	0.8	0.8	0.9	0.8	0.9
深 圳	0.5	0.4	0.4	0.5	0.4	0.5
珠 海	0.9	0.7	0.7	0.8	0.7	0.8
汕 头	0.5	0.4	0.4	0.4	0.3	0.4
佛 山	0.4	0.5	0.5	0.6	0.5	0.7
韶 关	1.3	1.1	1.1	1.2	1.2	1.3
河 源	0.6	0.9	0.9	1.0	0.9	1.0
梅 州	0.6	0.6	0.5	0.7	0.6	0.5
惠 州	0.7	0.6	0.6	0.8	0.6	0.6
汕 尾	0.2	0.2	0.2	0.3	0.3	0.2
东 莞	0.4	0.4	0.4	0.5	0.4	0.5
中 山	0.3	0.3	0.3	0.4	0.3	0.3
江 门	0.9	0.9	0.9	1.0	0.9	1.0
阳 江	0.4	0.5	0.5	0.7	0.6	0.7
湛 江	0.5	0.4	0.4	0.5	0.4	0.5
茂 名	0.5	0.5	0.5	0.6	0.6	0.7
肇 庆	0.9	0.8	0.8	0.9	0.8	0.8
清 远	0.7	0.6	0.7	0.7	0.7	0.9
潮 州	0.2	0.3	0.2	0.2	0.2	0.2
揭 阳	0.3	0.2	0.2	0.3	0.3	0.3
云 浮	1.0	0.7	0.7	0.8	0.7	0.7

3-36 各市医院万元以上设备台数

单位：台

市 别	2015	2018	2019	2020	2021	2022
全 省	**385348**	**517527**	**568868**	**642792**	**740678**	**825453**
广 州	115771	145139	155786	179478	203172	224212
深 圳	72798	104674	117847	134902	144889	160616
珠 海	6933	12010	13483	16422	20614	22784
汕 头	11570	13947	15211	17474	19853	22056
佛 山	29264	39307	45693	51072	57940	63657
韶 关	7854	10921	11822	13645	15846	19133
河 源	3168	7613	7933	7624	11665	11183
梅 州	5519	8345	8342	13059	16100	18150
惠 州	11009	15477	17537	16801	21791	23528
汕 尾	2606	4121	3937	5296	5100	8538
东 莞	36796	44612	45904	52006	60640	62182
中 山	17197	23340	25267	27898	29683	30404
江 门	12259	11748	14286	16023	18241	27144
阳 江	4353	5754	7855	8292	9415	11629
湛 江	13065	18207	20137	17863	27445	30072
茂 名	7236	10350	11892	12204	13359	16760
肇 庆	8964	11497	12231	15521	20536	22777
清 远	7854	11405	12629	14105	16789	19602
潮 州	3324	3974	4517	3442	5821	6644
揭 阳	3800	8901	9017	10596	11790	13425
云 浮	4008	6185	7542	9069	9989	10957

3-37 妇幼工作基本情况

项　　目	单位	2015	2018	2019	2020	2021	2022
广东省							
婴儿死亡率	(‰)	2.64	1.92	2.08	2.13	2.13	2.27
孕产妇死亡率	(1/10 万)	11.56	11.44	11.22	10.18	9.98	9.40
5 岁以下儿童死亡率	(‰)	3.47	2.62	2.58	2.91	3.08	3.46
全国							
婴儿死亡率	(‰)	8.1	6.1	5.6	5.4	5.0	4.9
孕产妇死亡率	(1/10 万)	20.1	18.3	17.8	16.9	16.1	15.7
5 岁以下儿童死亡率	(‰)	10.7	8.4	7.8	7.5	7.1	6.8

注：2020 年全国的数据来自“2020 年我国卫生健康事业发展统计公报”。

主要统计指标解释

卫生机构 是指从卫生部门取得“医疗机构执业许可证”，或从民政、工商行政、机构编制管理部门取得法人单位登记证书，为社会提供医疗保健、疾病控制、卫生监督服务或从事医学科研、医学教育等的卫生单位和卫生社会团体。

卫生技术人员 包括执业医师、执业助理医师、注册护士、药师（士）、检验及影像技师（士）、卫生监督员和见习医（药、护、技）师（士）等卫生专业人员，包括从事临床或监督工作并同时从事管理工作的人员（如院长、书记等）。

低出生体重儿发生率 是指年内出生的活产婴儿中，出生1小时内测量其体重小于2500克的活产婴儿数占当年活产婴儿总数的比例。

婴儿死亡率 是指某地年内每1000名活产儿中未满1周岁的婴儿死亡人数占当年活产儿的比重。

孕产妇死亡率 是指某地区1年内每10万名活产儿中孕产妇死亡数。孕产妇死亡数是指产妇从妊娠开始至产后42天内死亡者，不论妊娠时间与部位，包括内外科原因、计划生育手术、宫外孕及葡萄胎死亡者，但不包括意外原因（车祸、中毒）死亡者。

四、文化

简要说明

1．本篇资料主要反映广东省文化事业的基本情况。

2．本篇资料主要包括：

(1) 各级各类文化事业机构及人员基本情况，艺术表演团体和场馆基本情况，公共图书馆、博物馆、文化馆（站）基本情况，文化市场情况等。

(2) 地区全省和21个地级以上市。

(3) 年份主要有当年、近5年和1978以来连续年份。

3．统计资料来源：本篇资料由广东省文化和旅游厅负责整理、审核、提供。

2022年广东省文化和旅游业发展概述

2022年，广东省文化和旅游系统深入学习贯彻党的二十大精神，认真落实习近平总书记关于文化和旅游工作的重要论述和对广东系列重要讲话、重要指示精神，统筹发展与安全，着力开创文化强省建设和旅游业高质量发展新局面。

一是艺术精品创作展演结出新硕果，国字号荣誉迎来“丰收年”。出台《广东省深化国有文艺院团改革实施方案》，7部作品入选国家级重点扶持名录，26个项目入选国家艺术基金；全省文艺创作展演连续摘取舞台艺术“文华奖”、群众艺术“群星奖”、曲艺“牡丹奖”等国字号荣誉，5个项目入选全国美术馆馆藏精品展出季。

二是历史文化遗产保护利用呈现新亮点，岭南文化增添更多“金名片”。推动出台《关于进一步加强文物保护与考古工作的意见》等重大政策文件，在全国率先建设全省博物馆藏品数据库，4个项目获评全国文博社教十佳案例、全国博物馆志愿服务典型案例。在全国省级层面率先出台《广东省革命遗址保护条例》。公布第八批115项省级非遗代表性名录，“潮州工夫茶艺”作为联合申报项目被列入人类非遗代表作名录，非遗品牌大会升格为部省联办并永久落户广东。

三是重点文化设施项目迈出新步伐，文化地标建设驶入“快车道”。指导全省推进72个重点公共文化设施建设。白鹅潭大湾区艺术中心等省级项目加快推进，各地重大文化设施纷纷落地。

四是公共文化服务体系建设再上新台阶，高品质文化供给推出惠民“福利包”。实施攻坚做强和欠发达地区文化设施修缮提升工程。细抓文化微地标建设，建成各类新型文化空间2000多家，连续四年开展公共文化服务评价及举办粤港澳大湾区文采会。

五是文化和旅游行业纾困解难打开新局面，文化和旅游融合发展跑出“加速度”。出台《广东省“十四五”旅游业发展规划实施方案》，举办深圳文博会、广东旅博会等特色展会，对433家文旅企业开展融资对接，对旅行社新增暂退、缓交旅游服务质量保证金2.44亿元。开展“广东人游广东”等文旅消费助企惠民等行动，推出140多项惠民措施，多地发放数轮千万元文旅消费券，13个项目获评国家级和省级夜间文化和旅游消费集聚区。

六是粤港澳大湾区世界级旅游目的地建设取得新成效，文化和旅游交流合作架好“连心桥”。出台《广东省推进粤港澳大湾区世界级旅游目的地建设行动方案》，配套制定87条厅具体落实措施，着力构建八大世界级旅游品牌。

2023年，广东文化和旅游系统以习近平新时代中国特色社会主义思想为指导，全面落实党的二十大精神，围绕“举旗帜、聚民心、育新人、兴文化、展形象”的使命任务，坚持党建引领、思想先行，坚持自信自强、守正创新，统筹发展和安全，锚定“精品立省、改革引领、服务提质、融合增效”的工作思路，着力推进文化和旅游深度融合发展，加快打造粤港澳大湾区世界级旅游目的地，奋力建设更高水平的文化强省和旅游业高质量发展示范省。

撰稿：张炜嘉

4-1 文化事业机构及人员基本情况(2022年)

指　　标	机构数（个）	从业人员（人）	文化部门		其他部门	
			机构数（个）	从业人员（人）	机构数（个）	从业人员（人）
合计	**15520**	**248387**	**2535**	**43565**	**12985**	**204822**
艺术业	125	6305	118	6019	7	286
图书馆业	150	5444	150	5444		
# 少儿图书馆	5	243	5	243		
群众文化服务业	1761	15352	1761	15352		
省级文化馆	1	46	1	46		
地市级文化馆	21	609	21	609		
县区级文化馆	122	1,979	122	1,979		
文化站	1617	12718	1617	12718		
艺术展览创作机构	60	825	42	649	18	176
# 美术馆	53	707	38	565	15	142
艺术教育业	2	328	2	328		
# 高等职业学校	2	328	2	328		
文化市场经营机构（不含非公有制艺术表演团体和场馆）	12786	202102			12786	202102
文艺科研	7	103	7	103		
# 文化科技研究机构	3	46	3	46		
综合性艺术研究机构	3	46	3	46		
地方戏艺术研究机构	1	11	1	11		
文化行政主管部门	152	8535	152	8535		
其他文化机构	104	2154	76	1286	28	868
# 文化市场执法机构	10	82	10	82		
文物业	373	7239	227	5849	146	1390
文物科研机构	4	141	4	141		
文物保护管理机构	26	316	24	316	2	
博物馆	340	6702	196	5312	144	1390
文物商店						
其他文物机构	3	80	3	80		

4-2 各市文化、文物事业机构数（2022 年）

单位：个

市　别	艺术表演团体	文化馆	公共图书馆	博物馆
全　省	**76**	**144**	**150**	**340**
广　州	7	12	13	58
深　圳	3	10	12	58
珠　海	2	4	4	10
汕　头	6	8	8	11
佛　山	1	6	6	28
韶　关	2	11	11	13
河　源	5	7	7	8
梅　州	6	9	10	28
惠　州	1	6	6	10
汕　尾	4	5	5	6
东　莞		1	1	18
中　山		1	1	5
江　门	1	8	8	10
阳　江	1	5	5	8
湛　江	8	10	11	12
茂　名	6	6	6	7
肇　庆	2	9	9	15
清　远	4	9	10	9
潮　州	2	4	4	11
揭　阳	5	6	6	7
云　浮	1	6	6	7
省　直	9	1	1	1

4-3 各市文化、文物事业机构人员情况（2022 年）

单位：人

市　　别	艺术表演团体	公共图书馆	群众艺术馆、文化馆	文化站	博物馆
全　　省	**4,671**	**5,444**	**2,634**	**12718**	**6702**
广　　州	832	972	233	1145	1395
深　　圳	378	1,670	361	1063	1040
珠　　海	248	129	74	208	188
汕　　头	207	116	113	417	230
佛　　山	54	335	154	437	713
韶　　关	75	110	185	342	234
河　　源	139	117	126	348	121
梅　　州	155	158	153	625	349
惠　　州	87	138	114	466	203
汕　　尾	231	80	70	268	98
东　　莞		175	85	2310	442
中　　山		52	30	890	112
江　　门	44	170	115	516	174
阳　　江	46	78	78	246	209
湛　　江	343	135	124	1244	200
茂　　名	168	140	67	511	78
肇　　庆	69	180	123	459	240
清　　远	106	112	131	314	115
潮　　州	127	72	55	213	185
揭　　阳	160	115	111	454	98
云　　浮	39	95	86	242	92
省　　直	1,163	295	46		186

4-4 艺术表演团体基本情况(2022年)

指　　标	剧团数（个）	从业人员（人）	国内演出场次（万场次）	# 农村演出场次	国内观众人次（万场次）	演出收入（千元）
合　计	**545**	**13276**	**2.91**	**1.7**	**1376.43**	**354772**
按隶属关系分						
# 省级	9	1163	0.05		32.01	31568
地市级	26	2012	0.18	0.05	95.07	87159
县区级	510	10101	2.68	1.64	1249.35	235995
按登记注册类型分						
# 国有剧团	69	4505	0.48	0.21	298.18	130834
集体经营剧团						
其他	476	8771	2.43	1.49	1078.25	223888
按剧种分						
话剧、儿童剧、滑稽剧团	9	361	0.10		51.59	22914
歌舞、音乐类	98	3672	0.39	0.11	187.20	169279
京剧、昆曲类						
地方戏曲类	307	7017	1.52	1.18	880.43	100687
杂技、魔术、马戏类	13	480	0.09	0.01	63.17	12490
曲艺类	49	645	0.59	0.36	75.42	13761
综合性艺术表演团体	69	1101	0.23	0.03	118.63	35591

4-5 艺术表演场馆基本情况(2022年)

指　　标	单位	合计	剧场、影剧院	省级	地市级	县、区级
机构数	(个)	140	77	2	18	120
从业人员数	(人)	4317	2721	116	874	3327
座席数	(个)	211254	89893	3185	28981	179088
演(映)出场次	(场)	12600	10700	300	3100	9200
# 艺术演出场次	(场)	4900	3200	300	1000	3600
# 艺术演出观众人次	(万人次)	258.20	155.07	18.22	77.01	162.97
# 财政补助收入	(千元)	300430	191510	18380	163610	118440
艺术演出收入	(千元)	283522	209914	16217	65986	201319

4-6 公共图书馆基本情况（2022 年）

指　　标	单位	合计	# 少儿图书馆	省级	地市级	县、区级
机构数	（个）	150	5	1	26	123
从业人员	（人）	5444	243	295	1849	3300
总藏量	（万册、件）	14253.48	927.26	970.81	5455.41	7827.26
# 图书	（万册）	12066.04	841.57	752.11	4818.16	6495.77
报刊	（万册）	622.66	12.38	139.10	229.01	254.55
微缩制品	（万件）	3.31		2.56	0.03	0.72
其他	（万册）	1109.30	46.40	2.86	168.36	938.08
本年新购藏量	（万册、件）	1016.10	46.20	28.99	350.72	636.39
本年新增电子图书	（万册）	1602.62	36.58	147.86	545.30	909.46
公用房屋建筑面积	（万平方米）	191.15	4.70	9.15	68.72	113.28
# 书库		39.71	0.54	1.84	13.59	24.28
阅览室		71.05	1.91	1.49	23.19	46.37
阅览室座席数	（个）	155195	4125	8045	44515	102635
总流通人次	（万人次）	9239.13	389.19	1010.16	3002.66	5226.31
# 书刊文献外借人次		2076.72	137.52	191.88	853.04	1031.80
书刊文献外借册次	（万册次）	8822.23	996.92	440.17	4277.01	4105.05
计算机	（台）	20108	659	1208	6495	12405
网站访问量	（人次）	343040200	26392725	3497943	292747933	46794324
为读者举办各种活动次数	（次）	22343	2381	150	6911	15282
参加人次	（万人次）	1644.76	115.81	88.13	738.02	818.61

注：1. 本年度无电子图书数量指标，替换为本年新增电子图书数量指标。
　　2. 本年度网站访问量的单位由页次替换为人次。

4-7 文化馆（站）基本情况（2022 年）

指　　标	单位	合计	文化馆	文化站
机构数	（个）	1761	144	1617
从业人员	（人）	15352	2634	12718
举办各种活动				
举办展览	（个）	7872	1709	6163
组织文艺活动次数	（次）	72639	12439	60200
举办训练班班次	（次）	79610	32304	47306
训练班培训人次	（万人次）	376.12	151.16	224.96
组织公益性讲座	（次数）	1877	1877	
公共房屋建筑面积	（万米^2）	477.56	97.81	379.75
本年收入合计	（千元）	4263063	1550234	2712829
# 财政补助收入		4177946	1505212	2672734
事业收入		680	680	
本年支出合计	**（千元）**	**4173729**	**1540813**	**2632916**

4-8 博物馆基本情况（2022 年）

指　　标	藏品（件）		举办陈列展览（个）	参观人次（万人次）	门票收入（千元）
	合计	文物藏品			
合　计	**2627413**	**876318**	**2353**	**2884.43**	**35433**
综合类	856477	589403	1257	1091.47	4535
历史类	308337	162061	545	1122.61	17140
艺术类	79213	24930	160	126.78	2051
自然科技类	1163152	5931	66	90.98	3728
其　他	220234	93993	325	452.63	7979

4-9 文化市场经营机构综合情况(2022年)

指　　标	机构数（个）	从业人员（人）	营业收入（千元）	营业利润（千元）
合　　计	**13346**	**213390**	**213253482**	**-16015336**
按城乡分				
城　市	4581	158262	208714128	-15377543
县　城	2842	36559	3063409	-626965
县以下	5923	18569	1475945	-10828
按经营范围分				
娱乐场所	4889	67138	5660301	-269101
互联网上网服务营业场所（网吧）	5638	13336	1202570	-211777
非公有制艺术表演团体	469	8605	325807	-362368
非公有制艺术表演场馆	91	2683	633859	-197096
经营性互联网文化单位	973	108938	186950182	-17893451
艺术品经营机构	508	2270	974068	137837
演出经纪机构	778	10420	17506695	2780620

4-10 各市文化市场经营机构综合情况(2022年)

市　　别	机构数（个）	从业人员（人）	营业收入（千元）	营业利润（千元）
全　省	**13346**	**213390**	**213253482**	**-16015336**
广　州	2334	30580	70927176	-27031583
深　圳	2166	114167	113507111	11185889
珠　海	368	3921	595241	-124426
汕　头	348	2924	296836	12907
佛　山	607	5934	490983	-2728
韶　关	195	2229	127147	-5422
河　源	378	1497	123091	-23820
梅　州	327	2103	262676	21260
惠　州	594	4593	403881	-57059
汕　尾	221	2633	114610	-4455
东　莞	1785	10786	24020310	71381
中　山	772	6852	741057	-3215
江　门	711	4102	326468	-13441
阳　江	143	1928	171766	12626
湛　江	509	7078	284075	-22873
茂　名	813	2401	160754	3604
肇　庆	244	2610	151757	-18119
清　远	291	1798	146921	-20993
潮　州	127	1109	83736	-3946
揭　阳	293	3202	215651	3063
云　浮	120	943	102235	6014
省本级				

4-11 娱乐场所综合情况(2022年)

项　　目	机构数（个）	从业人员（人）	营业收入（千元）	营业利润（千元）
合　　计	**4889**	**67138**	**5660301**	**-269101**
按城乡分				
城　市	1567	32360	3207086	-216677
县　城	1274	21104	1440277	-70065
县以下	2048	13674	1012938	17641
按经营范围分				
歌舞厅	961	18075	1266062	-17611
卡拉OK厅	433	6813	472268	-38575
游艺娱乐场所	2102	38408	3274751	-170609
其　他	1393	3842	647220	-42306

注：1. 本年度歌舞娱乐场所指标替换为歌舞厅指标；
2. 本年度增加卡拉OK厅指标。

4-12 各市娱乐场所综合情况(2022 年)

市　别	机构数（个）	从业人员（人）	营业收入（千元）	营业利润（千元）
全　省	**4889**	**67138**	**5660301**	**-269101**
广　州	625	9539	1100024	-107119
深　圳	498	9644	1126455	-123106
珠　海	136	2133	134355	-6856
汕　头	184	1966	212644	14126
佛　山	284	4630	306171	-357
韶　关	113	1772	94562	-3588
河　源	140	974	85443	-2202
梅　州	158	1368	92842	828
惠　州	203	3038	253758	-8704
汕　尾	126	1815	96283	-6335
东　莞	451	6931	559422	4254
中　山	338	5181	299974	-20194
江　门	387	3069	241929	-1732
阳　江	98	1709	158156	14098
湛　江	192	3560	185852	-9027
茂　名	296	1786	117998	3199
肇　庆	147	2274	128449	-11496
清　远	194	1579	133243	-19459
潮　州	66	853	59516	1878
揭　阳	172	2554	183017	2983
云　浮	81	763	90208	6708
省本级				

4-13 互联网上网服务营业场所（网吧）综合情况(2022 年)

项 目	机构数（个）	从业人员（人）	营业收入（千元）	营业利润（千元）
合 计	**5638**	**13336**	**1202570**	**-211777**
按城乡分				
城 市	1551	6282	588219	-135214
县 城	829	2990	243806	-37039
县以下	3258	4064	370545	-39524

4-14 各市互联网上网服务营业场所（网吧）综合情况(2022年)

市 别	机构数（个）	从业人员（人）	营业收入（千元）	营业利润（千元）
全 省	**5638**	**13336**	**1202570**	**-211777**
广 州	802	2441	188440	-62465
深 圳	776	1587	215424	-52569
珠 海	126	441	45584	-10217
汕 头	120	345	23967	-3536
佛 山	269	849	76393	-5783
韶 关	62	201	16825	-1203
河 源	195	141	12295	840
梅 州	130	184	10656	-1433
惠 州	355	1009	87194	-13779
汕 尾	35	128	8183	-142
东 莞	1252	3137	302606	-31493
中 山	332	791	80400	-16226
江 门	239	370	23376	-4100
阳 江	34	127	8615	-299
湛 江	175	457	26655	-4734
茂 名	411	355	20268	-562
肇 庆	67	197	15587	-1229
清 远	81	130	7848	-1477
潮 州	49	103	6725	-529
揭 阳	103	280	19832	-1273
云 浮	25	63	5697	432
省 本 级				

4-15 文物业基本情况(2022 年)

项 目	机构数(个)	从业人员(人)	专业技术人才(人)	文物藏品合计(件)	举办陈列、展览(个)	参观人次(万人次)	业务用房(万米²)
合 计	**505**	**8603**	**2721**	**3127747**	**2422**	**3039.11**	**217.63**
文物科研机构	4	141	98	68717	2	0.01	3.66
文物保护管理机构	26	316	80	12118	67	154.67	7.65
博物馆(纪念馆)	340	6702	2491	2627413	2353	2884.43	186.65
文物行政部门	132	1364		53847			18.49
其他文物机构	3	80	52	365652			1.22
省 级	5	319	228	410000	30	108.02	9.32
地市级	111	3477	1367	739268	712	1448.68	89.62
县市级	389	4807	1126	1978479	1680	1482.41	118.69

注:1. 本年度博物馆指标替换为博物馆(纪念馆)指标;
2. 本年度文物商店指标替换为文物行政部门指标。

4-16 文化部门文化产业增加值情况(2022 年)

项 目	总产出(千元)	增加值(千元)	营业盈余(千元)
合 计	**19612692**	**11818159**	**96433**
艺术业	1073082	1155797	18576
其中:艺术表演团体	706048	881735	11334
艺术表演场馆	367034	274062	7242
图书馆	4494293	3911770	106
群众文化	2220557	1728762	55
艺术教育	180774	138657	
文艺科研	57074	44078	3
文物业	3053845	1525425	5885
其他	8533067	3313670	71808

4-17 各市公共图书馆机构数

单位：个

市别	2015	2018	2019	2020	2021	2022
全省	**140**	**143**	**146**	**148**	**150**	**150**
广州	13	13	13	13	13	13
深圳	11	11	11	12	12	12
珠海	3	3	3	4	4	4
汕头	9	9	9	9	9	8
佛山	6	6	6	6	6	6
韶关	9	10	11	11	11	11
江门	7	7	8	8	8	8
湛江	8	9	10	10	11	11
茂名	5	6	6	6	6	6
肇庆	9	9	9	9	9	9
惠州	5	5	5	5	5	6
梅州	10	10	10	10	10	10
汕尾	4	4	4	4	5	5
河源	7	7	7	7	7	7
阳江	5	5	5	5	5	5
清远	10	10	10	10	10	10
东莞	1	1	1	1	1	1
中山	1	1	1	1	1	1
潮州	4	4	4	4	4	4
揭阳	6	6	6	6	6	6
云浮	6	6	6	6	6	6
省直	1	1	1	1	1	1

4-18 各市群艺馆(文化馆)机构数

单位:个

市 别	2015	2018	2019	2020	2021	2022
全 省	**146**	**145**	**145**	**144**	**144**	**144**
广 州	12	12	12	12	12	12
深 圳	8	8	8	10	10	10
珠 海	4	4	4	4	4	4
汕 头	8	8	8	8	8	8
佛 山	7	7	7	6	6	6
韶 关	11	11	11	11	11	11
江 门	8	8	8	8	8	8
湛 江	11	10	10	10	10	10
茂 名	7	6	6	6	6	6
肇 庆	9	9	9	9	9	9
惠 州	6	6	6	6	6	6
梅 州	9	9	9	9	9	9
汕 尾	6	6	6	5	5	5
河 源	7	7	7	7	7	7
阳 江	5	5	5	5	5	5
清 远	9	10	10	9	9	9
东 莞	1	1	1	1	1	1
中 山	1	1	1	1	1	1
潮 州	4	4	4	4	4	4
揭 阳	6	6	6	6	6	6
云 浮	6	6	6	6	6	6
省 直	1	1	1	1	1	1

4-19 各市博物馆机构数

单位：个

市别	2015	2018	2019	2020	2021	2022
全省	**177**	**184**	**241**	**296**	**339**	**340**
广州	30	29	28	60	63	58
深圳	16	15	49	51	57	58
珠海	2	2	2	2	8	10
汕头	6	7	7	10	11	11
佛山	16	17	21	24	26	28
韶关	9	9	11	12	14	13
江门	8	8	9	11	8	10
湛江	6	8	8	8	13	12
茂名	6	6	7	7	7	7
肇庆	8	9	8	10	16	15
惠州	6	7	9	10	10	10
梅州	10	10	10	22	26	28
汕尾	5	5	5	5	7	6
河源	6	7	7	7	8	8
阳江	3	3	4	5	6	8
清远	11	11	13	9	9	9
东莞	7	7	16	16	18	18
中山	5	5	8	8	8	5
潮州	4	6	6	6	10	11
揭阳	6	6	6	6	7	7
云浮	5	5	5	5	6	7
省直	2	2	2	2	1	1

注：2019 年博物馆的统计范围增加了民办博物馆。

4-20 各市文化站机构数

单位：个

市 别	2015	2018	2019	2020	2021	2022
全 省	**1596**	**1610**	**1614**	**1619**	**1617**	**1617**
广 州	161	169	170	176	176	176
深 圳	57	61	67	79	79	78
珠 海	24	24	24	24	24	24
汕 头	71	71	71	66	69	69
佛 山	32	32	32	32	32	32
韶 关	107	107	107	107	107	107
江 门	79	79	74	73	73	73
湛 江	118	120	121	121	121	122
茂 名	109	109	111	111	111	111
肇 庆	104	104	104	104	104	104
惠 州	73	73	73	73	73	73
梅 州	112	112	112	112	112	112
汕 尾	57	57	56	52	52	52
河 源	101	101	101	100	100	100
阳 江	46	46	46	46	46	46
清 远	87	87	87	85	85	85
东 莞	33	33	33	33	33	33
中 山	24	24	24	24	23	23
潮 州	50	50	50	50	46	46
揭 阳	88	88	88	88	88	88
云 浮	63	63	63	63	63	63

4-21 各市公共图书馆公用房屋面积

单位：平方米

市 别	2015	2018	2019	2020	2021	2022
全 省	**1257580**	**1370660**	**1511120**	**1694500**	**1758700**	**1911500**
广 州	280070	271960	275080	295100	313700	319400
深 圳	234500	267030	274730	416700	410800	459500
珠 海	23290	48900	51840	54600	54500	54700
汕 头	43680	46090	45790	48900	52900	53700
佛 山	87820	98070	98870	94500	105700	104300
韶 关	28630	26580	37150	49700	51300	56900
江 门	33070	46010	58880	58900	69900	82200
湛 江	37360	39360	43110	37700	49000	55900
茂 名	42550	44550	42290	47500	51000	51000
肇 庆	43450	43830	43830	43900	47400	54700
惠 州	43940	44440	47850	48100	50700	59400
梅 州	36020	36280	40120	45100	46100	53200
汕 尾	22580	23000	23000	23000	24000	24000
河 源	43730	47240	53530	53600	53600	53600
阳 江	21670	22150	25550	25600	25800	40200
清 远	34490	36660	37940	36600	35100	36200
东 莞	53650	53650	53650	53700	53700	53700
中 山	2360	1760	71680	71700	71700	72100
潮 州	9050	37570	41650	45300	41300	51400
揭 阳	27780	27780	35880	35900	39800	45800
云 浮	17610	17490	17710	17400	19700	38100
省 直	90280	90280	91000	91000	91000	91500

4-22 各市群艺馆(文化馆)公用房屋面积

单位：平方米

市 别	2015	2018	2019	2020	2021	2022
全 省	**718350**	**674500**	**721590**	**836700**	**893500**	**978100**
广 州	68050	71020	72190	70200	89100	96100
深 圳	215270	114070	117410	199400	220500	270800
珠 海	15670	41330	40800	40800	40800	40800
汕 头	24950	24950	31200	27700	28000	28200
佛 山	82240	71810	66040	69200	66700	73800
韶 关	27490	29860	33670	38300	42800	42800
江 门	33870	40570	47690	50900	50900	57000
湛 江	21610	24660	32150	32200	34300	44900
茂 名	18990	16270	19830	23400	23300	23300
肇 庆	27070	31210	33660	32300	33800	33800
惠 州	22920	22920	27800	27500	29400	29600
梅 州	23210	23210	22900	28600	28600	28600
汕 尾	11250	11250	12750	17700	18300	18500
河 源	20370	19720	22470	25100	25000	25000
阳 江	17530	17530	23970	20400	20400	20900
清 远	28410	25550	26410	33500	33500	34800
东 莞	5550	24300	24300	24300	24300	24300
中 山	7190	7190	7190	7200	8400	9400
潮 州	11220	13300	13900	18900	18900	18900
揭 阳	15700	15900	17400	21200	21200	21200
云 浮	18000	18600	19740	19800	27200	27300
省 直	1790	9290	8110	8100	8100	8100

4-23 各市博物馆公用房屋面积

单位：平方米

市　别	2015	2018	2019	2020	2021	2022
全　省	**1126490**	**1295850**	**1480070**	**1694700**	**1879200**	**1867300**
广　州	207390	234260	232660	359900	395000	400300
深　圳	121280	199210	288180	281000	271100	255900
珠　海	10750	10750	10750	35800	61000	64600
汕　头	46500	49720	53510	59300	54500	54500
佛　山	108120	116990	124700	130400	156500	180500
韶　关	37230	37920	44980	46000	48600	44900
江　门	33230	72760	75760	90300	83400	85900
湛　江	67850	68160	68160	68200	46100	45300
茂　名	24810	24810	13470	13500	13800	14000
肇　庆	31530	34420	34470	43100	116400	55200
惠　州	35470	33020	47580	49500	50200	50700
梅　州	53150	53950	53950	76800	102200	104800
汕　尾	12610	12610	12610	14800	11500	10800
河　源	15080	24580	28290	28300	28300	33600
阳　江	22610	25060	29930	40000	41200	46000
清　远	33050	36850	40390	34500	29500	29600
东　莞	73630	65320	113420	113400	143600	143600
中　山	28830	28830	40610	40700	61700	80100
潮　州	27380	29470	29470	29500	31700	32300
揭　阳	48940	49090	49090	49100	41600	41600
云　浮	14070	15070	15070	15100	15800	17600
省　直	72980	73040	73040	75500	75500	75500

4-24 各市文化站公用房屋面积

单位：平方米

市别	2015	2018	2019	2020	2021	2022
全省	**3176100**	**3317640**	**3532210**	**3636200**	**3679200**	**3797500**
广州	431590	459290	460560	500900	511300	520900
深圳	245860	300320	339830	444100	415900	474900
珠海	70950	75880	81760	83700	83700	88800
汕头	156060	158460	154570	120800	128900	126100
佛山	322370	323830	323830	317200	314900	318000
韶关	78330	80780	81840	97200	104500	105900
江门	124610	137950	132930	142000	147300	160500
湛江	136020	138590	144780	140600	142800	143500
茂名	126700	111110	115140	120000	123100	128800
肇庆	124490	130430	132590	133900	136000	135400
惠州	158100	147470	150040	154500	155700	154400
梅州	139700	140000	142520	139900	155200	155900
汕尾	36990	36990	35880	33200	36000	35700
河源	69460	72010	72010	70700	74100	77700
阳江	47280	48510	53290	58800	58600	60100
清远	72640	83220	96350	99000	104900	104800
东莞	470760	506920	621690	580700	564400	548400
中山	163700	162070	165900	148000	167300	198100
潮州	44980	46580	53700	62800	61100	66300
揭阳	86550	87930	96980	109800	110200	110100
云浮	68960	69310	76020	78400	83300	83200

4-25 各市人均拥有公共图书馆藏书册数

单位：人

市　别	2015	2018	2019	2020	2021	2022
全　省	**0.60**	**0.77**	**0.84**	**0.93**	**1.00**	**1.13**
广　州	1.06	1.33	1.47	1.55	1.62	1.75
深　圳	1.10	1.29	1.41	1.60	1.13	1.85
珠　海	0.83	0.92	1.02	1.08	1.75	1.19
汕　头	0.27	0.35	0.37	0.42	1.14	0.44
佛　山	0.49	0.67	0.72	0.77	0.43	0.93
韶　关	0.59	0.77	0.84	1.03	0.83	1.28
江　门	0.51	0.65	0.70	0.82	0.86	0.99
湛　江	0.21	0.29	0.30	0.33	0.51	1.16
茂　名	0.20	0.29	0.30	0.32	0.45	0.48
肇　庆	0.52	0.65	0.69	0.72	0.82	0.87
惠　州	0.32	0.41	0.39	0.41	0.44	0.55
梅　州	0.41	0.52	0.56	0.68	0.73	0.83
汕　尾	0.11	0.29	0.33	0.39	0.45	0.54
河　源	0.31	0.63	0.77	0.85	0.89	1.05
阳　江	0.35	0.44	0.49	0.51	0.57	0.71
清　远	0.35	0.50	0.62	0.71	0.86	0.91
东　莞	0.25	0.29	0.31	0.32	0.33	0.34
中　山	0.43	0.58	0.66	0.72	0.77	0.83
潮　州	0.20	0.35	0.39	0.49	0.50	0.55
揭　阳	0.18	0.23	0.27	0.29	0.31	0.51
云　浮	0.42	0.52	0.56	0.61	0.70	0.82

注：2020年人均藏书册数按全国第七次人口普查数据计算，2015-2019年数据根据全国第七次人口普查数据平滑调整。

4-26 各市公共图书馆人均购书费

单位：元 / 人

市 别	2015	2018	2019	2020	2021	2022
全 省	**2.03**	**2.68**	**3.03**	**2.48**	**2.56**	**2.63**
广 州	2.89	4.58	6.31	4.30	2.53	4.95
深 圳	5.46	6.28	6.94	6.31	1.14	6.35
珠 海	3.64	3.35	4.27	4.63	7.35	2.55
汕 头	0.26	0.53	0.43	0.33	4.11	1.45
佛 山	2.06	3.14	2.30	1.95	0.78	1.27
韶 关	1.18	1.37	0.62	1.63	2.25	1.84
江 门	0.80	1.15	1.30	1.70	1.11	1.39
湛 江	0.22	0.61	0.42	0.49	1.35	0.75
茂 名	0.15	0.58	0.51	0.34	0.51	0.74
肇 庆	1.14	0.82	1.02	0.46	0.79	0.59
惠 州	0.71	0.69	0.61	0.89	1.20	1.40
梅 州	0.96	0.66	0.98	1.23	0.72	0.92
汕 尾	0.09	3.23	0.64	0.37	0.73	0.78
河 源	2.45	1.05	1.84	1.16	1.94	0.79
阳 江	0.89	1.57	1.40	1.26	0.94	0.65
清 远	0.31	1.13	1.23	0.78	0.91	1.17
东 莞	0.74	0.77	0.78	0.44	0.41	0.41
中 山	1.15	4.11	4.43	3.36	2.64	2.73
潮 州	0.17	3.92	0.74	0.61	0.69	1.07
揭 阳	0.17	0.37	0.41	0.23	0.60	0.68
云 浮	0.25	0.56	0.33	0.31	1.17	1.02

注：2020 年人均购书经费按全国第七次人口普查数据计算，2015-2019 年数据根据全国第七次人口普查数据平滑调整。

4-27 各市文化文物事业费

单位：万元

市 别	2015	2018	2019	2020	2021	2022
全 省	**680475**	**1264102**	**1498244**	**1417336**	**1539845**	**1531557**
广 州	147192	251704	248534	200236	206084	266593
深 圳	132582	299189	275325	285528	278334	337777
珠 海	32091	46330	232273	156466	72224	126868
汕 头	11766	25410	49257	22188	78948	30834
佛 山	46428	91177	108711	79468	94162	97997
韶 关	9532	15746	33439	33053	32856	20454
江 门	13394	30548	44946	48756	73838	52678
湛 江	10938	103226	22604	98876	109794	18010
茂 名	5260	12676	16895	12382	13779	14857
肇 庆	11612	19583	22132	25489	23523	27354
惠 州	32425	31956	50800	37976	33875	46216
梅 州	14496	17528	20606	29701	34133	29522
汕 尾	7137	11634	6888	12675	9384	13209
河 源	10516	14816	17758	19916	30494	39580
阳 江	6209	10344	12666	14051	10939	19684
清 远	9338	18697	20919	22177	40237	25417
东 莞	64717	99267	119044	127124	134321	128761
中 山	19334	28908	35411	38629	60502	56263
潮 州	6247	16944	16958	11323	39669	19585
揭 阳	5759	8400	13699	14227	14406	16215
云 浮	5733	6141	5933	19772	38968	32678
省 直	77769	103875	123449	107325	109378	111004

4-28 历年文化文物事业机构数

单位：个

年 份	艺术表演团体（公有制）	艺术表演场所	博物馆	公共图书馆	群众艺术馆、文化馆	文化站
1978	172	7	30	76		15
1979	197	47	25	86	2	1650
1980	195	42	26	97	13	1766
1981	190	40	36	103	14	1802
1982	190	38	45	108	13	1880
1983	186	39	61	108	15	1966
1984	178	38	87	114	15	2006
1985	171	38	106	117	15	1989
1986	159	96	106	117	15	2046
1987	155	92	106	118	16	2046
1988	131	83	101	100	16	1753
1989	131	82	101	102	19	1788
1990	130	83	106	103	20	1809
1991	122	78	107	104	20	1839
1992	125	80	108	108	20	1920
1993	126	81	108	110	20	1957
1994	132	78	111	111	20	1927
1995	134	79	113	114	21	1957
1996	136	69	114	115	137	1878
1997	138	75	117	119	139	1923
1998	139	76	122	120	139	1913
1999	140	76	128	121	139	1902
2000	138	76	131	125	140	1902
2001	139	69	140	129	140	1868
2002	141	71	140	131	142	1802
2003	144	70	144	129	139	1700
2004	140	69	143	128	141	1601
2005	139	68	146	129	139	1586
2006	138	67	147	129	142	1589
2007	128	46	153	130	143	1597
2008	127	48	152	132	143	1600
2009	119	45	152	133	145	1594
2010	111	44	164	133	144	1594
2011	89	40	161	134	154	1596
2012	58	28	168	137	145	1599
2013	75	45	175	137	147	1599
2014	72	44	176	138	147	1599
2015	72	66	177	140	146	1596
2016	72	75	177	142	146	1602
2017	74	83	184	143	146	1610
2018	74	86	184	143	145	1610
2019	72	84	241	146	145	1614
2020	71	118	296	148	144	1619
2021	76	136	339	150	144	1617
2022	76	140	340	150	144	1617

4-29 历年公共图书馆业务活动情况

年 份	机构数（个）	总藏量（万册、件）	#书 刊	总流通人次（万人次）	#外借人次	书刊文献外借册次（万册次）	发放借书证数（万个）
1986	117	1096	1096	804		928	37
1990	103	1261	1261	903		1441	50
1991	104	1327	1319	1241	480	663	49
1992	108	1408	1396	1452	478	607	32
1993	110	1494	1479	1432	469	619	36
1994	111	1591	1570	1631	527	666	43
1995	114	1651	1633	1447	504	687	49
1996	115	1860	1840	1500	586	858	35
1997	119	1901	1879	1634	660	983	42
1998	120	2027	2000	1857	737	1142	45
1999	121	2088	2051	2026	734	1136	44
2000	125	2330	2296	2517	840	1234	44
2001	129	2239	2186	2505	880	1236	89
2002	131	2300	2227	2627	992	2843	119
2003	129	2498	2431	2635	1032	3132	129
2004	128	2740	2637	3021	1021	1636	141
2005	129	3119	3059	3543	1511	2037	144
2006	129	3454	3316	4695	1777	3097	173
2007	130	3698	3540	3819	1115	1851	190
2008	132	3995	3904	4101	1173	2081	209
2009	133	4367	4112	4565	1238	2536	245
2010	133	4615	4336	4540	1166	2267	258
2011	134	5890	4713	6072	1329	2618	300
2012	137	6567	5096	6418	1459	3070	342
2013	137	6101	5629	7357	1588	3499	410
2014	138	6367	5997	7657	1698	3848	438
2015	140	7008	6616	7855	1697	4377	524
2016	142	7900	7229	8335	1954	5219	620
2017	143	8708	7958	9147	2111	6851	680
2018	143	9548	8730	10518	2161	7213	747
2019	146	10543	9611	12201	2349	7933	860
2020	148	11687	10720	5494	1432	5991	935
2021	150	12687	11658	8654	2007	8676	1531
2022	150	14253	12764	9239	2077	8822	1804

注：1. 表中1986年数包括海南行政区。
　　2. 书刊是指古籍、报刊、图书。

4-30 历年群众文化事业业务活动、经费收支及设施情况

年 份	机构数（个）	举办展览个数（个）	组织文艺活动次数（次）	举办培训班次（次）
1986	152	839	2151	1290
1990	145	724	2338	1808
1991	142	668	3472	2235
1992	146	833	2634	1846
1993	184	665	2902	2197
1994	948	1279	4093	3247
1995	1100	1619	5377	3949
1996	2015	5228	18031	10811
1997	2062	6304	21200	10734
1998	2052	5778	21327	13802
1999	2041	7076	21327	10941
2000	2024	6918	22969	11932
2001	2008	6523	22980	13611
2002	1944	6569	22099	13218
2003	1839	6997	21824	13190
2004	1742	6609	23658	14735
2005	1725	7228	23132	14288
2006	1731	7392	25285	19613
2007	1740	7268	34004	17924
2008	1743	7760	30555	20817
2009	1739	7536	29983	27522
2010	1738	7399	32382	29041
2011	1740	7930	37970	29590
2012	1744	7627	38842	30198
2013	1746	8176	41121	31158
2014	1746	7979	47791	45111
2015	1742	8199	50270	45679
2016	1748	8758	57166	52333
2017	1756	8774	56705	62429
2018	1755	8879	62742	69550
2019	1759	9731	75484	85036
2020	1763	7131	54739	73294
2021	1761	8074	70161	81114
2022	1761	7872	72639	79610

4-30 续表

年　份	收入合计（万元）	#财政补助收入	支出合计（万元）	公用房屋建筑面积（万米²）
1986	192		912	9
1990	414		1478	19
1991	1990	1250	1846	13
1992	2500	1448	2198	15
1993	3676	2064	3108	15
1994	5312	2854	4864	46
1995	6714	3514	5937	26
1996	17187	5551	17005	138
1997	21005	6847	20497	140
1998	24696	8757	25189	159
1999	27976	11805	27814	180
2000	26414	12113	27213	193
2001	27827	14671	26853	193
2002	32250	18455	32677	207
2003	43554	25682	42018	288
2004	49354	31799	47538	232
2005	61089	40125	57669	238
2006	72577	47583	69416	235
2007	79486	56138	76499	261
2008	85678	64876	84031	284
2009	92396	75038	89841	278
2010	109816	85211	101362	270
2011	129786	116226	137740	332
2012	154069	136560	150638	346
2013	166169	143041	161075	357
2014	173539	152669	170951	366
2015	203182	181570	193291	389
2016	243539	221674	230000	392
2017	281003	265738	279593	395
2018	407841	394114	330415	399
2019	368950	355110	388200	425
2020	387156	373343	402269	447
2021	440082	428356	440483	457
2022	426306	417795	417373	478

4-31 历年博物馆业务活动情况

年 份	机构数（个）	藏品数（件）		参观人次（万人次）	
			# 文物藏品一级品		# 未成年人次
1985	106	342909	1470	633	
1986	106	354569	1573	688	
1990	106	412249	1708	666	
1991	107	418321	1448	715	
1992	108	444682	1443	1198	
1993	108	461828	1565	594	
1994	111	459243	952	562	
1995	113	458864	1062	550	
1996	114	466919	1105	655	
1997	117	464157	1353	732	
1998	122	463131	1180	703	
1999	128	472204	1491	731	
2000	131	490948	1843	822	
2001	140	492298	1174	839	266
2002	140	530249	1200	866	223
2003	144	542982	1195	826	132
2004	143	592570	1136	1002	303
2005	146	662177	1120	1036	288
2006	147	712703	1163	1071	281
2007	153	703627	1172	1130	249
2008	152	710814	1186	1251	297
2009	152	828060	1296	1891	488
2010	164	807102	1289	2457	521
2011	161	838181	1321	2761	562
2012	168	982169	1318	3204	618
2013	175	996706	1362	3599	782
2014	176	1080018	1352	4021	904
2015	177	958465	1353	4252	912
2016	177	953330	1374	4727	1082
2017	184	1004848	1414	5111	1370
2018	184	1038580	1414	5512	1448
2019	241	1218419	1559	6861	1837
2020	296	2531279	2244	2494	632
2021	339	2544257	2258	3849	961
2022	340	2627413	1984	2884	707

主要统计指标解释

文化机构 是指专门从事文化工作并具有法人资格，独立核算的事业、企业单位以及单独核算，附属于事业单位的经营性专业文化活动单位。包括从事艺术、图书馆、群众文化、文物管理、文化艺术教育、娱乐等机构以及其他文化机构。

艺术表演团体 是指从事戏曲、音乐、舞蹈、杂技等专业艺术表演，具有独立账户，实行单独核算的团体，不包括半工半艺、半农半艺和民间职业剧团。

艺术表演场所 是指由各级文化主管部门、文化单位和其他部门（除部队系统外）举办的，具有观众厅、舞台、灯光设备，经常供专业艺术表演团体演出，并在工商、税务部门登记，公开售票的营业场所。

图书馆 是指通过文献、信息的收集、整理、存储和利用，为社会读者服务的文化、教育与科学机构。

图书馆总藏量 是指本馆已编目的古籍、图书、期刊和报纸的合订本、小册子、手稿以及缩微制品、录像带、录音带、光盘等视听文献资料数量之和。

文物机构 包括文物管理机构、博物馆（综合类博物馆、历史类博物馆、艺术类博物馆、自然科技类博物馆及其他博物馆）和文物店的文物专业机构。

藏品 藏品是文博机构根据收藏品的文化属性、自然属性等情况，所划分的文物藏品、模型藏品（含具有收藏、展示价值的雕塑、绘画等艺术作品）和复制品藏品的总和。

五、劳动就业和社会保障

简要说明

1．本篇资料主要反映广东省劳动就业和社会保险的基本情况。

2．本篇资料主要包括：

(1) 技能人才评价综合情况，劳动争议仲裁情况，职业介绍情况，就业和失业情况，基本养老、职工医疗、失业、工伤、生育保险情况以及社会保险基金收入、支出、结余等情况。

(2) 地区全省 21 个地级以上市。

(3) 年份主要为 2013—2021 年数据。

3．统计资料来源：本篇资料由广东省人力资源和社会保障厅、广东省医疗保障局负责整理、审核、提供。

2022年广东省劳动就业和社会保障概述

2022年，全省人社系统坚持以习近平新时代中国特色社会主义思想为指导，深入学习贯彻党的二十大和习近平总书记对广东系列重要讲话、重要指示精神，统筹疫情防控和人社事业高质量发展，坚持稳字当头、稳中求进，推动我省人力资源社会保障各项工作取得积极成效。

一、劳动就业概述

（一）全面落实就业优先政策。突出综合施策减负稳岗，顶格落实国务院稳经济一揽子政策措施，以社保减负为主体，打出“降、缓、返、扩、补、促”组合拳，常态化开展“送政策、送资金、送服务”活动，全年为368万企业减负超820亿元。保障重点企业常态化用工，全年针对重点企业举办专场招聘会2059场次、直播带岗活动665次，发布重点企业招聘岗位信息18.4万多个，全年帮助重点用工企业新招员工13.5万多人次。2022年全省城镇新增就业累计132.06万人，完成年度目标120.1%；城镇调查失业率均值为5.3%，运行在目标范围内，就业局势保持总体稳定。2018-2021年度，广东就业工作连续4年获得国务院督查激励。

（二）精准帮扶高校毕业生等重点群体就业。实施高校毕业生就业创业十大行动，落实“131”实名制就业服务，开发政策性岗位超28.3万个，组织线上线下毕业生招聘活动超2000场次，组织青年就业见习1.67万人，发放一次性扩岗补助7.67亿元。首次举办“粤港澳大湾区大学生就业实习双选会”。截至2022年底，全省应届高校毕业生去向落实率超90%，离校未就业高校毕业生就业率超90%。健全省际劳务协作和对口帮扶机制。推进粤桂、粤黔“一县一企”农村劳动力稳岗就业基地建设，认定省级示范性就业帮扶基地25家，全年累计帮助广西、贵州两省区14.2万劳动力来粤就业。1-4月实施“南粤春暖”行动，举办线上线下招聘会超2700场，春节后开行专车、专列和包机为810余家重点企业“点对点”输送到岗超过15.1万人，全省农民工特别是脱贫人口就业总体稳定。加强就业困难人员兜底帮扶，组织开展“就业援助月”等专项活动，全年帮扶失业人员再就业47.27万人，就业困难人员实现就业10.51万人，分别完成年度目标任务的118.2%和131.4%，零就业家庭实现动态清零。深圳市大力发展零工市场服务灵活就业人员做法被列入国务院第九次大督查典型经验。

（三）大力提升劳动者就业技能水平。持续擦亮“粤菜师傅”“广东技工”“南粤家政”三项工程金字招牌，2022年累计培训138.2万人次，其中：开展“粤菜师傅”培训7.6万人次，开展补贴性职业技能培训97.7万人次，开展“南粤家政”培训32.5万人次，有效提升劳动者技能水平。推动出台省粤菜发展促进条例，建设省级培训基地和大师工作室各100个。实施技工教育“强基培优”计划，全年全省技工院校新招生22.28万人、实现七连增，毕业生初次就业率保持在98%以上；新增取得职业资格证书或职业技能等级证书73.89万人次，其中高级工以上20.98万人次，技师、高级技师1.64万人次；全省有备案职业技能等级评价机构2423家，其中企业1852家、院校283家、社评组织288家。在企业开展特级技师评聘试点，共产生142名特级技师。培育选树“南粤家政”第二批省级龙头、诚信示范企业70家，发布首批“南粤家政”四星、五星级企业和服务人员，累计建成基层服务站1034家。纵深推动“农村电商”工程，2022年组织开展常规性培训4.99万人次。

（四）积极维护劳动关系和谐稳定。深入开展和谐劳动关系创建示范活动，全省20家企业、3个园区被命名为全国和谐劳动关系创建示范企业、示范工业园区。出台新业态劳动者权益保障21条，制定省计生条例假期实施细则。与法院、工会等建立“总对总”诉调对接、三方联调机制，2022 年办结劳动人事争议调解仲裁案件 66.33 万件，调解成功率 78.41%，仲裁结案率 96.7%。构建“一中心三服务站”跨境劳动争议调处平台体系，建成粤港澳大湾区劳动争议联合调解中心，在珠海（横琴）、广州（琶洲）和深圳（前海）设置速调快裁服务站。推进创建“零欠薪城市”试点，2022 年查处各类劳动保障违法案件 7899 件，为 8.24 万名劳动者追发工资等待遇 13.7 亿元。

二、社会保险概述

（一）社会保险覆盖范围持续扩大。深入实施全民参保计划。截至 2022 年底，全省养老、失业、工伤保险累计参保 1.58 亿人次，基金累计结余 1.66 万亿元，同比分别提高 1.8%、9.1%，其中：城镇职工基本养老保险、城乡居民基本养老保险、失业保险、工伤保险参保人数分别为 5229 万人、2764 万人、3751 万人、4083 万人，同比分别增长 2.9%、3.1%、0.7%、0.4%。全省社保卡累计持卡人数 1.2 亿人、电子社保卡签发近 7000 万人。持续推行灵活就业特定人员单项工伤保险政策，灵活就业特定人员参加工伤保险 168 万人。

（二）社保重点改革深入推进。落实企业养老保险全国统筹改革。深化机关事业单位养老保险制度改革。实行失业保险基金省级统筹。实现工伤保险省内异地就医联网结算。全域开展新业态从业人员职业伤害保障试点，覆盖 7 家平台企业和 152 万新业态人员。推进职业年金实账积累和投资运营。积极发展养老保险第三支柱，稳步推进个人养老金在广州、深圳和省直先行实施工作，开户数超 200 万户、居全国第一。

（三）社保待遇水平稳步提高。落实基本养老金待遇年度调整工作，退休人员基本养老金待遇稳步增长；城乡居民基本养老保险基础养老金最低标准 190 元 / 月，月人均养老金 264 元，比上年增长 7.3%；全省失业保险金标准均按最低工资标准的 90% 执行，失业保险金月人均水平 1872 元，比上年增长 8.1%。延续实施阶段性扩大失业保险保障范围政策至 2022 年底，当年发放失业补助金 49.44 亿元，惠及 119.68 万人。连续 18 年调整提高工伤保险长期待遇发放标准，伤残津贴、生活护理费、供养亲属抚恤金平均提高约 7.9%、9.5%、4.8%，人均分别达到约 5146 元、4499 元和 2005 元。

（四）社保管理服务水平全面提升。大力推进“湾区社保通”，签署“粤澳社保一窗通”备忘录，在全省 247 个服务网点提供澳门社会保障“在生证明”协办和咨询服务。推进“跨省社保通”，加快“粤新社保通”和“粤兵团社保通”合作项目建设。实施“城乡居保镇村通”工程，建立“社保电子地图”，打造 15 分钟社保服务圈。深入推进社保经办数字化转型，87 项社保公共服务事项实现全流程网办，50 项社保服务上线“粤系列”，18 个事项实现“跨省通办”，推动社保事项上线“粤智助”、银行自助终端，全省网办业务占 90% 以上，居全国前列。全面推进行风建设提质增效，实现资格认证“无形办”，向全省分类提供约 760 万人次认证服务、1120 万人次比对认证和数据嵌入式处理。开展社保卡居民服务“一卡通”试点。

三、技工教育概述

推动技工教育高质量发展。基本建成全国规模最大技工教育体系，2022 年末全省共有技工院校 148 所，其中技师学院 40 所[1]。技工院校年招生人数、在校生人数分别为 22.28 万人、65 万人，招生数和在校生数连续七年增长，稳居全国首位；应届毕业生 17.33 万人，达历史新高，毕业生就业率保持在 98% 以上。承担全国一体化课改专业 23 个，46 所技工院校纳入全国技工院校工学一体化第一阶段建设院校及建设专业名单，数量均居全国第一。安排 8500 万元扶持建设 50 个省级重点专

注：1. 其中省国防科技技师学院为省轻工业技师学院所属事业单位，潮州市饶平县技工学校为省粤东技师学院分校，但两校均为独立法人单位，广东省厨艺技工学校目前已无在校生，但仍未注销办学资格。

业和10个省级特色专业。依托“学院+基地”师资培训网络，开展教师培训65期共9242人次。联合省发改委、教育厅等部门共同评审认定第二批共345多家企业为建设培育产教融合型企业。高水平建设广东省高技能人才培养联盟，成员单位175个。在2022年世界技能大赛特别赛上，中国代表团广东选手共获得7金1银1铜和2个优胜奖，广东获金牌数及奖牌数均占全国1/3，选手全部来自技师学院。全省技工院校共有约42万名学生免学费接受技工教育，约2.5万名学生享受国家助学金，769名优秀学生获得中等职业教育国家奖学金。选派20名教师开展柔性援疆援藏援黔，支持林芝市技工学校升格为林芝市高级技工学校。做好退役士兵职业技能培训工作。

撰稿：徐延明

5-1 劳动人事争议仲裁情况（2022年）

项目	单位	合计	国有企业	集体企业	港澳台及外资企业	私营企业	机关
上期末累计未结争议案件数	**（件）**	**6404**	**29**	**17**	**200**	**5095**	**7**
受理案件情况							
当期立案受理案件总数	（件）	256919	1142	367	8900	210942	349
十人以上劳动人事争议	（件）	3665	12	2	144	3083	2
劳动者申请	（件）	249067	1119	357	8435	204278	330
按争议类型分							
劳动报酬	（件）	81023	249	136	1796	69043	55
社会保险	（件）	24597	135	53	1034	20422	19
确认劳动关系	（件）	15313	127	37	1189	12196	44
解除、终止劳动合同	（件）	95933	440	94	3814	78787	194
履行聘用合同	（件）	92					3
终止人事关系	（件）	28					1
其他	（件）	39933	191	47	1067	30494	33
立案受理案件涉及劳动者人数	（人）	335121	1408	403	13042	275823	377
十人以上劳动人事争议	（人）	80595	279	37	4250	66911	26
处理案件情况							
当期审结案件数	（件）	254628	1151	354	8743	209015	347
按处理方式分							
仲裁调解	（件）	124563	624	159	3747	103622	194
仲裁裁决	（件）	117287	502	151	4670	95524	132
其他	（件）	12778	25	44	326	9869	21
按处理结果分							
用人单位胜诉	（件）	24856	235	41	1114	20262	51
劳动者胜诉	（件）	42665	102	55	2441	35119	39
双方部分胜诉	（件）	137781	637	170	4165	112521	195
其他	（件）	49326	177	88	1023	41113	62
期末累计未结案数	**（件）**	**8695**	**20**	**30**	**357**	**7022**	**9**
案外调解案件数	**（件）**	**451526**	**1695**	**1023**	**32862**	**377868**	**38**

5-1 续表

项　　目	单位	事业单位	社会团体	军队文职人员聘用单位	其他
上期末累计未结争议案件数	**（件）**	**41**	**22**	**0**	**993**
受理案件情况					
当期立案受理案件总数	（件）	1074	206	60	33879
十人以上劳动人事争议	（件）	13	0	4	405
劳动者申请	（件）	1031	201	60	33256
按争议类型分					
劳动报酬	（件）	164	61	8	9511
社会保险	（件）	45	7	0	2882
确认劳动关系	（件）	141	5	2	1572
解除、终止劳动合同	（件）	535	88	23	11958
履行聘用合同	（件）	5	0	13	71
终止人事关系	（件）	16	0	0	11
其他	（件）	168	45	14	7874
立案受理案件涉及劳动者人数	（人）	1297	206	202	42363
十人以上劳动人事争议	（人）	236	0	146	8710
处理案件情况					
当期审结案件数	（件）	1063	208	60	33687
按处理方式分					
仲裁调解	（件）	435	96	15	15671
仲裁裁决	（件）	597	106	45	15560
其他	（件）	31	6	0	2456
按处理结果分					
用人单位胜诉	（件）	173	25	3	2952
劳动者胜诉	（件）	177	25	2	4705
双方部分胜诉	（件）	565	140	54	19334
其他	（件）	148	18	1	6696
期末累计未结案数	**（件）**	**52**	**20**	**0**	**1185**
案外调解案件数	**（件）**	**320**	**85**	**1**	**37634**

5-2 各市技能人才评价综合情况

市 别	期末职业技能等级认定机构数（个）					
	2015	2018	2019	2020	2021	2022
全 省	**554**	**423**	**404**	**112**	**1484**	**2423**
广 州	95	54	53	5	306	389
深 圳	51	24	15	8	86	140
珠 海	8	9	10	1	54	91
汕 头	7	5	5	1	25	42
佛 山	28	32	34	11	124	175
韶 关	12	10	8	1	18	35
河 源	11	16	16	4	11	12
梅 州	15	15	14	6	11	26
惠 州	27	25	22	5	20	51
汕 尾	6	6	8	5	3	3
东 莞	7	15	19	3	246	459
中 山	8	9	9	3	140	249
江 门	17	22	21	6	120	168
阳 江	7	9	5	2	5	14
湛 江	17	17	17	13	8	19
茂 名	10	10	11	7	17	21
肇 庆	19	21	19	6	46	81
清 远	14	15	15	3	33	53
潮 州	10	8	8		14	19
揭 阳	14	16	16	2	12	19
云 浮	12	11	12	6	17	32
省 直	159	74	67	14	168	325

注：2020 年国家全面完成水平评价类职业工种退出职业资格目录清单，职业技能鉴定机构业务基本停滞，改由社会机构和企业向劳动者提供职业技能等级认定评价服务。2015-2020 年数据为期末职业技能鉴定机构数，2021 年起为期末职业技能等级认定机构数。

5-2 续表 1

市别	本期参加职业技能鉴定或职业技能等级认定（人次）					
	2015	2018	2019	2020	2021	2022
全省	**1683826**	**742270**	**702789**	**702452**	**828098**	**914719**
广州	284727	125101	98305	43072	111594	141453
深圳	82173	34280	23488	37798	123281	142496
珠海	26757	12274	12206	9445	39326	48110
汕头	15245	7848	6185	8514	18409	17305
佛山	72157	50080	54679	41132	69259	69302
韶关	33427	11882	10123	8002	12008	17838
河源	20239	6586	7343	6670	8236	15036
梅州	29644	15440	23462	14360	11216	12792
惠州	36014	18103	18952	17795	28792	25673
汕尾	3042	10548	9586	3741	6513	11552
东莞	52345	21062	18813	7191	86847	74354
中山	33340	12763	13259	12897	46249	50272
江门	43943	20203	17838	10740	44352	33126
阳江	5409	10321	8440	5334	7271	13953
湛江	42957	25319	27766	14975	18530	18115
茂名	34215	28373	36039	38161	19181	26640
肇庆	34636	20246	16022	13505	21186	23016
清远	58955	20037	19932	17384	22870	18779
潮州	15887	4516	4365	5859	10096	11003
揭阳	9019	9236	11796	10613	9369	12135
云浮	9527	8984	13784	7859	11104	14963
省直	740168	269068	250406	389641	102409	116806

5-2 续表 2

市　别	本期新增取得职业资格证书或职业技能等级证书（人次）					
	2015	2018	2019	2020	2021	2022
全　省	**1156563**	**445885**	**441370**	**406885**	**629044**	**738924**
广　州	219693	96089	74609	31338	86040	117225
深　圳	32613	19389	16896	15103	84230	105464
珠　海	18886	7274	7538	6059	30657	39218
汕　头	12422	5250	4576	6635	14359	13673
佛　山	42107	32579	39866	30678	51755	60549
韶　关	24021	9169	7809	6033	8388	15088
河　源	13458	4514	4958	4782	5134	13546
梅　州	19751	11391	18843	12553	7716	10020
惠　州	31997	10612	13833	14578	23455	21139
汕　尾	2191	8536	7153	3061	4930	10017
东　莞	37010	12956	12006	5036	78692	65943
中　山	27867	10860	11105	10484	38966	44683
江　门	30031	12504	11132	6788	36871	29788
阳　江	3505	6163	5890	3706	4538	10351
湛　江	37238	17477	19756	11090	11629	14406
茂　名	25823	19095	27210	31067	12694	21135
肇　庆	26888	12841	10091	9315	12343	18676
清　远	39407	10703	10021	10948	14449	15407
潮　州	13995	3551	3397	5391	8124	10011
揭　阳	7580	7539	9265	8807	7475	10024
云　浮	7778	6472	11429	6483	8261	12544
省　直	482302	120921	113987	166950	78338	80017

注：广东省于2020年开始推行职业技能等级认定，从2020年起数据包含新增取得职业技能等级证书人次数。

5-3 各市就业再就业进展情况

市别	城镇新增就业人数（人）					
	2015	2018	2019	2020	2021	2022
全省	**1555421**	**1476511**	**1399571**	**1336995**	**1403322**	**1320565**
广州	432578	407783	337337	295033	335530	305470
深圳	96930	109174	160302	173003	187476	182127
珠海	47585	47095	40856	38040	42427	40705
汕头	60615	53923	49130	49700	45082	44691
佛山	82699	85741	86570	86176	105181	106576
韶关	51410	33414	30342	25342	20701	20463
河源	42755	45839	36426	36417	28874	27401
梅州	31052	25788	22085	20942	21228	20966
惠州	75066	73443	71577	71004	76236	77189
汕尾	48902	50477	50051	52256	55106	53784
东莞	84667	95362	94977	94771	112709	110874
中山	65915	62009	57094	56989	63074	59303
江门	49088	48810	47118	45945	47585	45112
阳江	42468	36756	33121	25302	17032	17993
湛江	77637	79821	73809	71914	57949	57168
茂名	71269	64743	60124	50546	50916	44080
肇庆	49622	43791	44684	42128	45605	43601
清远	51215	44111	37139	36185	39807	37676
潮州	23775	15181	15179	15151	12645	10341
揭阳	35993	32633	31615	30620	18360	18139
云浮	34180	20617	20035	19531	19799	20006

注：2022 年全省城镇新增就业人数按要求扣减省直单位自然减员人数。

5-3 续表1

市 别	城镇失业人员再就业人数（人）					
	2015	2018	2019	2020	2021	2022
全 省	**672233**	**538976**	**551269**	**516762**	**517538**	**472684**
广 州	274968	138313	177177	154599	181381	132352
深 圳	21500	31500	29485	26880	28012	27616
珠 海	12809	12868	10433	12566	12592	13076
汕 头	29045	28257	25295	27262	21512	21607
佛 山	38712	35416	35548	35194	41146	43521
韶 关	39109	29635	22752	22268	12710	12314
河 源	9310	8549	8754	8797	7516	7546
梅 州	25472	24591	16814	16438	13593	12481
惠 州	18703	18955	18859	19006	19030	19126
汕 尾	20983	20582	22013	15462	18785	19436
东 莞	9276	19844	19931	16727	18782	16999
中 山	7355	11213	10666	15033	10166	9762
江 门	32680	33421	31953	31864	29667	28917
阳 江	24398	21880	13324	13138	9075	10447
湛 江	37848	36329	42471	35885	27451	30465
茂 名	17082	19122	17049	17256	17656	19389
肇 庆	14107	12711	13236	13145	11797	12678
清 远	13327	13247	15074	14709	14049	14528
潮 州	4526	4062	4026	4021	4093	4114
揭 阳	12202	11163	10091	10220	12522	10243
云 浮	8821	7318	6318	6292	6003	6067

5-3 续表 2

市 别	就业困难人员实现就业人数（人）					
	2015	2018	2019	2020	2021	2022
全 省	**183981**	**167950**	**138871**	**113013**	**115093**	**105100**
广 州	115633	113904	90690	68460	66474	56301
深 圳	10663	7140	5065	3739	4205	3609
珠 海	2576	2265	2203	2000	2218	1871
汕 头	3012	2750	2591	2508	1742	2304
佛 山	8547	6768	7219	7406	7018	7668
韶 关	4062	2561	2317	2219	2319	2332
河 源	2278	2087	2391	2583	2458	2430
梅 州	3533	2533	1652	1625	2303	1660
惠 州	3632	3162	3196	2910	3105	3114
汕 尾	2107	2413	2316	1638	2117	2667
东 莞	2604	4493	2733	2121	2649	2135
中 山	1824	1297	1280	1275	1207	1173
江 门	5231	3022	2885	2549	2182	2230
阳 江	2913	2152	2098	2060	1927	2298
湛 江	1677	1016	1070	1107	1548	1679
茂 名	3236	2420	2243	2018	2233	2300
肇 庆	2667	2475	2074	2096	2080	2232
清 远	1453	1360	1363	1253	1181	2378
潮 州	1773	1028	1021	1016	1011	1031
揭 阳	2256	2040	1542	1532	3947	2236
云 浮	2304	1064	922	898	1169	1452

5-4 职业介绍工作情况

年份	期末公共就业和人才交流服务机构（个）	本期登记招聘（人次）	本期登记求职（人次）	本期职业指导（人次）	本期职业介绍（人次）
2017	16014	6220386	3468471	757998	1482977
2018	16302	5861408	3233291	843232	1417701
2019	16830	5428000	3228467	798546	1530859
2020	17536	4849414	2106858	669281	1110974
2021	15525	5202516	2303364	842922	1206335
2022	13680	5001628	2450514	1021225	3277773

注：2021年（含2021年）以前，本期登记招聘、本期登记求职等2个指标的统计计量单位为“人”；2022年，上述指标的统计计量单位由“人”调整为“人次”。

5-5 各市养老、失业、工伤保险参保人数（2022年）

单位：人

市别	基本养老保险	城镇职工基本养老保险		城乡居民基本养老保险	失业保险	工伤保险
			企业+其他			
全省	**79935311**	**52292068**	**48919904**	**27643243**	**37511196**	**40833891**
广州	10234161	8860865	8455240	1373296	7148285	7189074
深圳	13813805	13801301	13541454	12504	12347936	12761979
珠海	1676211	1540184	1469222	136027	1220189	1291437
汕头	3454104	1078124	918271	2375980	563356	767396
佛山	5279914	4556105	4367808	723809	3260141	3593524
韶关	1822123	778747	639147	1043376	359711	462428
河源	1879300	559363	452604	1319937	295049	396650
梅州	2730844	1067239	894286	1663605	391787	493869
惠州	3311364	2153115	1994913	1158249	1668258	1711760
汕尾	1348665	345555	259304	1003110	131522	195747
东莞	6139005	6087475	5984476	51530	4618692	4846953
中山	2457692	2448019	2372656	9673	1704560	1843753
江门	3201212	1698673	1554821	1502539	1053127	1122664
阳江	1714704	450229	358225	1264475	209536	357482
湛江	3974167	1105811	896504	2868356	489135	553514
茂名	3591399	851923	653613	2739476	371203	408221
肇庆	2558112	909548	763550	1648564	541275	684558
清远	2795489	924844	796998	1870645	511876	631169
潮州	1684697	542175	461729	1142522	237200	278562
揭阳	3177135	645338	490493	2531797	193360	316781
云浮	1584211	380438	296353	1203773	194998	243302
省直	1506997	1506997	1298237			683068

注：1. 社会保险数据采用社保基金报表和统计报表年报数，下同。
2. 各区域不包括省直。

5-6 各市城镇职工基本养老保险参保人数

单位：人

市 别	2015	2018	2019	2020	2021	2022
全 省	**50865270**	**49196558**	**46334397**	**48730604**	**50794847**	**52292068**
广 州	10082417	7835244	7689932	8204077	8643340	8860865
深 圳	9536284	11569970	12136911	12685530	13377622	13801301
珠 海	1119736	1295362	1350415	1468847	1495229	1540184
汕 头	1549391	1345533	940740	990087	1033808	1078124
佛 山	4330233	4254980	3855516	4105894	4355000	4556105
韶 关	678239	784726	683112	735212	748947	778747
河 源	755554	502914	464854	527736	543008	559363
梅 州	980987	1074669	934517	1009300	1046608	1067239
惠 州	2121840	2204588	1866355	1997021	2079444	2153115
汕 尾	519194	345850	286896	312244	333563	345555
东 莞	6706260	5902927	5866039	5909491	6008987	6087475
中 山	2385219	2563779	2272298	2368308	2418763	2448019
江 门	1919834	1678236	1480297	1533482	1635604	1698673
阳 江	569981	511594	383890	420441	430278	450229
湛 江	1111628	1253212	1017840	1045987	1083981	1105811
茂 名	966861	1026408	783671	812084	826307	851923
肇 庆	763506	893674	736651	803263	851339	909548
清 远	1071102	843750	771255	850066	883672	924844
潮 州	583203	603853	449383	488496	514617	542175
揭 阳	961179	765418	564012	622156	626295	645338
云 浮	435193	346450	327633	361700	371568	380438
省 直	1717429	1593421	1472180	1479182	1486867	1506997

注：各区域不包括省直。

5-7 各市城镇职工基本养老保险（执行企业养老保险制度）

单位：人

市 别	2015	2018	2019	2020	2021	2022
全 省	**49172179**	**46259117**	**43257786**	**45510467**	**47507258**	**48919904**
广 州	10082417	7512575	7335424	7823361	8249524	8455240
深 圳	9470021	11385332	11924058	12447678	13129988	13541454
珠 海	1027078	1241975	1288284	1402356	1426379	1469222
汕 头	1458401	1209218	793286	837909	876553	918271
佛 山	4214209	4077792	3681306	3926339	4171539	4367808
韶 关	605315	662158	550745	597982	612159	639147
河 源	693973	415324	368730	428322	443371	452604
梅 州	893697	914049	767539	839074	876242	894286
惠 州	2023751	2062369	1714546	1841450	1924191	1994913
汕 尾	470847	270129	206564	229981	250027	259304
东 莞	6706260	5809857	5771314	5809506	5908148	5984476
中 山	2290617	2495650	2200589	2294105	2343922	2372656
江 门	1807120	1545312	1347773	1394634	1494341	1554821
阳 江	520268	431040	295045	329471	339984	358225
湛 江	987168	1065093	829052	852844	880564	896504
茂 名	862293	854444	601192	621826	632405	653613
肇 庆	664705	761290	599800	665159	708044	763550
清 远	1010282	733207	651038	723666	758163	796998
潮 州	534294	541917	376342	411685	436163	461729
揭 阳	823561	627863	419507	471445	473781	490493
云 浮	392134	269600	248485	280546	289074	296353
省 直	1633768	1372923	1287167	1281128	1282696	1298237

注：各区域不包括省直。

5-8 各市城乡居民基本养老保险参保人数

单位：人

市别	2015	2018	2019	2020	2021	2022
全省	**24997176**	**26564636**	**26423254**	**26571619**	**26803974**	**27643243**
广州	1292677	1242198	1400947	1428866	1395680	1373296
深圳	7075	7754	10222	11328	11758	12504
珠海	93974	92509	95161	97244	121978	136027
汕头	1958199	2122283	2156758	2173914	2202794	2375980
佛山	626288	544136	528817	509222	490529	723809
韶关	910984	1029806	1045638	1034882	1030023	1043376
河源	1241684	1319624	1323932	1328859	1315367	1319937
梅州	1671201	1694914	1689964	1699035	1690642	1663605
惠州	1089687	1137680	1077419	1083704	1112775	1158249
汕尾	1390160	1435460	981950	881336	955522	1003110
东莞	84405	69457	64722	59927	55325	51530
中山	1033	2348	2834	6726	7922	9673
江门	1552372	1543147	1529232	1522775	1513276	1502539
阳江	1156077	1228992	1240974	1248261	1248648	1264475
湛江	2517433	2725661	2764311	2801247	2832078	2868356
茂名	2201817	2605107	2629851	2681026	2703924	2739476
肇庆	1494867	1591048	1600926	1622064	1635909	1648564
清远	1476552	1578043	1615262	1637302	1730094	1870645
潮州	911129	1023363	1056156	1081447	1095174	1142522
揭阳	2156844	2374232	2409043	2448202	2458057	2531797
云浮	1162718	1196874	1199135	1214252	1196499	1203773
省直						

注：城乡居民基本养老保险2009年起开展试点，2011年全面建立，2012年实现制度和人群全覆盖。

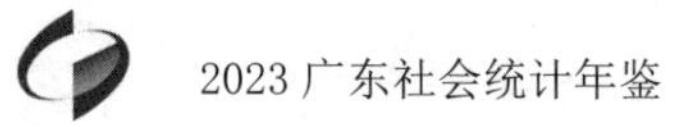

5-9 各市失业保险参保人数

单位：人

市　别	2015	2018	2019	2020	2021	2022
全　省	**29301287**	**33617475**	**35008121**	**36034313**	**37251171**	**37511196**
广　州	4740721	6087077	6442012	6918212	7157123	7148285
深　圳	9746880	11273563	11666407	12224363	12492626	12347936
珠　海	895909	1046865	1086178	1180909	1190826	1220189
汕　头	750370	858995	877314	540053	546794	563356
佛　山	2223240	2639945	2832250	3063907	3236854	3260141
韶　关	291472	319198	321094	338201	346341	359711
河　源	285627	302580	242288	272445	289978	295049
梅　州	256098	333599	364331	374078	382914	391787
惠　州	1273875	1276225	1373199	1500885	1573731	1668258
汕　尾	200091	225015	236790	123386	127189	131522
东　莞	4121413	4186677	4311632	4378565	4545810	4618692
中　山	1418121	1540294	1579360	1679117	1704163	1704560
江　门	747178	865596	890409	940246	1029199	1053127
阳　江	211165	175931	188783	190386	199825	209536
湛　江	384017	443176	466493	467016	477208	489135
茂　名	257868	289046	314557	337999	358336	371203
肇　庆	430477	519519	542182	466926	506391	541275
清　远	354238	430326	437655	469529	482332	511876
潮　州	317797	359507	377396	210337	229248	237200
揭　阳	219564	260059	265203	173729	186254	193360
云　浮	175166	184282	192588	184024	188029	194998
省　直						

5-10 各市工伤保险参保人数

单位：人

市别	2015	2018	2019	2020	2021	2022
全省	**31227245**	**35924892**	**38158480**	**38666578**	**40685672**	**40833891**
广州	4314000	6398682	7322657	6829268	7292310	7189074
深圳	10324941	11403799	11861454	12417355	12844725	12761979
珠海	908714	1065589	1104234	1191249	1239724	1291437
汕头	725406	875277	852824	780556	782731	767396
佛山	2256874	2647134	3165081	3359892	3547153	3593524
韶关	383526	409830	423356	428801	443421	462428
河源	287180	330166	304105	350202	385435	396650
梅州	287528	515061	530918	505080	493487	493869
惠州	1478558	1495757	1464841	1595291	1686755	1711760
汕尾	200075	220962	232032	168082	196003	195747
东莞	4644604	4374817	4485281	4526485	4743616	4846953
中山	1434899	1578629	1626753	1693848	1832045	1843753
江门	778938	1056879	1011607	1031174	1092826	1122664
阳江	235988	302419	335047	304230	355681	357482
湛江	409753	467964	518364	529893	547566	553514
茂名	358141	349702	353804	369368	390778	408221
肇庆	450303	542716	568515	517458	659659	684558
清远	422757	472408	465866	527361	551090	631169
潮州	315049	362116	406707	374378	378286	278562
揭阳	211003	213026	235853	276189	311717	316781
云浮	182582	205937	223575	223292	232074	243302
省直	616426	636022	665606	667126	678590	683068

注：各区域不包括省直。

5-11 各市城镇职工基本养老保险缴费人数

单位：人

市别	2015	2018	2019	2020	2021	2022
全省	**30356915**	**35360363**	**37279199**	**39800229**	**41375935**	**41991182**
广州	4275127	5797147	6231097	6766905	7008838	7009855
深圳	8153177	10507063	11124399	11803186	12602452	12918321
珠海	1006727	1150255	1194186	1300158	1310722	1332431
汕头	551319	595356	630553	667303	687864	702964
佛山	2387429	2845788	3057459	3298066	3463359	3525079
韶关	396361	420754	445189	491969	488267	500181
河源	248995	313227	331095	399104	401884	402871
梅州	427171	526970	564505	628817	609857	601869
惠州	1437824	1491824	1576862	1723026	1776730	1780429
汕尾	247043	187853	176086	203182	215792	220265
东莞	4523447	4637913	4793097	4882115	5085365	5182605
中山	1735626	1816738	1802957	1927963	1894545	1868190
江门	907900	1006682	1036429	1072646	1165556	1194663
阳江	272990	241144	268538	303347	305018	309495
湛江	551339	606913	629295	629131	619783	629641
茂名	577651	449234	498040	524376	518310	518937
肇庆	398572	490440	521184	579077	611322	643525
清远	373269	524118	570078	652190	651041	674280
潮州	228870	243466	262490	297579	316596	329984
揭阳	511316	335995	361180	419241	414691	411309
云浮	224104	216908	238025	264255	263324	270482
省直	920658	954575	966455	966593	964619	963806

注：各区域不包括省直。

5-12 各市城镇职工基本养老保险离退休人数

单位：人

市　别	2015	2018	2019	2020	2021	2022
全　省	**4732539**	**6366195**	**6712032**	**7111384**	**7523876**	**7972687**
广　州	871625	1092749	1142993	1208148	1279560	1346683
深　圳	255480	357686	407107	467734	518099	602036
珠　海	113009	145107	156229	168689	184507	207753
汕　头	215271	275882	288303	298233	311600	324035
佛　山	525500	618112	653396	692885	743347	795349
韶　关	150146	209238	218329	226008	236389	246925
河　源	68381	102618	105307	113630	119987	126945
梅　州	245612	334394	347958	358778	392329	410770
惠　州	102907	152424	161682	173044	186219	201877
汕　尾	58240	90829	97852	102278	105611	106851
东　莞	84646	388547	413014	437987	466787	504941
中　山	293046	336047	349804	367066	388430	412648
江　门	299152	375480	393765	409452	420057	439433
阳　江	69797	98453	102122	107719	112497	118126
湛　江	268408	359484	369058	394418	419212	428384
茂　名	154399	221965	233691	252857	260253	273270
肇　庆	133892	183650	192084	201010	209287	219400
清　远	119707	167290	174044	181984	191898	202265
潮　州	126806	167970	178670	184462	188893	195536
揭　阳	144949	162433	176366	185101	195977	204022
云　浮	51430	76705	79537	88655	92491	93049
省　直	380136	449132	470721	491246	500446	512389

注：各区域不包括省直。

5-13 各市领取失业保险金人数

单位：人

市别	2015	2018	2019	2020	2021	2022
全省	**424390**	**405265**	**443252**	**525676**	**702096**	**833089**
广州	92488	96851	103778	125517	180423	220199
深圳	74678	102177	117953	129466	125240	157034
珠海	17690	12246	13495	18124	31769	37603
汕头	5346	5025	4558	5095	8314	11067
佛山	38739	37527	36912	44115	66118	83206
韶关	6835	4737	4343	5558	9460	9998
河源	5295	3631	3815	5644	6667	8358
梅州	7182	4531	4758	8229	8465	11905
惠州	13267	12475	15985	21682	30526	35382
汕尾	1087	1512	1638	5199	6413	2954
东莞	89163	54434	58766	59075	105968	109149
中山	24265	30041	35418	43068	51637	55380
江门	17484	14761	16159	17151	19526	25989
阳江	2589	2736	2661	2402	4245	5767
湛江	6476	5089	4432	6629	8366	10018
茂名	3754	3407	3334	3445	3870	4383
肇庆	7632	5636	6602	8100	12043	15124
清远	7508	4734	5782	9865	13657	18738
潮州	1726	1984	1241	2112	2395	3129
揭阳	44	325	281	787	2211	2467
云浮	1142	1406	1341	4413	4783	5239
省直						

5-14 各市享受工伤保险待遇人数

单位：人

市 别	2015	2018	2019	2020	2021	2022
全 省	**168347**	**145435**	**155760**	**147012**	**171444**	**189453**
广 州	15302	15599	15884	15179	17190	18793
深 圳	38974	33746	32215	30117	35416	35746
珠 海	6827	6907	7278	7617	7771	9229
汕 头	752	1048	1081	1374	1726	1604
佛 山	17225	12371	18300	11878	17014	20874
韶 关	5213	7074	7377	6364	6459	6204
河 源	1631	1596	1756	1919	2313	2350
梅 州	2314	2080	2230	2593	2413	2298
惠 州	6134	7816	9175	7434	9789	9461
汕 尾	271	332	358	402	443	492
东 莞	40936	24028	27383	29703	34847	40710
中 山	14623	13532	12864	11330	13407	17370
江 门	5613	6454	6244	6431	7111	7868
阳 江	815	1057	953	1222	1216	1179
湛 江	1338	1356	1331	1375	1628	1464
茂 名	1138	1303	1536	1627	1672	1718
肇 庆	2184	2510	2698	3050	3330	3879
清 远	3088	1950	3174	2586	3236	3563
潮 州	457	519	438	513	564	571
揭 阳	551	271	261	651	479	539
云 浮	844	1579	1589	1508	1844	2010
省 直	2117	2307	1635	2139	1576	1531

注：各区域不包括省直。

5-15 各市养老、失业、工伤保险基金收入情况(2022年)

单位：万元

市别	城镇职工基本养老保险		城乡居民基本养老保险	失业保险	工伤保险
		企业＋其他			
全省	**64197426**	**54303373**	**3664147**	**1347635**	**669736**
广州	13036441	11411344	691458	389219	117666
深圳	17513752	16321699	5920	415122	178422
珠海	2223336	1834341	60839	41270	17812
汕头	1011993	664518	240783	25006	8840
佛山	4723399	4087947	131097	81133	52390
韶关	801809	463808	122830	11082	7853
河源	615978	381386	146883	7683	5269
梅州	936714	538608	182408	10313	6010
惠州	2534672	2119788	180581	35983	24653
汕尾	327197	191505	102320	5605	3811
东莞	6496073	6133777	40799	153666	96280
中山	2508153	2236939	3131	45425	29306
江门	1783858	1245628	152359	25162	16575
阳江	508774	292673	164644	5983	5959
湛江	1053991	658651	267158	16473	9290
茂名	795758	467391	259876	14587	7649
肇庆	872387	575036	171409	13542	10402
清远	949792	654198	180573	15473	10015
潮州	472039	297581	128737	6584	3521
揭阳	649560	379857	300818	6315	3793
云浮	409829	241296	129524	5495	4118
省直	3971920	3105404		16515	50105

注：1. 基金收入为不含上下级往来的基金收入小计，基金收入＝收入总计－上级补助收入－下级上解收入。
2. 城镇职工基本养老保险＝企业职工基本养老保险＋机关事业单位基本养老保险。
3. 各区域不包括省直。

5-16 各市养老、失业、工伤保险基金支出情况(2022 年)

单位：万元

市别	城镇职工基本养老保险	企业 + 其他	城乡居民基本养老保险	失业保险	工伤保险
全省	**36490411**	**27031547**	**2934067**	**3936247**	**1054906**
广州	7668692	5964253	588620	926473	132880
深圳	4409210	3363766	7173	1220405	248333
珠海	1067496	751295	36026	135042	43742
汕头	1321020	934716	157407	40530	10287
佛山	3151181	2585787	148403	277996	102297
韶关	1027886	659498	97347	32928	28730
河源	489682	299110	105833	24235	13360
梅州	1261614	847909	165472	28007	12337
惠州	939413	564793	105705	129309	58687
汕尾	366698	230382	93925	6185	3018
东莞	1566482	1345324	39411	423649	177713
中山	1223183	1058171	644	171311	69639
江门	1733117	1199790	144595	94924	40287
阳江	504031	274483	93105	16359	8314
湛江	1575716	1155394	232589	34339	11323
茂名	1037905	684098	224833	22431	11583
肇庆	838123	547015	132021	44510	22400
清远	755231	461649	152485	49934	21374
潮州	652768	475105	99403	15356	3813
揭阳	741910	458669	209378	12965	4250
云浮	368739	223653	99691	9962	9537
省直	3790313	2946687		219395	21002

注：1. 基金支出为不含上下级往来的基金支出小计，基金支出 = 支出总计 − 补助下级支出 − 上解上级支出。
2. 城镇职工基本养老保险 = 企业职工基本养老保险 + 机关事业单位基本养老保险。
3. 各区域不包括省直。

5-17 各市养老、失业、工伤保险基金征收收入情况（2022 年）

单位：万元

市别	城镇职工基本养老保险	企业+其他	城乡居民基本养老保险	失业保险	工伤保险
全 省	**57971889**	**50173903**	**1125264**	**1137184**	**625071**
广 州	12158831	10898613	313794	304786	113649
深 圳	15426524	14269439	1083	347572	169432
珠 海	1951278	1640435	23698	36127	15313
汕 头	922437	647890	97101	17481	6846
佛 山	4437009	3897683	25078	77682	51205
韶 关	658019	454358	24103	10264	7667
河 源	569595	365398	39006	7198	5105
梅 州	752363	521737	44817	9356	5673
惠 州	2317798	1956616	64151	34881	23598
汕 尾	304313	181928	19077	4035	3305
东 莞	6152659	5816192	274	150074	95172
中 山	2312471	2065074	2371	44294	28662
江 门	1531013	1218990	19364	20918	15954
阳 江	450414	280753	63643	4452	4965
湛 江	943829	638821	68614	14544	8886
茂 名	739153	450400	52852	11975	6872
肇 庆	806509	564229	43458	12498	10122
清 远	835226	625400	47247	13358	9493
潮 州	419114	292047	41583	6040	3209
揭 阳	568786	350848	104438	4897	3533
云 浮	363179	233109	29511	4755	3757
省 直	3351370	2803945			32652

注：1. 城镇职工基本养老保险＝企业职工基本养老保险＋机关事业单位基本养老保险。
2. 各区域不包括省直。

5-18 全省养老、失业、工伤保险基金累计结余情况（2022 年）

单位：万元

市别	城镇职工基本养老保险	企业＋其他	城乡居民基本养老保险	失业保险	工伤保险
全省	**157226670**	**150343686**	**5794077**	**1799268**	**1523319**

注：城镇职工基本养老保险＝企业职工基本养老保险＋机关事业单位基本养老保险。

5-19 各市城镇职工基本养老保险基金收入情况

单位：万元

市别	2015	2018	2019	2020	2021	2022
全省	**25636279**	**45713483**	**55932191**	**38581411**	**61125359**	**64197426**
广州	4311477	7754148	12455171	6725859	12078934	13036441
深圳	7021093	12188664	12739466	10365947	15778220	17513752
珠海	954251	1695532	2022961	1529978	1957990	2223336
汕头	390514	679321	1248175	970530	1012619	1011993
佛山	1846531	3391296	3466905	2463647	4312697	4723399
韶关	249984	524491	898228	540080	831895	801809
河源	176880	374204	734795	366415	583096	615978
梅州	262886	867005	895138	681012	886203	936714
惠州	889728	1668360	2335879	1302278	2413089	2534672
汕尾	127319	221897	331464	218684	296295	327197
东莞	3280419	5133382	4965106	3998365	6877774	6496073
中山	1177121	1858777	2239878	1572510	2342766	2508153
江门	669852	1047336	1944154	949045	1469620	1783858
阳江	151078	298183	438054	300436	542825	508774
湛江	408148	567720	943266	579703	999755	1053991
茂名	323679	507831	727610	654903	749382	795758
肇庆	316481	568562	1102147	524630	839479	872387
清远	271708	550344	951768	672126	879638	949792
潮州	183667	264695	621980	355634	467579	472039
揭阳	312563	506377	760667	554925	617855	649560
云浮	123669	278778	394221	277378	368388	409829
省直	2187233	4766579	3715156	2977326	4819260	3971920

注：1. 基金收入为不含上下级往来的基金收入小计，基金收入＝收入总计－上级补助收入－下级上解收入。
2. 城镇职工基本养老保险＝企业职工基本养老保险＋机关事业单位基本养老保险。
3. 2013-2019 年数据已相应调整为基金收入小计口径。
4. 各区域不包括省直。

5-20 各市城镇职工基本养老保险（执行企业养老保险制度）基金收入情况

单位：万元

市别	2015	2018	2019	2020	2021	2022
全省	**24282015**	**38028285**	**39317435**	**28979514**	**50760997**	**54303373**
广州	4111153	7054687	8309145	5329372	10403847	11411344
深圳	6943612	11331032	11735252	9040840	14741305	16321699
珠海	818471	1292070	1411191	1262845	1695752	1834341
汕头	363961	463210	476827	321404	604344	664518
佛山	1748107	2757383	2867566	1846637	3689600	4087947
韶关	226175	289401	296271	232946	402626	463808
河源	150967	250319	246553	199998	358583	381386
梅州	235112	477944	374112	325177	496127	538608
惠州	842378	1353340	1428351	978143	2028109	2119788
汕尾	109608	148883	120925	107654	169527	191505
东莞	3153207	4836467	4692380	3681430	6531987	6133777
中山	1110512	1674633	1680745	1219647	2138172	2236939
江门	585412	819399	867728	568196	1121740	1245628
阳江	138202	178245	186724	142071	271006	292673
湛江	358338	417376	447595	326626	590989	658651
茂名	286473	308624	325012	293608	412731	467391
肇庆	268199	343370	385001	278928	497712	575036
清远	265259	369248	400109	315908	571090	654198
潮州	170876	173121	198744	141612	267086	297581
揭阳	166962	286708	255240	188037	315635	379857
云浮	112920	147176	157594	123722	213161	241296
省直	2116111	3055649	2454368	2054715	3239869	3105404

注：1. 基金收入为不含上下级往来的基金收入小计，基金收入＝收入总计－上级补助收入－下级上解收入。
2. 2013-2019年数据已相应调整为基金收入小计口径。
3. 各区域不包括省直。

5-21 各市城乡居民基本养老保险基金收入情况

单位：万元

市别	2015	2018	2019	2020	2021	2022
全省	**2067315**	**2158325**	**2842978**	**2830566**	**3049478**	**3664147**
广州	383467	253841	608433	377932	426152	691458
深圳	2876	3572	4450	5370	7802	5920
珠海	36193	36145	39273	36536	57457	60839
汕头	95686	112051	145971	159075	183491	240783
佛山	327773	158930	142352	116486	125748	131097
韶关	60576	79934	93213	115107	128966	122830
河源	62226	84307	104847	105451	109631	146883
梅州	91187	121271	159605	193121	163532	182408
惠州	99343	125471	128056	136019	166672	180581
汕尾	39180	75553	91966	130101	123731	102320
东莞	37921	35409	35200	40695	45811	40799
中山	121	332	513	788	1852	3131
江门	98332	124621	140076	148374	170341	152359
阳江	72282	75670	94461	108894	106902	164644
湛江	124195	183062	204375	221050	250756	267158
茂名	131300	177382	213017	219237	253161	259876
肇庆	97069	113478	137180	153276	152594	171409
清远	77561	115082	154045	169030	171907	180573
潮州	51828	65421	80966	88072	91557	128737
揭阳	100489	140608	175014	204437	205516	300818
云浮	77709	76185	89966	101516	105900	129524
省直						

注：1. 基金收入为不含上下级往来的基金收入小计，基金收入 = 收入总计 − 上级补助收入 − 下级上解收入。
2. 2013-2019 年数据已相应调整为基金收入小计口径。
3. 各区域不包括省直。

5-22 各市失业保险基金收入情况

单位：万元

市　别	2015	2018	2019	2020	2021	2022
全　省	**1551683**	**1218696**	**1580223**	**805870**	**1161329**	**1347635**
广　州	340984	256837	589564	236324	318997	389219
深　圳	594219	450363	468952	263238	347059	415122
珠　海	48529	51658	57115	26101	41257	41270
汕　头	33188	28137	25037	15245	17442	25006
佛　山	69784	66067	81750	36305	79605	81133
韶　关	19221	12449	11167	6726	11360	11082
河　源	10052	8590	7120	4630	6925	7683
梅　州	13166	8010	9338	6799	10221	10313
惠　州	30081	37436	31564	18060	33965	35983
汕　尾	6638	4178	4941	3024	3947	5605
东　莞	186178	134498	132009	85574	147593	153666
中　山	46593	47023	46224	33204	43247	45425
江　门	37968	21596	24156	15717	23431	25162
阳　江	2671	6737	2486	1465	2169	5983
湛　江	25503	14546	14353	9441	14449	16473
茂　名	22467	16182	12758	10973	13017	14587
肇　庆	20437	15483	15009	7891	14200	13542
清　远	16507	16723	15916	8805	14419	15473
潮　州	8780	5280	4813	2688	5930	6584
揭　阳	7081	5839	6411	3816	5713	6315
云　浮	7553	5434	4765	4192	4744	5495
省　直	4084	5632	14776	5651	1641	16515

注：1. 基金收入为不含上下级往来的基金收入小计，基金收入 = 收入总计 - 上级补助收入 - 下级上解收入。
2. 2013-2019 年数据已相应调整为基金收入小计口径。
3. 各区域不包括省直。

5-23　各市工伤保险基金收入情况

单位：万元

市　别	2015	2018	2019	2020	2021	2022
全　省	**689122**	**729135**	**523421**	**292793**	**510712**	**669736**
广　州	99732	113816	90013	82130	98447	117666
深　圳	168312	204691	111401	64731	115384	178422
珠　海	19536	22254	22169	8866	13749	17812
汕　头	8280	9435	9145	5471	7593	8840
佛　山	68615	63082	55015	18418	48951	52390
韶　关	9109	11759	9549	5318	7671	7853
河　源	4500	6354	4381	3065	4663	5269
梅　州	6262	8798	6441	3259	4596	6010
惠　州	30172	40998	25783	14762	30990	24653
汕　尾	3547	5076	4788	2132	2742	3811
东　莞	132696	99646	73789	27213	74562	96280
中　山	45755	26926	21696	12339	20775	29306
江　门	13897	19113	14910	6607	13382	16575
阳　江	2739	6003	3887	2247	3577	5959
湛　江	8961	8540	6623	3755	5380	9290
茂　名	11452	10020	6253	4765	6119	7649
肇　庆	10192	13824	8906	4142	9250	10402
清　远	6823	11697	8273	4250	7715	10015
潮　州	4865	3647	2841	1669	2679	3521
揭　阳	2678	3040	3090	2531	4092	3793
云　浮	4368	6761	4520	2431	3773	4118
省　直	26631	33652	29948	12692	24621	50105

注：1. 基金收入为不含上下级往来的基金收入小计，基金收入＝收入总计－上级补助收入－下级上解收入。
2. 2013-2019 年数据已相应调整为基金收入小计口径。
3. 各区域不包括省直。

5-24 各市城镇职工基本养老保险基金征收收入情况

单位：万元

市别	2015	2018	2019	2020	2021	2022
全省	**22730817**	**36871967**	**48109116**	**29539370**	**52680629**	**57971889**
广州	3855343	6832165	10618022	5461066	10878391	12158831
深圳	6162593	9790062	10865519	7419125	13719565	15426524
珠海	857145	1209049	1421836	948656	1701120	1951278
汕头	369127	633190	1097011	701604	859680	922437
佛山	1652417	2897180	3143284	2036924	4031133	4437009
韶关	238311	445229	592897	421804	685413	658019
河源	165294	349666	714014	330540	483240	569595
梅州	235426	808311	776880	540206	705431	752363
惠州	797856	1437130	2141555	1131750	2041012	2317798
汕尾	112074	213126	320410	206548	275570	304313
东莞	2881681	4116476	4544051	2903643	5620324	6152659
中山	1097050	1616473	2126088	1092257	2107827	2312471
江门	618339	972352	1582463	784021	1335385	1531013
阳江	141211	273417	406522	277430	485681	450414
湛江	356761	542362	910816	560229	875718	943829
茂名	291901	474281	680151	576183	687464	739153
肇庆	281936	533955	930923	464035	755128	806509
清远	256878	516411	862421	522100	774525	835226
潮州	163745	244749	519235	237322	383783	419114
揭阳	239204	433679	558886	389583	541353	568786
云浮	115652	263745	363671	242304	328109	363179
省直	1840871	2268958	2932461	2292041	3404778	3351370

注：1. 城镇职工基本养老保险＝企业职工基本养老保险＋机关事业单位基本养老保险。
2. 各区域不包括省直。

5-25 各市城镇职工基本养老保险（执行企业养老保险制度）基金征收收入情况

单位：万元

市别	2015	2018	2019	2020	2021	2022
全省	**21758167**	**31721717**	**35241604**	**22807244**	**45265246**	**50173903**
广州	3855343	6478160	7613652	4669181	9861277	10898613
深圳	6097101	8954880	9963335	6326271	12725982	14269439
珠海	727173	976731	1147973	744572	1496081	1640435
汕头	343639	447877	461737	310275	587218	647890
佛山	1563575	2299444	2608045	1613504	3510709	3897683
韶关	217748	280008	288744	226853	394449	454358
河源	142301	223428	230415	178480	314818	365398
梅州	214117	449387	355066	305284	471705	521737
惠州	757809	1132807	1289573	842681	1725436	1956616
汕尾	100757	141900	111274	99319	157828	181928
东莞	2764329	3829228	4279725	2607427	5333617	5816192
中山	1031656	1436905	1549392	915223	1914641	2065074
江门	553505	766964	817397	528862	1091441	1218990
阳江	128593	159679	178808	135914	241727	280753
湛江	322956	395818	427961	312535	566626	638821
茂名	258290	293193	295334	238831	396812	450400
肇庆	246627	322858	358299	253919	481516	564229
清远	251919	341970	376639	287784	543904	625400
潮州	151820	165542	174808	129675	252519	292047
揭阳	144172	274071	242614	182447	304516	350848
云浮	105581	134029	146573	113300	204474	233109
省直	1779155	2216838	2324243	1784906	2687952	2803945

注：各区域不包括省直。

5-26 各市城乡居民基本养老保险基金征收收入情况

单位：万元

市别	2015	2018	2019	2020	2021	2022
全省	**614487**	**356239**	**389890**	**550288**	**628139**	**1125264**
广州	110934	85315	110503	96759	148718	313794
深圳	374	731	867	869	1246	1083
珠海	6761	7420	6616	6160	17080	23698
汕头	22996	20359	17722	24277	35497	97101
佛山	244301	18329	16516	12445	15386	25078
韶关	14902	14754	14945	23126	28368	24103
河源	10955	11243	10407	14263	17931	39006
梅州	19333	16097	22499	63161	17300	44817
惠州	18593	20084	16808	17163	43029	64151
汕尾	5146	14089	20173	54333	44050	19077
东莞					65	274
中山	5	111	195	381	1185	2371
江门	15100	20389	15152	17760	29102	19364
阳江	10586	12025	12570	20784	19098	63643
湛江	3670	25376	23453	32899	52495	68614
茂名	33045	23187	19793	36059	48111	52852
肇庆	31770	32780	20423	31623	25735	43458
清远	14469	-364	27887	39964	37431	47247
潮州	6782	6702	6804	9282	10404	41583
揭阳	17786	17292	16839	34117	22659	104438
云浮	26978	10319	9719	14860	13248	29511

5-27 各市失业保险基金征收收入情况

单位：万元

市别	2015	2018	2019	2020	2021	2022
全省	**1460799**	**1034278**	**958755**	**491594**	**1045369**	**1137184**
广州	326496	243652	272773	142769	283701	304786
深圳	576275	382156	274480	135796	324247	347572
珠海	43105	35910	33471	17182	33065	36127
汕头	30921	17908	15071	7592	16000	17481
佛山	63726	57453	62549	31142	69263	77682
韶关	16337	9509	8730	5359	9575	10264
河源	9605	5196	5718	3166	6457	7198
梅州	12719	7345	6936	5682	9096	9356
惠州	25426	27663	30066	15084	30631	34881
汕尾	5668	4130	3652	2385	3845	4035
东莞	180387	118599	126354	61995	136419	150074
中山	43257	43610	41218	19052	40714	44294
江门	32928	16401	17794	9126	18756	20918
阳江	2618	3784	2154	1057	1963	4452
湛江	20120	11446	12267	7346	12557	14544
茂名	18544	11484	10148	7161	10864	11975
肇庆	17434	10757	10101	6165	10876	12498
清远	15241	13248	12413	6637	12868	13358
潮州	7837	4389	3969	2113	5448	6040
揭阳	5479	5029	4615	2385	4717	4897
云浮	6675	4608	4277	2400	4306	4755
省直						

5-28 各市工伤保险基金征收收入情况

单位：万元

市别	2015	2018	2019	2020	2021	2022
全省	**611261**	**622630**	**438923**	**203105**	**442467**	**625071**
广州	97948	103791	86623	39968	86070	113649
深圳	128363	161851	102718	54631	111201	169432
珠海	17838	19554	14161	7354	12413	15313
汕头	7560	8262	7580	4428	7084	6846
佛山	64038	57470	37329	14560	37572	51205
韶关	8960	11693	9161	4995	7389	7667
河源	4476	4923	4296	2490	4482	5105
梅州	5814	8214	5403	2428	4157	5673
惠州	29231	34746	24159	14416	23991	23598
汕尾	2653	5066	3445	1794	2596	3305
东莞	126442	89973	63151	18062	63922	95172
中山	42953	26584	18895	5791	19627	28662
江门	12168	17888	13033	4600	12890	15954
阳江	2722	5486	3787	2081	3511	4965
湛江	7583	7926	5934	3187	4875	8886
茂名	10123	8919	5356	3086	5125	6872
肇庆	8761	12278	7983	3698	8092	10122
清远	6592	11311	7486	3457	7366	9493
潮州	4483	3451	2541	1432	2375	3209
揭阳	2403	2858	2926	1867	3731	3533
云浮	3639	6606	4022	2259	3417	3757
省直	16510	13778	8937	6522	10580	32652

注：各区域不包括省直。

5-29 各市城镇职工基本养老保险基金支出情况

单位：万元

市 别	2015	2018	2019	2020	2021	2022
全 省	**14754831**	**24506413**	**37614548**	**33136436**	**34839424**	**36490411**
广 州	3355432	4880130	8754757	6643380	6972909	7668692
深 圳	1447750	2218909	3183512	4675375	3957337	4409210
珠 海	354485	831961	1186054	1021051	917773	1067496
汕 头	523041	852953	1459844	1327981	1267812	1321020
佛 山	1399681	2397602	2645012	2704775	2946144	3151181
韶 关	361060	746730	1125654	915194	1108500	1027886
河 源	146261	327764	718615	439513	429151	489682
梅 州	440626	892344	1159010	1074744	1172092	1261614
惠 州	286018	721683	1391122	791625	879808	939413
汕 尾	121344	248134	417832	329225	359978	366698
东 莞	765854	1001276	1185937	1226975	1482078	1566482
中 山	613149	841754	1534186	1027601	1166039	1223183
江 门	683981	1039931	2053327	1375706	1456273	1733117
阳 江	158022	302349	463638	425160	573644	504031
湛 江	649528	937128	1543648	1372866	1535390	1575716
茂 名	381401	760658	926106	1025057	999335	1037905
肇 庆	314087	614338	1220093	753002	866781	838123
清 远	257687	583413	922437	735874	719383	755231
潮 州	267362	419156	827622	628821	640759	652768
揭 阳	359816	478454	825530	742345	699077	741910
云 浮	116226	279066	450065	329525	335988	368739
省 直	1752020	3130682	3620547	3570641	4353174	3790313

注：1. 基金支出为不含上下级往来的基金支出小计，基金支出＝支出总计－补助下级支出－上解上级支出。
2. 城镇职工基本养老保险＝企业职工基本养老保险＋机关事业单位基本养老保险。
3. 2013-2019 年数据已相应调整为基金支出小计口径。
4. 各区域不包括省直。

5-30 各市城镇职工基本养老保险（执行企业养老保险制度）基金支出情况

单位：万元

市 别	2015	2018	2019	2020	2021	2022
全 省	**13983071**	**18701092**	**20631319**	**22439957**	**24818261**	**27031547**
广 州	3355432	4387192	4686015	5391770	5622395	5964253
深 圳	1377426	1961345	2233462	2526644	2909805	3363766
珠 海	279091	440498	508196	565880	663152	751295
汕 头	518831	658809	731628	778073	864220	934716
佛 山	1312001	1783857	2040566	2091485	2369591	2585787
韶 关	353990	464670	513751	554584	631724	659498
河 源	140372	178041	203395	219649	244582	299110
梅 州	435700	561547	675469	633820	767846	847909
惠 州	281100	359931	412051	428423	508508	564793
汕 尾	118414	168168	213260	204637	218587	230382
东 莞	596333	858063	948737	1039730	1273638	1345324
中 山	562084	750303	802344	877401	965623	1058171
江 门	608236	816022	921177	989431	1091508	1199790
阳 江	155659	199463	227939	246535	249046	274483
湛 江	641935	845379	910976	992586	1074388	1155394
茂 名	375600	491187	539476	628634	656841	684098
肇 庆	286032	384165	495477	424901	506595	547015
清 远	253032	336053	346024	386506	418087	461649
潮 州	253102	343583	381959	407448	441285	475105
揭 阳	224029	299027	345897	365409	395348	458669
云 浮	114056	152321	190327	172775	198939	223653
省 直	1740616	2261467	2303192	2513638	2746551	2946687

注：1. 基金支出为不含上下级往来的基金支出小计，基金支出＝支出总计－补助下级支出－上解上级支出。
2. 2013-2019年数据已相应调整为基金支出小计口径。
3. 各区域不包括省直。

5-31 各市城乡居民基本养老保险基金支出情况

单位：万元

市　别	2015	2018	2019	2020	2021	2022
全　省	**1469326**	**2018885**	**2500551**	**2652897**	**2735938**	**2934067**
广　州	313873	345745	552861	576051	574283	588620
深　圳	3087	3732	4182	5207	4681	7173
珠　海	34911	24351	27159	29704	32558	36026
汕　头	62133	102744	123640	133230	146967	157407
佛　山	145836	160265	174113	173790	149282	148403
韶　关	40334	63905	74376	81798	92071	97347
河　源	49337	74189	86730	93928	97399	105833
梅　州	88169	125266	145995	147918	156671	165472
惠　州	63439	87895	96075	98440	100730	105705
汕　尾	39651	62575	73656	80046	86410	93925
东　莞	35112	35367	34965	40991	42682	39411
中　山	117	236	362	408	622	644
江　门	68883	107227	123809	129400	135779	144595
阳　江	42256	65180	76932	83124	85816	93105
湛　江	99064	151778	183305	199523	214078	232589
茂　名	95881	149435	179181	192141	202269	224833
肇　庆	60703	98092	115497	122333	127016	132021
清　远	58795	92997	110701	119817	129641	152485
潮　州	39120	62850	74743	78809	81900	99403
揭　阳	85383	137199	161954	180574	185972	209378
云　浮	43240	67858	80313	85664	89112	99691
省　直						

注：1. 基金支出为不含上下级往来的基金支出小计，基金支出＝支出总计－补助下级支出－上解上级支出。
　　2. 2013-2019 年数据已相应调整为基金支出小计口径。

5-32 各市失业保险基金支出情况

单位：万元

市别	2015	2018	2019	2020	2021	2022
全省	**363175**	**731159**	**1126473**	**2385987**	**1503425**	**3936247**
广州	127131	217817	213283	660929	463847	926473
深圳	48569	208064	413561	814319	474591	1220405
珠海	18287	29037	55469	126420	59734	135042
汕头	4592	8614	26834	43820	20537	40530
佛山	36122	52116	92225	137538	94261	277996
韶关	4613	5392	6352	15664	11630	32928
河源	3283	3940	13494	12249	7561	24235
梅州	3809	4214	7563	7712	9088	28007
惠州	9372	18253	33708	71838	34605	129309
汕尾	1098	1855	5071	8242	6714	6185
东莞	56571	91659	125345	229734	152675	423649
中山	18013	41265	60387	99967	68996	171311
江门	10400	15143	27913	49484	23425	94924
阳江	2073	3024	3794	4505	5098	16359
湛江	4722	5528	5436	18262	12323	34339
茂名	2990	7202	5101	11092	6445	22431
肇庆	5017	5924	8106	25894	17082	44510
清远	4140	5974	8685	23980	20363	49934
潮州	1545	3202	6435	7981	5143	15356
揭阳	33	985	794	4087	2982	12965
云浮	793	1953	6920	12269	6325	9962
省直						219395

注：1. 基金支出为不含上下级往来的基金支出小计，基金支出 = 支出总计 - 补助下级支出 - 上解上级支出。
2. 2013-2019 年数据已相应调整为基金支出小计口径。

5-33 各市工伤保险基金支出情况

单位：万元

市别	2015	2018	2019	2020	2021	2022
全省	**447170**	**600505**	**656827**	**720059**	**923641**	**1054906**
广州	57218	70790	81025	89968	117769	132880
深圳	108295	174075	174670	172427	225050	248333
珠海	14946	21818	29043	32586	40968	43742
汕头	2902	4898	4959	8007	9201	10287
佛山	35422	49820	58592	56215	84811	102297
韶关	14681	16392	17792	21946	24359	28730
河源	3612	5056	6313	10104	9601	13360
梅州	4458	7069	9645	8217	12274	12337
惠州	11685	25151	30361	36169	53641	58687
汕尾	758	997	1728	2947	2589	3018
东莞	114036	116349	125200	132966	161926	177713
中山	28263	33340	39485	43651	55805	69639
江门	11764	19648	20178	27273	32803	40287
阳江	2765	4662	3596	7385	7951	8314
湛江	4440	6141	6766	8554	9953	11323
茂名	4253	4854	6117	8193	10576	11583
肇庆	5248	8486	12000	14645	17635	22400
清远	6483	9612	8779	14164	18738	21374
潮州	1368	1973	1680	2713	3064	3813
揭阳	970	1172	1485	2619	3112	4250
云浮	2641	4368	5196	5709	7415	9537
省直	10961	13833	12216	13601	14398	21002

注：1. 基金支出为不含上下级往来的基金支出小计，基金支出＝支出总计－补助下级支出－上解上级支出。
2. 2013-2019 年数据已相应调整为基金支出小计口径。
3. 各区域不包括省直。

5-34 各市城乡居民基本养老保险基金累计结余情况

单位：万元

市别	2015	2018	2019	2020	2021	2022
全省	**3573471**	**4166892**	**4570597**	**4750524**	**5063997**	**5794077**
广州	1754706	1532512	1649362	1451243	1303112	1405950
深圳	4103	3526	3795	3958	7079	5827
珠海	75058	101840	113954	120786	145684	170497
汕头	117484	164103	186434	212548	249072	332448
佛山	295314	242321	210561	153257	129723	112416
韶关	75718	130209	149045	182806	219702	245184
河源	60598	89092	107208	118891	131123	172173
梅州	78029	105025	118636	163839	170634	187571
惠州	144519	254061	286042	323932	389874	464750
汕尾	15804	38806	57117	107171	144492	152887
东莞	540	771	1005	709	3838	5226
中山	15	153	304	684	1913	4400
江门	123013	198918	215186	234159	268721	276485
阳江	87022	135339	152867	178636	199722	271260
湛江	144360	221798	242868	264873	301552	336120
茂名	133125	205605	239441	266537	317429	352472
肇庆	127231	194497	216179	247711	273289	312677
清远	76143	204361	247705	296917	339183	367271
潮州	46966	62688	68911	78175	87832	117166
揭阳	120072	146168	159227	183090	202633	294074
云浮	93651	135098	144751	160602	177390	207222
省直						

5-35 各市医疗、生育保险参保人数(2022年)

单位：人

市　别	基本医疗保险	城镇职工基本医疗保险	城乡居民基本医疗保险	生育保险
全　省	**111531984**	**48560208**	**62971776**	**40619790**
广　州	13913970	9086703	4827267	7021602
深　圳	16712457	13376241	3336216	13216118
珠　海	2502483	1758758	743725	1321529
汕　头	4945872	916775	4029097	674587
佛　山	6816460	4490675	2325785	3635318
韶　关	2876842	687071	2189771	445746
河　源	3047033	525470	2521563	476474
梅　州	4286950	582215	3704735	421864
惠　州	4879151	2418178	2460973	2205767
汕　尾	2720214	255405	2464809	196027
东　莞	6758389	5875880	882509	4625167
中　山	3390413	2179803	1210610	1916918
江　门	4200834	1788148	2412686	1186418
阳　江	2597301	370169	2227132	282693
湛　江	6866184	966911	5899273	606569
茂　名	6289152	613993	5675159	422737
肇　庆	4167499	900566	3266933	643464
清　远	4025188	859486	3165702	628583
潮　州	2467633	325273	2142360	237363
揭　阳	5568878	270142	5298736	200391
云　浮	2499081	312346	2186735	254455

注：1. 省直医疗、生育保险属地化管理，无数据，下表同。
2. 各区域不包括省直。

5-36 各市城镇职工基本医疗保险参保人数

单位：人

市　别	2015	2018	2019	2020	2021	2022
全　省	**37118478**	**41706925**	**43757263**	**45781375**	**47571380**	**48560208**
广　州	6076242	7519504	8031247	8441958	8944800	9086703
深　圳	10391166	11952451	12395741	13029297	13346792	13376241
珠　海	1105038	1297457	1348304	1450743	1484423	1758758
汕　头	516030	569921	585071	599127	830284	916775
佛　山	2777424	3246530	3476991	3623460	3956891	4490675
韶　关	540012	603038	619011	639999	795828	687071
河　源	301132	348904	361799	380996	435226	525470
梅　州	430967	480084	500279	527117	611904	582215
惠　州	1618333	1565756	1720406	1831716	2246904	2418178
汕　尾	281330	326329	324138	330088	330754	255405
东　莞	6019153	5832967	6154985	6311931	6582667	5875880
中　山	2546162	2782258	2837132	2940535	1823848	2179803
江　门	1211309	1378735	1419251	1471799	1741921	1788148
阳　江	270819	293128	306654	329187	329864	370169
湛　江	633640	761843	793309	828992	823968	966911
茂　名	422490	490876	512168	550691	630135	613993
肇　庆	618203	701739	749376	786789	871758	900566
清　远	553793	623941	667864	706985	851933	859486
潮　州	319139	350319	361527	399853	339472	325273
揭　阳	262883	322080	318277	310112	260734	270142
云　浮	223213	259065	273733	290000	331274	312346

5-37 各市城乡居民基本医疗保险参保人数

单位：人

市别	2015	2018	2019	2020	2021	2022
全省	**64241734**	**64450781**	**64077401**	**64132993**	**65147812**	**62971776**
广州	4449913	4957484	4990779	5039403	5023300	4827267
深圳	1740390	2716744	2970216	3056283	3249364	3336216
珠海	477551	603204	629868	682382	678820	743725
汕头	4608609	4452173	4420523	4418534	4377424	4029097
佛山	2070038	2219548	2284388	2340999	2365040	2325785
韶关	2293995	2371824	2357682	2353668	2339745	2189771
河源	3058058	2866343	2752323	2700355	2664684	2521563
梅州	4419101	4194098	4106081	4060724	3994208	3704735
惠州	2661439	2801753	2517512	2526193	2527193	2460973
汕尾	2741373	2741591	2652671	2612498	2583722	2464809
东莞						882509
中山					1146894	1210610
江门	2658610	2534216	2494322	2484259	2461470	2412686
阳江	2358769	2416721	2417672	2410600	2392929	2227132
湛江	6655940	6319825	6326353	6411828	6425990	5899273
茂名	6431180	5983469	6015336	6115552	6129806	5675159
肇庆	3513387	3440270	3398256	3362674	3363279	3266933
清远	3537141	3387847	3376957	3387837	3332791	3165702
潮州	2294945	2307667	2288047	2263181	2247199	2142360
揭阳	5714175	5641546	5633269	5530838	5517587	5298736
云浮	2557120	2494458	2445146	2375185	2326367	2186735

注：1. 东莞市居民医疗保险2008年7月起起与职工医疗制度合并，2022年实行基本医疗保险一体化制度拆分，职工与居民分类保障。

2. 中山市居民医疗保险2014年起与职工医疗制度合并，2021年实行基本医疗保险一体化制度拆分，职工与居民分类保障。

3. 2013年广州、韶关、河源含新农合参合人数，其中韶关、河源于2014年并入城乡居民医保；2014年广州含新农合人数，次年并入城乡居民医保。

5-38 各市生育保险参保人数

单位：人

市　别	2015	2018	2019	2020	2021	2022
全　省	**30817976**	**34953368**	**36693633**	**37998226**	**39738827**	**40619790**
广　州	4368202	5852979	6281315	6335769	6896676	7021602
深　圳	10328970	12026177	12467099	13047905	13303142	13216118
珠　海	902786	1067679	1106359	1193331	1211335	1321529
汕　头	727332	654399	728678	578440	597747	674587
佛　山	2240608	2643801	2833214	2969783	3237604	3635318
韶　关	238203	347901	362619	386705	468658	445746
河　源	222118	286791	306557	328233	408123	476474
梅　州	285660	329540	348317	380208	413884	421864
惠　州	1618333	1565756	1720406	1831716	1944231	2205767
汕　尾	190084	228260	230745	234670	223881	196027
东　莞	5108233	4741815	4870292	4931393	5070169	4625167
中　山	1438604	1558025	1593482	1668371	1680033	1916918
江　门	765743	909182	936180	987560	1175362	1186418
阳　江	197481	213040	226255	244150	264945	282693
湛　江	431234	496252	517697	547059	591365	606569
茂　名	280469	318016	340114	382824	404082	422737
肇　庆	414176	507880	548050	597605	591434	643464
清　远	365893	413118	449737	503529	583761	628583
潮　州	303592	352322	374562	404027	239908	237363
揭　阳	214411	227839	225630	201771	188329	200391
云　浮	175844	212596	226325	243177	244158	254455

注：省直生育保险2015年属地化管理，主要移交广州市。

5-39 各市参保女职工生育人数

单位：人

市别	2015	2018	2019	2020	2021	2022
全省	**327038**	**622028**	**687432**	**616395**	**634495**	**896658**
广州	69305	132897	133491	129266	130659	144080
深圳	93155	156792	206046	183179	167646	346860
珠海	14270	22315	24360	20592	20048	22560
汕头	5730	13625	12025	12607	12197	14180
佛山	37441	70881	66100	65592	60947	66961
韶关	2101	7620	7009	5535	5969	9534
河源	3864	13369	13513	11585	15481	17058
梅州	4308	2090	7961	6842	6332	6274
惠州	13406	25469	24993	26579	35813	40567
汕尾	1137	2949	2975	3455	3327	4141
东莞	26973	58854	56960	52405	56641	69199
中山	21024	26145	26704	23713	23209	27098
江门	9146	19790	18344	16138	17691	17192
阳江	1653	5361	5197	5251	4287	6071
湛江	2453	10891	15586	7922	38992	56932
茂名	3904	13811	18700	8605	5584	8615
肇庆	4402	11504	10259	9508	10400	11330
清远	3114	10899	10074	10872	8465	10243
潮州	2892	5763	5603	5899	3225	7819
揭阳	2059	5146	4590	4949	2967	3855
云浮	1349	5857	16942	5901	4615	6089
省直	3352					

5-40 各市医疗、生育保险基金收入支出情况(2022年)

单位：万元

市别	收入		支出	
	城镇职工基本医疗保险（含生育保险）	城乡居民基本医疗保险	城镇职工基本医疗保险（含生育保险）	城乡居民基本医疗保险
全省	**12623813**	**7004373**	**9840270**	**6412276**
广州	3508258	601465	2751255	495920
深圳	3217635	622826	2454410	415150
珠海	394721	91261	346894	89970
汕头	208959	433584	162816	364734
佛山	1040676	472494	824632	444861
韶关	207577	214068	181278	231764
河源	105221	238779	77430	244253
梅州	183031	346555	115902	369907
惠州	419490	232312	285361	226389
汕尾	62469	244673	57858	221735
东莞	990096	152232	1007940	117790
中山	449223	190845	288565	246465
江门	661800	227229	338014	244005
阳江	105233	217804	68815	195905
湛江	245444	596797	240708	490254
茂名	172801	576029	142745	565046
肇庆	180111	327587	152674	308335
清远	190749	307840	169167	295980
潮州	94536	214181	73355	208061
揭阳	78769	487365	41917	427668
云浮	107015	208447	58534	208082

注：1. 根据《国务院办公厅关于全面推进生育保险和职工基本医疗保险合并实施的意见》（国办发〔2019〕10号）精神，生育保险基金并入职工基本医疗保险基金，统一征缴，统筹层次一致。同时，职工基本医疗保险基金严格执行社会保险基金财务制度，不再单列生育保险基金收入。

2. 根据实际工作情况，2021年起职工基本医疗保险基金收支余口径调整为职工基本医疗保险统筹基金收支余口径，不包含个人账户基金、其他医疗保险基金收支余数据。

5-41 各市医疗、生育保险基金征收收入、累计结余情况(2022年)

单位：万元

市别	征收收入		累计结余	
	城镇职工基本医疗保险（含生育保险）	城乡居民基本医疗保险	城镇职工基本医疗保险（含生育保险）	城乡居民基本医疗保险
全省	**11839656**	**2665259**	**24003436**	**8301713**
广州	3044084	221912	14265451	830113
深圳	3136250	418250	3853119	790228
珠海	388586	31403	269864	115385
汕头	207589	138663	117181	760229
佛山	999630	141843	1016568	1601834
韶关	198396	75747	432661	149460
河源	102128	83524	135063	154199
梅州	179062	114581	217054	81277
惠州	384550	83466	677195	66607
汕尾	60191	84487	37267	263567
东莞	936562	49672	403062	455348
中山	435845	86776	390086	200673
江门	647319	93445	714248	179017
阳江	95581	77945	185721	160939
湛江	238436	230842	342509	761301
茂名	167144	216425	251304	397676
肇庆	162102	108218	174580	292865
清远	183620	108266	174017	162861
潮州	92144	74581	117850	342574
揭阳	77376	151769	84141	474742
云浮	103059	73443	144494	60818

注：1. 根据《国务院办公厅关于全面推进生育保险和职工基本医疗保险合并实施的意见》（国办发〔2019〕10号）精神，生育保险基金并入职工基本医疗保险基金，统一征缴，统筹层次一致。同时，职工基本医疗保险基金严格执行社会保险基金财务制度，不再单列生育保险基金收入。

2. 根据实际工作情况，2021年起职工基本医疗保险基金收支余口径调整为职工基本医疗保险统筹基金收支余口径，不包含个人账户基金、其他医疗保险基金收支余数据。

5-42 各市城镇职工基本医疗保险（含生育保险）基金收入情况

单位：万元

市　别	2015	2018	2019	2020	2021	2022
全　省	**9851772**	**15290268**	**17529217**	**17447146**	**10618092**	**12623813**
广　州	3268748	4769309	5940100	5534852	3145216	3508258
深　圳	2284019	3980842	4406411	4628270	2282822	3217635
珠　海	324222	495021	523211	494658	282919	394721
汕　头	146372	195696	231309	231549	149521	208959
佛　山	916529	1537324	1779266	1661377	962246	1040676
韶　关	167124	231371	230090	279274	223026	207577
河　源	89959	128307	145343	158466	98810	105221
梅　州	116519	171516	197174	236876	174614	183031
惠　州	375067	486287	513178	512937	334084	419490
汕　尾	40907	59215	66813	67960	51598	62469
东　莞	649371	1033400	1093771	1164764	1161502	990096
中　山	332483	464118	497028	498196	281279	449223
江　门	336711	488744	531927	524141	352499	661800
阳　江	67940	125687	133726	131625	92326	105233
湛　江	177875	295600	342608	360302	289537	245444
茂　名	139028	185963	198783	208667	145768	172801
肇　庆	138602	202753	225003	241248	201888	180111
清　远	137194	204914	214695	221981	146334	190749
潮　州	52526	79759	99804	109720	85691	94536
揭　阳	30349	63031	67346	80999	74069	78769
云　浮	59890	91413	91631	99283	82343	107015
省　直	339					

注：1. 根据《国务院办公厅关于全面推进生育保险和职工基本医疗保险合并实施的意见》（国办发〔2019〕10号）精神，生育保险基金并入职工基本医疗保险基金，统一征缴，统筹层次一致。同时，职工基本医疗保险基金严格执行社会险基金财务制度，不再单列生育保险基金收入。因无法统计生育保险基金收入情况，故无法计算生育保险基金累计结余。为保持2020年职工基本医疗保险（含生育保险）收入口径与其他年份一致，对2015-2019年数据统一口径化。

2. 根据《国务院办公厅关于全面推进生育保险和职工基本医疗保险合并实施的意见》（国办发〔2019〕10号）精神，生育保险基金并入个人账户基金、其他医疗保险基金收支余数据。

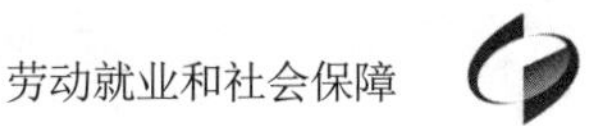

5-43 各市城乡居民基本医疗保险基金收入情况

单位：万元

市　别	2015	2018	2019	2020	2021	2022
全　省	**3487869**	**4568552**	**5363880**	**5826131**	**6826417**	**7004373**
广　州	252167	390324	498251	595897	592477	601465
深　圳	167706	332694	408835	481690	596016	622826
珠　海	27329				81328	91261
汕　头	232064	323954	379326	378568	387629	433584
佛　山	221323				445935	472494
韶　关	115664	167690	190215	195001	199397	214068
河　源	152555	197033	242677	249944	234581	238779
梅　州	222213	325825	333677	352877	348247	346555
惠　州	143577	201005	218688	219681	230890	232312
汕　尾	127978	187965	193263	207746	303726	244673
东　莞						152232
中　山					268814	190845
江　门	139183	211848	221086	220907	242122	227229
阳　江	118354	172041	196396	198037	214672	217804
湛　江	311272	466724	470080	547624	582693	596797
茂　名	324291	441210	497999	558977	551165	576029
肇　庆	178867	195909	329486	285184	306477	327587
清　远	179117	253118	276339	283980	290440	307840
潮　州	108808	149976	263260	268390	206332	214181
揭　阳	313914	378704	446483	578703	539497	487365
云　浮	151487	172534	197819	202924	203977	208447

5-44 各市城镇职工基本医疗保险（含生育保险）基金征收收入情况

单位：万元

市　别	2015	2018	2019	2020	2021	2022
全　省	**9487055**	**14266862**	**15311249**	**15791764**	**9756799**	**11839656**
广　州	3214648	4676774	5023939	5120148	2853411	3044084
深　圳	2170472	3585911	3938263	4205135	2148328	3136250
珠　海	320285	457464	454858	431072	267651	388586
汕　头	138048	188763	222720	228081	148293	207589
佛　山	865636	1237817	1355885	1290485	864964	999630
韶　关	160234	225138	225757	270743	217776	198396
河　源	84867	121257	139806	153478	95183	102128
梅　州	103794	161869	189107	229861	169740	179062
惠　州	351183	444279	495734	501418	300022	384550
汕　尾	39277	58165	65505	67092	50497	60191
东　莞	632522	974480	954454	1002065	959765	936562
中　山	318039	458685	394835	383150	270392	435845
江　门	327004	477703	521763	511119	337707	647319
阳　江	64834	115883	127657	125619	91128	95581
湛　江	170553	285914	334959	352681	279740	238436
茂　名	128450	181987	195406	203348	134721	167144
肇　庆	132297	191976	220714	235234	196847	162102
清　远	130087	198789	208031	213341	138549	183620
潮　州	50147	77398	87035	92539	84250	92144
揭　阳	28237	58480	66596	79310	71180	77376
云　浮	56413	88132	88225	95844	76656	103059
省　直	29					

注：1. 根据《国务院办公厅关于全面推进生育保险和职工基本医疗保险合并实施的意见》（国办发〔2019〕10号）精神，生育保险基金并入职工基本医疗保险基金，统一征缴，统筹层次一致。同时，职工基本医疗保险基金严格执行社会保险基金财务制度，不再单列生育保险基金收入。因无法测算出生育保险基金收入情况，故无法计算生育保险基金累计结余情况。为保持2020年职工基本医疗保险(含生育保险)征收收入口径与其他年份一致，对2015–2019年数据统一口径化。

2. 根据实际工作情况，2021年起职工基本医疗保险基金收支余口径调整为职工基本医疗保险统筹基金收支余口径，不包含个人账户基金、其他医疗保险基金收支余数据。

5-45 各市城镇职工基本医疗保险（含生育保险）基金支出情况

单位：万元

市　别	2015	2018	2019	2020	2021	2022
全　省	**7302284**	**11624429**	**13372553**	**14279602**	**9760660**	**9840270**
广　州	2460807	3618007	4241668	4447497	2670073	2751255
深　圳	1116844	2084229	2587692	2766348	2379339	2454410
珠　海	277964	458889	563133	604683	292956	346894
汕　头	130385	280408	229634	233305	136968	162816
佛　山	742888	1293505	1444494	1519231	879722	824632
韶　关	128957	206965	220474	223968	120349	181278
河　源	80337	116782	138635	141923	83680	77430
梅　州	116782	163169	176450	204065	128012	115902
惠　州	291579	433358	499958	563113	356395	285361
汕　尾	38234	51838	53942	50780	54123	57858
东　莞	555938	922199	950166	1229104	1183422	1007940
中　山	279471	393578	429119	393175	278965	288565
江　门	309027	448009	510484	507407	345830	338014
阳　江	60409	103494	117064	113378	75235	68815
湛　江	154379	289651	324912	342532	201876	240708
茂　名	137805	180184	204496	216613	127386	142745
肇　庆	131348	201723	220829	238997	129326	152674
清　远	156108	182286	196839	218885	141192	169167
潮　州	47272	69967	90887	100641	60938	73355
揭　阳	29848	49183	86448	76134	45460	41917
云　浮	47985	77005	85228	87822	69414	58534
省　直	7918					

注：1. 根据《国务院办公厅关于全面推进生育保险和职工基本医疗保险合并实施的意见》（国办发〔2019〕10号）精神，生育保险基金并入职工基本医疗保险基金，统一征缴，统筹层次一致。同时，职工基本医疗保险基金严格执行社会保险基金财务制度，不再单列生育保险基金收入。为保持2020年职工基本医疗保险（含生育保险）基金支出与其他年份一致，对2015-2019年数据统一口径化。

2. 根据实际工作情况，2021年起职工基本医疗保险基金收支余口径调整为职工基本医疗保险统筹基金收支余口径，不包含个人账户基金、其他医疗保险基金收支余数据。

5-46 各市城乡居民基本医疗保险基金征收收入情况

单位：万元

市别	2015	2018	2019	2020	2021	2022
全省	**3382278**	**1515789**	**1699741**	**1999824**	**2596290**	**2665259**
广州	250568	141373	170016	197801	201063	221912
深圳	163737	197796	251227	296439	347007	418250
珠海	26955				31812	31403
汕头	226498	110464	109965	126928	126159	138663
佛山	219380				140694	141843
韶关	112995	48440	57751	64807	69688	75747
河源	145775	66472	67296	74804	79536	83524
梅州	219683	98320	99579	112566	119070	114581
惠州	139105	67320	72308	74803	79582	83466
汕尾	126390	47498	38408	58736	145166	84487
东莞						49672
中山					165115	86776
江门	138062	84654	84153	83297	90262	93445
阳江	117359	53123	60380	67267	73828	77945
湛江	304730	166479	122109	190820	201488	230842
茂名	301042	139292	129352	174648	179275	216425
肇庆	178184	28550	143494	98781	103279	108218
清远	172632	74982	85863	92472	97908	108266
潮州	103376	41532	56277	62276	68288	74581
揭阳	307656	93021	93137	155283	207774	151769
云浮	128153	56472	58426	68096	69297	73443

5-47 各市城乡居民基本医疗保险基金支出情况

单位：万元

市　别	2015	2018	2019	2020	2021	2022
全　省	**2817740**	**4470623**	**4982963**	**5142468**	**6263794**	**6412276**
广　州	209629	341665	402254	386713	478412	495920
深　圳	136592	300909	352544	338916	430517	415150
珠　海	24127				76393	89970
汕　头	124789	273528	297971	286827	368068	364734
佛　山	206943				443307	444861
韶　关	94580	165254	187858	194787	193900	231764
河　源	121341	217412	243953	242251	268671	244253
梅　州	163443	340329	366689	355152	406337	369907
惠　州	142193	214068	215594	214728	225611	226389
汕　尾	119154	181650	171297	183381	226340	221735
东　莞						117790
中　山					221162	246465
江　门	128454	172796	216402	188250	256145	244005
阳　江	108893	183832	165806	172517	186774	195905
湛　江	268182	421283	455978	460001	470783	490254
茂　名	286787	435192	476807	519907	604728	565046
肇　庆	144497	221825	239740	282192	296118	308335
清　远	140351	264224	293324	288737	238892	295980
潮　州	62945	124756	229339	236702	187299	208061
揭　阳	213121	413074	463593	553393	464743	427668
云　浮	121720	198829	203814	238015	219593	208082

5-48 各市城镇职工基本医疗保险（含生育保险）基金累计结余情况

单位：万元

市　别	2015	2018	2019	2020	2021	2022
全　省	**17765339**	**27416159**	**31572824**	**34733719**	**20125056**	**24003436**
广　州	6586836	9754709	11453141	12540496	11992706	14265451
深　圳	6450133	11026827	12845545	14707467	3089895	3853119
珠　海	310276	505436	465514	355488	222037	269864
汕　头	179381	100307	101981	100226	71038	117181
佛　山	1198583	1846029	2180801	2322947	800524	1016568
韶　关	217171	304046	313662	368968	406362	432661
河　源	66268	91768	98477	115020	107271	135063
梅　州	76372	86271	106996	139807	149925	217054
惠　州	592105	712745	725964	675788	543066	677195
汕　尾	34077	47208	60077	77258	32656	37267
东　莞	643325	1067856	1211461	1147121	841812	403062
中　山	296965	483506	551416	649575	229428	390086
江　门	297008	389891	411334	428067	390463	714248
阳　江	75730	109894	126556	144803	149304	185721
湛　江	168736	214646	232342	250112	337773	342509
茂　名	207540	229097	223383	215437	221247	251304
肇　庆	105528	93004	97178	99430	147143	174580
清　远	132453	177151	195007	198102	152435	174017
潮　州	40000	55906	64822	74114	96669	117850
揭　阳	19931	34235	15133	19999	47289	84141
云　浮	52870	85629	92032	103493	96013	144494
省　直	14055					

注：1. 根据《国务院办公厅关于全面推进生育保险和职工基本医疗保险合并实施的意见》（国办发〔2019〕10号）精神，生育保险基金并入职工基本医疗保险基金，统一征缴，统筹层次一致。同时，职工基本医疗保险基金严格执行社会保险基金财务制度，不再单列生育保险基金收入。因无法统计出2020年生育保险基金收入情况，故无法计算生育保险基金累计结余。为保持2020年职工基本医疗保险（含生育保险）基金累计结余口径与其他年份一致，对2015-2019年数据统一口径化。

2. 根据实际工作情况，2021年起职工基本医疗保险基金收支余口径调整为职工基本医疗保险统筹基金收支余口径，不包含个人账户基金、其他医疗保险基金收支余数据。

5-49 各市城乡居民基本医疗保险基金累计结余情况

单位：万元

市 别	2015	2018	2019	2020	2021	2022
全 省	**2887286**	**3772134**	**4153051**	**4836713**	**7288710**	**8301713**
广 州	163260	305323	401319	610503	724569	830113
深 圳	141760	217988	274279	417054	582553	790228
珠 海	14404				114095	115385
汕 头	344017	498721	580076	671817	691378	760229
佛 山	124804				1574201	1601834
韶 关	109900	159088	161446	161659	167156	149460
河 源	150088	187347	186071	193764	159673	154199
梅 州	198929	198006	164994	162719	104629	81277
惠 州	64802	47359	50453	55406	60685	66607
汕 尾	81346	116911	138877	163243	240629	263567
东 莞						455348
中 山					256293	200673
江 门	68009	172476	177160	209816	195793	179017
阳 江	91993	55031	85621	111141	139040	160939
湛 江	240694	441123	455224	542848	654758	761301
茂 名	222412	379995	401187	440256	386693	397676
肇 庆	127362	170515	260262	263253	273613	292865
清 远	134856	121195	104210	99453	151001	162861
潮 州	165712	251810	285732	317421	336454	342574
揭 阳	339283	332091	314981	340291	415045	474742
云 浮	103652	117154	111159	76069	60453	60818

主要统计指标解释

社会保险 是指通过国家立法形式，多渠道筹集资金，对参保人在年老、疾病、工伤、失业、生育等情况下依法提供物质帮助，使其享有基本生活保障的一项社会保障制度。

参加社会保险人数 是指报告期末按照国家法律、法规和有关政策规定参加社会保险的人数。

社会保险基金收入 是指由参保单位和参保人按规定缴费、政府补贴，以及通过其他合法方式筹集的社会保险资金。

社会保险基金支出 是指社会保险基金支付给受益人的社会保险待遇，以及其他合法支出的费用。

社会保险基金结余 是指截止报告期末，社会保险基金的历年累计结余额。

六、社会安全

简要说明

1．本篇资料主要反映广东省网信、公安、检察、法院、司法、消防以及安全生产的基本情况。

2．本篇资料主要包括：

(1) 全省刑事案件立案和破案、违反治安管理案件、交通和火灾事故及机动车拥有情况；人民检察院受理举报、控告、申诉案件情况；人民法院审理案件及判处罪犯情况；全省律师、公证及人民调解情况；全省各类生产安全事故情况、全省火灾事故情况、全省消防救援队伍接处警情况、全省网信工作开展情况等。

(2) 地区全省和 21 个地级以上市。

(3) 年份有当年、近 5 年和 1978 年以来连续年份。

3．统计资料来源：本篇资料由广东省公安厅、广东省人民检察院、广东省高级人民法院、广东省司法厅、广东省应急管理厅、广东省消防救援总队、广东省信访局负责整理、审核、提供。

2022年广东社会安全概述

省公安厅

2022年，全省公安机关在省委、省政府和公安部的领导指导下，坚持以党的二十大安保维稳为主线，统筹推进防风险、保安全、护稳定、战疫情、促发展各项工作，圆满完成了各项安保维稳任务，有力确保了全省社会大局持续平安稳定。

一、持续高压严打，全面净化社会治安环境。毫不动摇坚持依法严打方针，对人民群众反映强烈的突出违法犯罪持续保持凌厉攻势，全省立刑事案件52.3万起，同比下降5.4%，破案26.6万起，同比上升13.7%。严厉打击黑恶势力犯罪，打掉涉黑组织22个、涉恶犯罪集团108个，广州汕尾“6·16”、深圳“10·01”、清远“犁庭16号”等一批重大涉黑专案成功收网。严厉打击严重暴力犯罪，全省497起命案全部侦破，八类严重暴力案件同比下降8.8%。严厉打击盗抢骗和文物犯罪，盗窃、诈骗发案同比分别下降8.3%、11.9%，侦破养老诈骗案件6874起，涉文物案件35起，追缴涉案文物2019件。严厉打击治理电信网络诈骗犯罪，推动全面落实打防管控措施和行业监管责任，强化预警劝阻，完善止付机制，扩大宣传范围，推动电诈案件立案同比下降4.84%，财产损失同比下降18.95%，全警反诈、全社会反诈的综合治理格局初步形成。严厉打击经济犯罪，全省立经济犯罪案件12041起，破案7511起，刑拘8074人。严厉打击网络犯罪，侦破网络案件3480起，刑拘5335人；排查整改高危风险漏洞3918个，全面检测拦截各类网络攻击，应急处置各类网络安全事件54起。严厉打击黄赌特别是跨境赌博犯罪，组织发起打击治理跨境赌博2次全国集群战役、4波次全省集中行动，成功侦破案件1147起。

二、强化综合治理，全方位夯实平安基础。坚持问题导向，不断创新社会治理方式，全省刑事治安警情同比下降6.4%，道路交通事故、死亡人数同比分别下降20.71%、10.76%。一是创新开展“五大要素”摸排管控。开发建设“人、地、物、事、组织”等“五大要素”平台，梳理摸排管控34类要素147个风险点，处置风险隐患136万条。开展第六、七轮校园安全大检查，整改消除隐患1.8万余处，协助4个地市建成未成年人教育管理专门学校。全面铺开最小应急单元建设，全省建成最小应急单元7.2万个。二是创新开展治安巡防“四个一”体系建设。划设“1、3、5分钟”快速反应圈1430个，实现重点治安要素和警力资源上图上网，压实重点目标、重点场所、重点区域、重点时段巡控措施，不断提高社会面见警率、管事率、震慑力。三是创新开展“粤居码”建设。全省流动人口注册持有“粤居码”3786万人、申报出租房屋3235万套，为群众提供亮码便民服务6241万人次，通过“粤居码”抓获在逃人员76名。四是落实失踪人员查找新机制。找回历年失踪人员91.2万人，找回率99.7%。

三、锐意改革创新，稳步提升警务实战效能。坚持向改革要警力、要战斗力，深入推进警务体制机制改革。一是全面构建网上网下合成作战体系。高效整合网上网下数据资源，通过网侦资源赋能、情报挖掘支撑，高效处置重大敏感舆情110余起，破获重特大刑事案件2.22万余起，抓获嫌疑人2.29万余名。二是持续深化执法监督管理改革。制定《广东省公安厅关于推动执法办案管理中心提质增效的实施意见》等指导文件，全省建成市、县两级执法办案管理中心220个。搭建“阳光冻结”平台，累计接办群众查询9564人次，依法依规处理1824名群众关于涉案财务被冻结的申诉请求。三是深入推进派出所综合改革。制定《2022年全省公安派出所星级创建工作方案》，出台新时代公安派出所建设指导意见，925个派出所实行“两队一室”改革，“一社区一警两辅”、“一村一警（辅）”

覆盖率达96.4%。四是深化公安“放管服”改革。出台公安机关助力经济稳定20项措施和支持横琴、前海两个合作区建设13项措施，有力服务国家重大战略和全省经济社会发展。累计上线公安政务服务事项365项，91项重点或高频事项实现“无纸化”办理。

四、深化“平安厅”信箱建设，不断形成民意引领警务品牌。建成全省公安机关一体化办信平台，上线“平安厅”信箱微信小程序、公众号，增设便民警务、阳光冻结、举报奖励等专区，让群众来信更方便、办事更便利。全年累计办理来信9.2万封，办结率97.6%，解决群众急难愁盼问题4.7万个，收到群众感谢信8177封，根据群众来信举报的线索破获各类案件5403起，推动出台涵盖接处警、受立案、行政服务、队伍管理等领域的95项新制度新机制，切实以“小信箱”撬动“大平安”。人民日报、新华社、人民公安报、南方日报等主流媒体累计报道3504篇（次），央视总台《今日说法》《天网》《一线》等重点栏目推出专题节目7期，广东台《广东新闻联播》更打破常规，开设专题版块报道“平安厅”信箱服务群众暖心故事。

撰稿：李卫雄

省消防救援队

2022年，在省委、省政府和应急管理部、消防救援局的坚强领导下，省消防救援总队坚持以习近平新时代中国特色社会主义思想为指导，认真学习贯彻党的二十大精神，忠诚践行习近平总书记重要训词精神，坚决落实“疫情要防住、经济要稳住、发展要安全”要求，充分发挥综合应急救援主力军和国家队作用，瞄准“防风险、保稳定、走前列”总目标，深化改革、固本拓新，踔厉奋发、勇毅前行，圆满完成了党的二十大、庆祝香港回归祖国25周年系列活动和第14届珠海国际航展消防安保任务，成功处置茂石化“6.8”泄漏爆燃事故、北江流域特大洪水抗洪抢险等急难险重任务，为全省经济社会发展和人民安居乐业创造了良好消防安全环境。

一、坚持以改革创新为牵引，消防高质量发展集聚新动能。融入大局创新突破。积极开展“1+N”消防救援站力量编配优化调整试点，在全省26个化工园区推行“化工园区灭火救援能力提升工程”。创新灭火救援专业技术“师傅带徒弟”活动，申报全国灭火救援重点课题2个。以信息化为牵引，以快制快推进“一短三快”作战效能响应机制改革建设，出警到场时间平均提升10.6%，30分钟内控火率达到68.3%，消防救援局在广东召开经验交流会向全国推广“广东经验”。基层治理全面强化。提请省委深改委将基层消防治理作为年度重点调研课题，总队牵头联合省委宣传部、政法委等13个部门完成“深调研”，提出一揽子强化基层消防安全治理举措。探索在市、县设立“消防事务中心”38个，争取事业编制112名，做实消安委办公室；建立“消防救援所”等镇街消防工作机构669个，明确专兼职工作人员5054名；制定出台规范消防行政执法委托和授权工作办法，在503个乡镇试点推行消防委托执法，切实夯实基层消防治理基础。法治保障健全完善。深入贯彻落实消防安全责任制实施办法，省人大修订出台《广东省实施〈中华人民共和国消防法〉办法》，实现37个“首次”、6项“创新”。重建省消防标准化技术委员会，《农村自建房消防安全技术要求》等16部省、市级消防地方标准立项制定。深化消防“放管服”改革，优化营商环境，修订实施消防行政处罚裁量规定、消防执法减免责四张清单，全面落实消防领域包容审慎监管27条助企纾困措施。基层基础全面夯实。新建、改造、完工消防救援站96个，落实训练基地用地1106亩，支队级训练基地新建成4个、8个已开工建设、7个取得建设用地，5个支队指挥中心升级改造；省级陆搜基地二期模拟训练设施项目顺利开工，轮训楼及配套设施建设项目批复立项。实施装备建设三年规划，省财政支持补齐359个乡镇队站消防车辆装备，全年购置消防车辆743台、消防船2艘、器材38.564万件套，省市两级落实1.1亿元推进老区苏区和省级专业队消防装备配备。大力实施乡镇消防救援力量“空白点”三年清零行动，新建乡镇政府专职消防队147支，将1172支政府、乡镇、企业专职消防队纳入消防救援队伍统一调度。

二、坚持以火灾防控为主线，服务平安广东建设取得新成果。各级责任全面压实。省委、省政府与21个地市、53个部门签订年度消防工作责任书，先后8次调度推进消防工作，开展消防工作考核，并将消防工作纳入平安广东考核、政务督查和党政领导干部述职内容，2021年度“国考”消防工作考核项目成绩全国“第二”。制定并印发省级年度消防工作意见，细化明确消防安全“责任清单”和年度“工作清单”。联合省应急管理、住建城乡建设、司法、卫生健康等部门建立危险化学品企业、在建工地、司法监所、托育行业等联合监管机制，364万多家单位通过“粤商通”平台线上承诺消防安全、报备自查自改。联合省公安厅开展首届全省消防刑侦火调比武，建立健全较大以上火灾、一般亡人火灾调查处理工作由省、市消安办挂牌督办机制，16个地市出台火灾调查处理规定，全年54起亡人火灾全部落实延伸调查，问责65个单位、155名个人，倒逼消防安全责任制落实。精准治理全面深化。坚决贯彻落实国务院安委会十五条硬措施，细化制定59项针对性硬措施，以消防安全专项整治三年行动为统领，深入开展消防安全大检查，自主开展“扫雷”行动等“1+8”整治，部署开展劳动密集型企业、批发市场消防安全治理。联合行业部门组织1万余家高层建筑、大型商业综合体、学校、医院、养老院等人员密集场所开展消防安全标准化达标创建，出台“三合一”、出租屋、电动自行车等整治措施，降低“小火亡人”风险。连续第14年提请省政府挂牌督办整治火灾高风险区域和重大火灾隐患，带动全省挂牌整治地区310个、单位315家。全省消防救援机构检查单位17.2万家，整改隐患4.5万处、查封960家、“三停”1467家、罚款8991.1万元；全省镇街消防工作机构组织检查单位65万余家，清理违规住人16.7万余人，督促“三合一”场所防火分隔11.4万余处、拆除违章建筑7.8万余处、防盗铁栅栏8.3万余处。宣传培训全面深入。持续推进消防宣传“五进”，深入开展“消防宣传月”活动，创建“消防宣传示范学校”600个，联合教育厅组织976所学校1.2万余名师生参与首届消防广播操大赛。开展“百车南粤万村行”“南粤消防志愿行”活动5.7万场（次），为12.3万企业员工开展“消防安全素质提升3+N”实操实训，5次向全省1.8亿手机用户发送消防安全短信，在1600万电视机顶盒累计投放公益广告超300万小时、走马字幕超1.92亿条次，在《新闻联播》《中国骄傲》《聚焦119》等中央省级媒体播发新闻1200余次，《熊出没》系列消防公益广告全国推广，总队官方微信、微博、今日头条等受众超17亿人次。全年接报火灾5.5万起，死亡123人、受伤233人，未发生重大以上火灾事故，全省社会面火灾形势持续平稳。

三、坚持以打赢制胜为根本，应对处置灾害事故取得新胜利。现代化作战指挥体系积极构建。推进省、市、县、镇四级指挥中枢提档升级，严格执行“四个一”[1]、重大灾害救援“一部六组”“动态三圈”[2]、区域指挥官等制度，建立消防救援专家库，全面落实专家组坐班值守。建设国家特别重大灾害事故应急救援现场指挥部车组，建成“天空地一体化”公专融合通信系统，全面推广应用智能接处警系统、智能指挥系统，“可查、可视、可调、可战、可复”的现代化指挥模式基本形成。专业化救援力量体系全面健全。组建高层建筑、石油化工、地质、水域、山岳等7类260支专业救援队。开展基层指挥员实战化培训及指挥能力考评，培养业务骨干4100人次。规范化执勤训练体系全面构建。省政府批准实施《广东省突发火灾事故应急预案》。深化全员岗位大练兵，强化“教、训、研”三位一体培训、演练，改造建设374个队站8类“房前屋后”训练场地设施，举办第二届“火焰蓝”消防员技能大赛，开展月、季度、年度比武竞赛86次。各级开展“高低大化”、地震、水域、森林灾害处置等演练38530次，攻坚打赢本领全面增强。全域化安全救援体系全面构筑。研究制定《作战训练安全硬性规定》等9项制度，配备482名安全助理，全部直管消防救援站和专职消防队

注：1. 四个一：重要节假日、重大活动消防安保等重要时段每日一研判、一抽查、一报告、一调度。

2. 动态三圈：核心圈、调度圈、增援圈。

站 100% 组建紧急救援小组，作战训练安全管控安全可靠。全年共接处警 17.3 万起，出动消防指战员 197.7 万人次、车辆 37.8 万辆次，营救疏散人员 8.5 万多人，平均每 3 分钟处置一起警情，赢得了各级党委政府和人民群众广泛赞誉。

四、坚持以科技赋能为驱动，智慧消防创新发展迈上新台阶。科技强消战略持续实施，编制消防科技发展三年规划，加快推动南方消防研究中心建设，3 个项目获全国消防救援技术革新奖，5 个科技项目获得消防救援局立项，3 个项目列入省“社会发展科技协同创新项目”立项。加强消防科技成果推广应用，投入 2200 万元为基层采购消防科技成果。数字消防效能持续提升，建成全省消防“大数据中心”，对接 51 个省政府部门、31 个内部系统，汇聚数据 12.85 亿条，火灾防控、应急救援、队伍管理、政务服务、应急通信 5 大主题数据库基本形成，消防信息化建设全国领先。信息平台应用持续深化，“数字消防”全面融入“智慧城市”“数字政府”战略，深入开展“一网统管”消防专题和“粤系列”建设，“智慧消防大脑”构建成型，“两智一图”、火灾预警预判、政务服务、社会消防管理、消防信用监管、消防培训考核、人才智库等系列系统全面建成应用，实现“灭火救援一张图、火灾防控一张网、队伍管理一平台、纪检监督一铁笼”，消防信息化考核全国第一。

撰稿：沙洲洲

省司法厅

2022 年，省司法厅充分发挥全面依法治省和司法行政职能作用，推动平安广东、法治广东建设。

一、是全力维护社会和谐稳定。扎实推进基层矛盾纠纷大排查大化解专项行动，完善人民调解“后半篇文章”工作机制，形成广州旧楼加装电梯“有纠必调”、潮州“茶文化六步调解法”等一批广东“枫桥经验”品牌，全年调处矛盾纠纷近 41 万件。印发安置帮教工作责任清单，常态化开展扫黑除恶斗争；全系统安全生产专项整治三年行动圆满收官，全省监狱、戒毒场所分别连续实现 22 年、28 年生产安全；省厅在年度省委平安广东建设考评、全省安全生产和消防工作考核中均获优秀。深入贯彻实施社区矫正法，出台《广东省社区矫正对象分类管理及考核奖惩规定》等 13 项工作指引，建立起契合广东实际的社区矫正制度体系。

二、是加强法治政府建设。加快推进“广东技工”“南粤家政”立法进程，修订母婴保健管理条例、食品生产加工小作坊小餐饮和食品摊贩管理条例，积极回应人民群众法治领域新期盼。全年 15 部地方性法规草案提交省人大常委会审议，6 部省政府规章审议通过并公布；各地级以上市政府提请市人大常委会审议地方性法规草案 73 项，新制定和修订政府规章 52 项。全省各级政府共新收行政复议申请 33941 件，办理一审行政应诉案件 25264 件，省政府本级行政复议应诉案件季度、年度通报机制，在促进源头治理方面取得良好成效。

三、是优化公共法律服务供给。全面实施我省“八五”普法规划，组建“八五”普法讲师团，联合开展纪念现行宪法公布施行 40 周年系列宣传活动，举办第四届广东省法治文化节，持续实施公民法治素养提升行动，累计创建 1102 个省级民主法治示范村（社区），“法律明白人”入册超 10 万人。全年广东法律服务网为群众提供服务超 831 万次，满意度达 98.5%。修订完善 10 项村（社区）法律顾问工作制度，全省村（社区）法律顾问提供各类型法律服务超 46.2 万件次，服务对象超 51 万人次。持续优化律师执业环境，全省执业律师突破 7 万人，继续稳居全国第一。全省共有公证机构 154 家、公证员 1142 名，全年办理公证案件 110 余万件。推动出台《广东省司法鉴定管理条例》及规范鉴定委托程序等 3 项配套制度，全省共有司法鉴定机构 195 家、司法鉴定人 2042 名，全年办理司法鉴定案件近 31 万件。压实地市政府仲裁管理工作职责，建立全省仲裁工作信息报送制度，全省共有仲裁机构 19 家、仲裁员约 9000 名，全年受理仲裁案件超 6 万件。加大法律援助等工作力度，推荐 12 名律师志愿者参与“1+1”中国法律援助志愿者行动、“援藏律师服务团”活动，圆满完成“为困难群

众提供便捷高效的法律援助服务”省政府民生实事，全省办理法律援助案件22.3万件，受援人超24万人。

撰稿：方玉叶

省人民检察院

2022年，广东省检察机关依法严厉打击各类刑事犯罪活动，共批准和决定逮捕各类犯罪嫌疑人50230人，提起公诉126676人。依法开展刑事诉讼活动监督，共监督公安机关立案3295件，监督公安机关撤案2728件，针对侦查活动违法提出纠正9667件次，按二审程序和审判监督程序提出抗诉395件。积极办理认罪认罚从宽制度案件，共对138712名犯罪嫌疑人适用认罪认罚。全面推动其他检察业务工作开展，对民事判决、裁定、调解书共提出抗诉173件，提出再审检察建议289件；对行政判决、裁定、调解书提出抗诉9件；对公益诉讼案件立案11469件，提起公益诉讼518件。

撰稿：周旭

省高级人民法院

依法履行审判职能，服务经济社会高质量发展

2022年，全省法院新收各类案件319.0万件，审结277.1万件。贯彻总体国家安全观，依法惩治各类犯罪，审结刑事一审案件9.8万件，判处罪犯11.8万人。深刻把握新发展阶段、新发展理念、新发展格局要求，全面服务打造新发展格局战略支点，审结民商事一审案件131.6万件。依法平等保护各类市场主体产权，审结各类合同纠纷一审案件91.8万件，审结知识产权与竞争纠纷一审案件10.3万件。依法支持行政机关全面实施“放管服”改革，审结行政一审案件2.7万件。开展“南粤执行风暴2021”专项行动和执行案款集中发放日活动，执结案件94.2万件。

撰稿：黄文颖

省应急管理厅

2022年，广东省应急管理系统深刻认识到应急管理本质上是预防管理，核心是坚持源头预防，关口前移，切实把风险研判作为基本功、必修课。一是压实责任抓安全防范。推动在省安委会下设危化品安全专业委员会，推动建立省玻璃桥项目安全监管综合协调联络机制，增强协调解决重大安全问题的能力。举办“当好安全生产第一责任人”报告会，遴选6名企业负责人现身说法，讲好企业自己的“安全故事”。在全行业推行企业第一责任人落实7项职责、作出10项承诺工作机制。提级应对处置中石化茂名分公司“6·8”泄露起火重大涉险事故和深圳市宝安区“12·25”中毒窒息较大事故，严肃处理“海狮5”违反防风指令行为。二是创新机制抓安全防范。坚决落实国务院安委会安全生产十五条硬措施，制定出台“广东65条”具体措施，开展三轮全覆盖安全生产督导检查，整治突出问题隐患5075余处，曝光重大隐患440处。制定出台村级工业园安全管理“园八条”，全省4668个村级工业园全部落实“一园一册、一企一档”，补齐村级工业园安全短板。推动全省123个渔港（停泊区）建立“港长制”，所有海上风电平台落实“一机一方案”。创新开展省级安全发展示范城市创建，制定出台评分细则和创建指南，首批遴选广州市黄埔区等13个县（市、区）开展创建工作。三是深化整治抓安全防范。深入推进安全生产专项整治三年行动，制定582项重点任务“一图两清单”，排查整治政府层面突出问题648项、企业隐患1041万处，研究制定各类措施1714项。实施工贸行业专项整治“百日清零行动”，检查全部44家钢铁企业、206家铝加工（深井铸造）企业、2358家涉粉尘作业10人以上粉尘涉爆企业，排查隐患3232项，实现隐患全部动态“清零”。实施危化品安全风险集中治理，全覆盖推进26个化工园区“一园一策”安全整治提升，完成2轮342家重大危险源企业自查、市级交叉检查全覆盖，发现隐患问题3.06万项。组织开展“奋战三十天 全年保平安”安全检查服务，全力抓好企业三级责任人责任落实、“两电一容”整治、“城中村”隐患排查整治、电动自行车安全整治、涉疫隔离场所消防安全整治、典型事故警示教育专项行动。关闭非煤矿山96家，超额完成50家的关闭任务。全省安全生产形势持续稳定好转，事故起数、死亡人数继续保持“双下降”，同比分别下降19.4%和17.4%。

撰稿：杨鹃

省信访局

2022年，广东省信访系统深入学习贯彻习近平总书记关于加强和改进人民信访工作的重要思想，全面宣传落实《信访工作条例》，持续深化信访工作机制改革创新，有力维护了群众合法权益。全年信访总量68.4万件，纯案数43.0万件，按期办结率为99.99%，为群众解决了大量急难愁盼问题。群众信访反映的前五类信访问题分别是：城乡建设、经济管理、劳动和社会保障、政法、教育，共43.5万件，占信访总量的63.7%。中央交办的两批3.2万件重复信访积案化解率99.96%。全省有10个县（市、区）被评为“全国信访工作示范县（市、区）”。圆满完成北京冬奥会、党的二十大等重大活动会议信访安全保障工作，为全省经济社会高质量发展营造了和谐稳定的社会环境。

撰稿：高晓奇

6-1 全省公安机关立案的刑事案件及构成（2022 年）

单位：起

案件类别	2021 年		2022 年	
	立案	构成（%）	立案	构成（%）
合　计	**552638**	**100.00**	**522788**	**100.00**
杀　人	351	0.06	281	0.05
伤　害	9565	1.73	8409	1.61
抢　劫	1618	0.29	1186	0.23
强　奸	4899	0.89	5187	0.99
拐卖妇女儿童	129	0.02	89	0.02
盗　窃	113767	20.59	103310	19.76
诈　骗	225770	40.85	198500	37.97
走　私	622	0.11	505	0.10
伪造、变造货币，出售、购买、运输、持有、使用假币	31	0.01	134	0.03
其　他	195886	35.45	205187	39.25

6-2 全省公安机关受理和查处治安案件数（2022 年）

单位：起

案件类别	2021 年		2022 年	
	发现受理（起）	查处（起）	发现受理（起）	查处（起）
合　计	**679347**	**552257**	**681738**	**567478**
扰乱单位秩序	2390	2274	2740	2619
扰乱公共场所秩序	2288	2218	2447	2374
寻衅滋事	8830	8150	8121	7582
阻碍执行职务	2064	1983	2139	1925
非法携带枪支、弹药、管制工具	1103	978	586	556
违反危险物质管理规定	1637	1543	1228	1163
殴打他人	103615	87303	100030	87530
故意伤害	3645	3148	3620	3289
盗　窃	247537	186756	284868	222816
敲诈勒索	7795	5369	60799	46408
抢　夺	798	687	644	572
盗窃、损毁公共设施	2981	2641	2091	1904
伪造、变造、倒卖有价票证、凭证	123	91	96	48
违反旅馆业管理	3425	3338	3167	3042
违反房屋出租管理	14198	14133	21664	21535
诈　骗	76052	57048	63680	49283
卖淫、嫖娼	12943	12684	12189	11913
赌　博	26673	25959	23969	22808
毒品违法活动	18687	18560	9097	9442
其　他	142563	117394	78563	70669

6-3 全省道路交通事故情况（2022年）

项　　目	2021年				2022年			
	发生数（起）	死亡（人）	受伤（人）	直接财产损失（元）	发生数（起）	死亡（人）	受伤（人）	直接财产损失（元）
总　计	**48206**	**5371**	**46652**	**105344776**	**38782**	**5318**	**37551**	**86486510**
机动车	41421	4690	39774	93736154	27232	4278	27229	58038520
汽　车	21778	1641	18563	48646902	15918	1826	13668	37330587
摩托车	13500	1189	15696	17141067	9481	1342	10812	14125616
拖拉机	180	44	185	233240	121	45	104	198350
非机动车	3908	351	4197	4754789	3896	380	4326	4767008
自行车	823	93	815	1138250	700	93	690	813155
行人乘车人	652	172	527	1488964	581	137	514	981090
其他	150	19	411	425907	7073	523	5482	22699892

6-4 全省发生交通事故情况（2022年）

地　区	发生起数	死亡人数	受伤人数	直接经济损失
	（起）	（人）	（人）	（万元）
全　省	**38782**	**5318**	**37551**	**86486510**
广　州	4648	570	3884	12454654
深　圳	1436	198	1434	7388356
珠　海	323	91	262	325520
汕　头	2526	224	2520	3900420
佛　山	2743	372	2238	4134383
韶　关	869	228	970	4035430
河　源	1869	222	2264	10163001
梅　州	2101	206	2332	1540595
惠　州	922	237	1004	6157900
汕　尾	750	115	884	688850
东　莞	2912	304	2425	5203378
中　山	2850	216	1816	1780171
江　门	1889	426	1680	3766470
阳　江	1239	249	1336	2225234
湛　江	3136	286	3679	3475485
茂　名	950	209	1024	1987000
肇　庆	1369	263	1285	4741092
清　远	2700	379	2722	3299080
潮　州	605	141	623	1057771
揭　阳	1643	232	1689	5525600
云　浮	1301	150	1479	2616120
机　场	1		1	20000

6-5 全省火灾事故情况

项　　目	起数（起）	死亡（人）	受伤（人）	直接财产损失（万元）
2017 年合计	**16438**	**106**	**69**	**29931**
其中：较大火灾	8	34	7	262
重大火灾				
特别重大火灾				
2018 年合计	**13064**	**77**	**70**	**27173**
其中：较大火灾	4	18	1	55
重大火灾				
特别重大火灾				
2019 年合计	**13197**	**98**	**60**	**31738**
其中：较大火灾	8	36	4	1350
重大火灾				
特别重大火灾				
2020 年合计	**54683**	**117**	**109**	**55374**
其中：较大火灾	8	29	1	4152
重大火灾				
特别重大火灾				
2021 年合计	**64112**	**122**	**235**	**74743**
其中：较大火灾	4	17	3	75
重大火灾				
特别重大火灾				
2022 年合计	**55629**	**123**	**233**	**70995**
其中：较大火灾	6	24	10	414
重大火灾				
特别重大火灾				

6-6 各市消防救援接处警情况（2022年）

单位：起

市别	火灾扑救	抢险救援	社会救助	公务执勤	其他出动	合计
全省	**55511**	**51746**	**56047**	**1684**	**8099**	**173087**
广州	9516	12078	11672	529	2280	36075
深圳	6664	8880	6985	170	2239	24938
珠海	1126	1310	1914	1	342	4693
汕头	1976	819	1210	0	142	4147
佛山	5399	5421	7207	0	0	18027
韶关	1869	1851	1710	103	103	5636
河源	1325	913	1490	0	95	3823
梅州	1015	446	180	0	16	1657
惠州	3436	3184	4060	1	419	11100
汕尾	501	412	436	0	54	1403
东莞	3518	3285	2378	0	921	10102
中山	2608	2740	3688	4	611	9651
江门	2610	1689	3193	347	275	8114
阳江	1196	851	1435	5	60	3547
湛江	3540	1336	1615	121	139	6751
茂名	1607	869	1424	1	2	3903
肇庆	2311	1405	2501	400	99	6716
清远	2665	2848	1599	2	234	7348
潮州	872	360	84	0	37	1353
揭阳	1115	525	69	0	14	1723
云浮	642	524	1197	0	17	2380

注：接处警数据为119系统数据，含虚假警。

6-7 全省火灾事故原因情况

项目	起数（起）	死亡（人）	受伤（人）	直接财产损失（万元）	烧毁面积（m^2）
2020年合计	**54683**	**117**	**109**	**55374**	**1197358**
电气火灾	15110	46	46	21672	196395
生产作业类火灾	1519	11	19	11954	60110
生活用火不慎	12038	14	15	2874	230221
吸烟	2481	1		270	20670
玩火	468	5	3	677	10261
自燃	6521	3	4	8416	149249
雷击	30			28	895
静电	189			273	2284
不明确原因	1750	1	8	2576	41504
放火	786	27	4	1034	22495
其他	11158	9	10	5600	463275
2021年合计	**64112**	**122**	**235**	**74743**	**2481945**
电气火灾	16932	57	93	35715	240462
生产作业类火灾	2028	18	46	16390	104408
生活用火不慎	15176	11	60	2924	579566
吸烟	4252	2	4	692	46630
玩火	342		2	160	8632
自燃	12493		4	9311	186749
雷击	62			11	605
静电	330		5	600	5789
燃放烟花爆竹	322			593	26310.6
遗留火种	9310	3	2	2584	1104581
不明确原因	1625		8	4080	91853
放火	339	31	7	382	5868
其他	901		4	1300	80493
2022年合计	**55629**	**123**	**233**	**70995**	**1539789**
电气火灾	20309	32	63	31545	231956
生产作业类火灾	1958	15	39	8854	66734
生活用火不慎	12224	16	69	3106	752345
吸烟	3124	2	2	678	32384
玩火	288		1	156	1754
自燃	8044	4	10	7771	135912
雷击	39			7	414
静电	119	2	8	1884	3950
燃放烟花爆竹	292			119	5637
遗留火种	8102	13	8	3125	161425
不明确原因	967	1	14	12442	141469
放火	149	38	18	710	3731
其他	14		1	598	2078

6-8 各市火灾事故发生起数情况

单位：起

市　别	2018	2019	2020	2021	2022
全　省	**13064**	**13197**	**54683**	**64112**	**55629**
广　州	2305	2662	8555	9152	9516
深　圳	1613	981	5577	6752	6669
珠　海	102	116	1088	1320	1126
汕　头	480	491	2007	2420	1977
佛　山	677	755	3830	5096	5399
韶　关	888	835	1490	1902	1870
河　源	225	192	1467	1900	1424
梅　州	195	217	976	1221	1015
惠　州	399	354	3876	5009	3436
汕　尾	562	649	659	440	501
东　莞	1029	842	4718	3696	3519
中　山	410	529	3345	3210	2608
江　门	511	776	2738	3315	2612
阳　江	420	544	1261	1733	1197
湛　江	242	257	4518	5590	3540
茂　名	652	444	1995	2186	1612
肇　庆	246	323	1381	2688	2312
清　远	1113	1254	1981	2863	2665
潮　州	258	209	1041	1192	872
揭　阳	537	527	1384	1584	1117
云　浮	200	240	796	843	642

6-9 各市火灾事故死亡人数情况

单位：人

市　别	2018	2019	2020	2021	2022
全　省	**77**	**98**	**117**	**122**	**123**
广　州	15	24	11	19	14
深　圳	7	7	13	7	22
珠　海				3	1
汕　头	7	3	6	4	2
佛　山	1	4	10	12	6
韶　关		2		2	6
河　源		1	4	2	3
梅　州	1	2	4	8	6
惠　州	3	1	7	4	6
汕　尾	6	15	4	3	
东　莞	6	7	16	9	12
中　山	3	15	5	3	5
江　门	1		1	5	2
阳　江	2	2	3	1	
湛　江		5	9	6	6
茂　名	5	2	2	3	9
肇　庆		1	4	4	6
清　远	14	2	1	7	6
潮　州	2	2	7	3	6
揭　阳	4	3	10	15	3
云　浮				2	2

6-10 各市火灾事故受伤人数情况

单位：人

市别	2018	2019	2020	2021	2022
全省	**70**	**60**	**109**	**235**	**233**
广州	13	12	6	25	42
深圳	16	15	24	89	68
珠海			3	3	5
汕头		2		13	1
佛山	1	3	17	18	18
韶关				1	1
河源			1	4	2
梅州			4	3	6
惠州	2		3	6	10
汕尾	1	1	1	2	
东莞	3	15	21	15	18
中山	4	4	6	20	17
江门			5	7	9
阳江	5		2		2
湛江	10	6	5	7	2
茂名	10		2	5	11
肇庆					7
清远	1	2	2	9	6
潮州			1	1	1
揭阳	3		4	6	7
云浮	1		2	1	

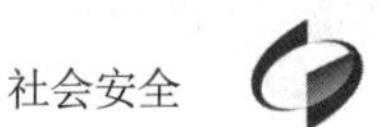

6-11 各市火灾事故直接财产损失情况

单位：万元

市 别	2018	2019	2020	2021	2022
全 省	**27173**	**31738**	**55373.6**	**74743.4**	**70995**
广 州	3018	4224	4644.4	10066.7	8566
深 圳	1648	2804	2882.7	3862.2	4028
珠 海	721	277	1222.7	851.6	876
汕 头	417	644	1391.3	1850.6	3200
佛 山	2004	5766	8637.6	9399.2	12374
韶 关	1105	581	395.2	1676.1	1496
河 源	417	450	883.6	1345.7	1992
梅 州	495	740	708.5	806.5	2939
惠 州	364	447	2100.1	1941.0	3044
汕 尾	605	438	469.1	292.9	289
东 莞	4787	5889	14523.7	13611.6	10984
中 山	1494	1175	2145.0	6637.7	2655
江 门	1768	1292	5606.8	5161.6	4140
阳 江	540	409	676.5	2214.4	1171
湛 江	848	1151	1725.8	2863.4	1466
茂 名	497	536	837.5	2130.4	2110
肇 庆	2585	864	2357.4	1852.8	1241
清 远	1703	2972	2593.6	3508.1	4403
潮 州	149	309	288.7	1023.3	898
揭 阳	1237	477	813.8	2639.6	2300
云 浮	771	293	469.4	1007.9	823

6-12 省级立法情况

项　目	提请省人大常委会审议法规（项）					
	2015	2018	2019	2020	2021	2022
经济类立法	5	3	3	3	9	5
文化类立法				1	1	
社会类立法	7	4	2	3	6	4
生态类立法		2	2	4		2
政府自身建设类立法	2		1	1		1
其他		1	3	3	2	3

6-12 续表

项　目	省政府常务会议通过规章（项）					
	2015	2018	2019	2020	2021	2022
经济类立法	5	3	5	5	2	2
文化类立法		1			1	
社会类立法	5	4	3	1	5	1
生态类立法	1					
政府自身建设类立法	2	1	1	2	5	1
其他		1	3	1	1	2

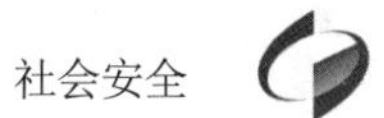

6-13 全省社区矫正工作情况统计表

单位：人

年份	本年度列管社区矫正对 象	本年度接收社区矫正对 象	本年度解除社区矫正对 象	本年度社区矫正终止执行对 象	本年度社区矫正对象执行地变更（迁出）和其他减少（新增）	本年度社区矫正对象再犯罪	累计接收社区矫 正对 象	累计解除和终止社区矫正对象	累计社区矫正对 象再犯罪
2015	34513	25081	23228	387		97	107737	73367	273
2018	66358	31716	31288	284		55	192666	157596	471
2019	68042	32972	33603	297		51	225638	191199	522
2020	70958	35254	33989	309		51	260892	225188	573
2021	81689	45985	40221	451		111	306877	265409	684
2022	87091	45625	41867	606	1565	79	352502	309447	763

注：2019 年社区矫正法出台。列管社区矫正对象出自《中华人民共和国司法行政行业标准》。列管社区矫正对象人数：上个期间末在册社区矫正对象数量与本期间内新接收的社区矫对象人数之和。

6-14 省级行政复议情况

单位：件

项　　目	2015	2018	2019	2020	2021	2022
全省各级行政复议机关共收到行政复议案件	19397	33565	33961	28923	34315	33941
办理国务院行政复议裁决案件	8	14	8	10	4	4
省政府本级行政复议案件	624	598	626	485	459	748

6-15 省级行政应诉情况

单位：件

项　　目	2015	2018	2019	2020	2021	2022
全省各级行政机关共办理行政应诉案件	12378	19007	20071	19517	24621	25264
省政府本级行政应诉案	342	232	348	248	238	242

6-16 全省司法所建设情况

年份	建所数（个）	工作人员总数（人）	司法助理员数（人）	编制情况（人）		
				司法行政编	地方行政编	其他
2015	1616	6036	3958	3522	152	284
2018	1631	8048		3748	102	286
2019	1631	8413	3973	3611	108	254
2020	1631	8798	3925	3637	59	334
2021	1628	8896	3717	3295	184	238
2022	1629	8961	4800			

资料来源：2001-2020年《全国司法行政基层工作统计分析和统计资料》（司法部基层工作指导司编，法律出版社）。
注：司法助理人数由政法专项编制、地方行政编制、地方事业编制。

6-17 各市司法鉴定工作情况(2022年)

市别	司法鉴定所（个）	司法鉴定人（人）	办理法医类案件（件）	办理物证类案件（件）	办理声像类案件（件）	办理环境损害类案件（件）
全省	**195**	**2042**	**247473**	**69769**	**5000**	**934**
广州	34	433	38383	4952	1837	769
深圳	22	340	72693	9703	630	165
珠海	7	41	2543	116	41	
汕头	7	115	8231	1911	12	
佛山	12	129	13356	5358	18	
韶关	13	90	6875	4188	0	
河源	4	32	2300	1669	0	
梅州	4	37	1614	24	0	
惠州	14	132	9102	4754	183	
汕尾	5	36	4866	0	0	
东莞	11	130	30831	22550	109	
中山	7	72	9808	6265	0	
江门	8	73	10469	1253	0	
阳江	6	33	2719	0	0	
湛江	5	53	11815	2535	0	
茂名	8	49	6359	33	0	
肇庆	4	59	4329	442	11	
清远	9	56	5014	1772	0	
潮州	2	24	313	1038	1	
揭阳	5	25	3856	0	0	
云浮	3	19	1433	726	0	
南沙	2	8	541	0	105	
横琴	0	0	0	0	0	
前海	3	56	23	480	2053	

6-18 全省人民调解业务情况表

年份	已建调委会数（个）	调委会人数（人）	调解总数（件）	调解成功数（件）
2015	32549	181205	326174	318659
2018	31898	170775	397191	389979
2019	31666	172280	460674	450056
2020	31494	172816	444984	435278
2021	31689	182304	489348	482239
2022	31837	184727	417242	410942

6-18 续表

年份	民间纠纷转化为民商事案件（防止转化为刑事案件）刑事案件（防止转化为刑事）		民间纠纷转化为治安案件（制止群体械斗）		民间纠纷转化为刑事案件（防止群体上访）	
	（件）	（人）	（件）	（人）	（件）	（人）
2015	1306	6864	517	22615	3460	76856
2018	567	578				
2019	77	503				
2020	108		19		37	
2021	135		2		8	
2022	5		1		1	

资料来源：2001-2020 年《全国司法行政基层工作统计分析和统计资料》（司法部基层工作指导司编，法律出版社）。
注：自 2019 年起司法部正式报表的统计项目作了部分修改，内容栏中括号内表述的是 2018 年以前的统计数据。

6-19 各市人民调解工作情况（2022年）

市　别	调解委员会总数（个）	村（居）调委会（个）	乡镇（街道）调委会（个）	企事业单位调委会（个）	社会团体和其他组织调委会（个）	调解员总数（人）	调解案件总数（件）
全　省	**31837**	**26604**	**1629**	**1378**	**2226**	**184727**	**417242**
广　州	3417	2817	176	220	204	18420	61119
深　圳	1055	861	79	13	115	6013	96126
珠　海	424	329	25	28	42	2979	12896
汕　头	1261	1091	67	10	93	6554	9900
佛　山	1344	789	32	231	292	11714	28250
韶　关	1830	1472	108	42	208	10107	14511
河　源	1678	1445	101	19	113	9743	8436
梅　州	2531	2255	111	92	73	13063	15186
惠　州	1550	1328	74	97	51	10063	5668
汕　尾	937	851	53	20	13	3841	2448
东　莞	1177	591	32	293	261	8808	70737
中　山	457	300	23	26	108	2753	6150
江　门	1548	1326	76	31	115	9984	7054
阳　江	952	852	48	12	40	5312	8094
湛　江	2225	1987	121	26	91	13339	14104
茂　名	2161	1905	113	42	101	15778	26436
肇　庆	1868	1549	105	94	120	10064	9513
清　远	1416	1225	85	53	53	8220	6524
潮　州	1105	1022	46	12	25	4656	2896
揭　阳	1797	1632	91	7	67	7307	4226
云　浮	1106	977	63	10	56	6009	6968

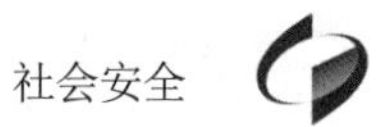

6-20 各市公证工作情况(2022年)

市 别	机构(个)	公证员(个)	国内公证(件)	涉外公证(件)	涉港澳台公证(件)	案件总数(件)
全 省	**154**	**1142**	**906707**	**180066**	**33597**	**1120370**
广 州	10	221	269391	42317	4400	316108
深 圳	11	209	275915	47555	6659	330129
珠 海	5	36	18085	5359	4070	27514
汕 头	9	47	11707	2326	317	14350
佛 山	8	101	88904	8965	1592	99461
韶 关	11	29	8095	1109	180	9384
河 源	7	24	4172	560	235	4967
梅 州	9	35	6178	840	563	7581
惠 州	8	45	36057	3652	999	40708
汕 尾	5	17	2995	664	752	4411
东 莞	3	42	50286	8002	4811	63099
中 山	6	43	22524	4958	3227	30709
江 门	8	56	44368	32716	2785	79869
阳 江	5	16	1879	586	178	2643
湛 江	7	26	12772	2862	515	16149
茂 名	7	26	10805	1776	292	12873
肇 庆	10	30	10108	1709	334	12151
清 远	9	30	5667	1271	293	7231
潮 州	3	20	2472	510	55	3037
揭 阳	6	28	3906	759	182	4847
云 浮	6	17	2610	397	222	3229
南方处	1	44	17811	11173	936	29920

6-21 全省公证工作情况表

年份	公证处（个）	工作人员（人）	其中		出证总数（件）	其中			
			公证员	公证员助理		国内公证	涉外公证	涉港澳台公证	涉台公证
2015	146	2190	770	543	1525912	1044876	429298		51738
2018	157	2512	862	914	1783427	1327191	408370	29605	47866
2019	156	2524	890	898	1664068	1229981	392494	26532	41593
2020	156	2750	937	1002	1421210	1235756	158960	17152	26494
2021	154	2928	904	1031	1305061	1066235	204526	21560	34300
2022	154	3052	943	1095	1120370	906707	180066	20996	12601

资料来源：2001-2021年《公证工作统计报表》（广东省司法厅，2001-2021）。

6-22 全省律师工作情况表

年份	律师事务所总数（个）	律师总数（人）	担任法律顾问（家）	律师事务（件）			
				刑事诉讼辩护及代理	民事案件诉讼代理	行政案件诉讼代理	非诉讼代理
2015	2290	28221	59664	30739	225385	9689	174951
2018	2901	43434	77954	92642	371893	18319	214252
2019	3418	48971	84359	109733	514353	20392	317205
2020	3541	54957	92416	117566	610739	19470	262059
2021	3758	61946	100925	135519	866545	29562	390888
2022	4018	70442	105979	103753	903404	29010	374785

资料来源：2001-2020年《律师工作统计报表》，中华人民共和国民事诉讼法（2017年修正）。

6-23 各市律师工作情况(2022年)

市　别	律师事务所(个)	律师总数(人)	兼职律师(人)	担任法律顾问(人)	民事诉讼代理(件)
全　省	**4018**	**70442**	**827**	**105979**	**903404**
广　州	886	22633	504	24817	207250
深　圳	1171	21898	48	27299	256926
珠　海	119	2382	31	3444	26632
汕　头	94	1089	16	1949	11884
佛　山	401	4766	38	10474	82652
韶　关	59	827	23	1539	10138
河　源	48	567	9	1063	9361
梅　州	48	509	11	945	6257
惠　州	119	2115	13	3847	31674
汕　尾	26	226	0	408	2289
东　莞	340	4922	37	12764	82621
中　山	158	2107	11	6474	43954
江　门	100	1509	11	3290	28180
阳　江	37	405	5	574	18157
湛　江	81	992	29	1070	15493
茂　名	53	681	9	978	16701
肇　庆	73	719	23	1290	12498
清　远	78	893	2	1486	19562
潮　州	49	433	6	864	4642
揭　阳	34	432	0	622	9229
云　浮	44	337	1	782	7304

6-23 续表

市　别	刑事诉讼辩护及代理（件）	行政诉讼代理（件）	非诉讼法律事务（件）	解答法律咨询和代写法律文书（件）	参加公益事业和社会活动（件）
全　省	**103753**	**29010**	**374785**	**132778**	**109604**
广　州	22298	5069	61946	17602	15483
深　圳	18722	6427	190580	18092	16182
珠　海	2150	1106	6723	10958	1873
汕　头	2502	348	2080	2023	3847
佛　山	5180	2453	9765	6326	10137
韶　关	2768	538	744	3098	4342
河　源	1964	389	1938	1642	2078
梅　州	2383	403	402	10688	4990
惠　州	3878	2093	4775	4610	4833
汕　尾	380	242	157	276	487
东　莞	9688	1925	16578	6205	10453
中　山	3642	1985	52248	26903	3077
江　门	4225	1366	4887	3498	3511
阳　江	4169	288	430	1091	3038
湛　江	4269	810	4619	6907	6823
茂　名	4131	848	2062	4306	3994
肇　庆	1736	735	9743	717	2564
清　远	2543	1146	2876	2395	2884
潮　州	1368	176	569	1036	1063
揭　阳	4005	377	1001	3446	3885
云　浮	1752	286	662	959	4060

6-24 全省仲裁情况

项目		2015	2018	2019	2020	2021	2022
仲裁委员会（个）		14	15	16	19	19	19
受理仲裁案件总数（件）		17808	213304	74975	47693	54126	60840
涉外仲裁（件）	涉港案件总数	770	1154	487	464	669	626
	涉澳案件总数	168	304	70	52	87	180
	涉台案件总数	162	188	47	51	54	111
	其他案件总数	259	887	118	154	186	243

6-25 全省法律援助工作情况表

项目		2015	2018	2019	2020	2021	2022
已建机构数（个）		152	153	153	153	153	153
法律援助机构工作人（人）		780	809	899	804	757	730
其中有律师资格或法律职业资格		373	410	366	356	327	328
受理案件总数（件）		81301	142453	240515	245551	126361	116990
其中：受理法律援助案件类型（件）	刑事案件	23112	81774	173417	184133	66289	54867
	民事案件	57783	60013	66267	60800	59558	61626
	行政案件	504	666	831	618	514	497
经费总额（万元）		13338.07	29588.32	38347.74	36383.64	38708.06	37865.8
咨询（人次）		382083	1058080	430554	2700941	2887409	2814168
法律援助受援人数（人）		96632	158866	259808	254719	147779	133596
其中：各类受援人数（人）	残疾人	2058	1892	1669	1636	1667	1399
	老年人	2454	2312	2859	2743	2673	2927
	未成年人	15889	12424	14265	11735	15099	14846
	妇女	20446	32541	32838	39592	37602	33022
	农民工	52664	68937	74985	99632	70364	59155

注：自2021年起，司法部统计报表中将值班律师法律帮助案件以及法律援助受援人数不列入受理案件总数以及法律援助受援人数统计。

6-26 各市法律援助工作情况(2022年)

市　别	法律援助机构数(个)	法律援助机构工作人员(人)	其中有律师资格或法律职业资格(人)	经费总数(万元)
全　省	**153**	**730**	**328**	**37865.8**
省本级	1	14	6	1059.84
广　州	12	83	42	6053.54
深　圳	12	72	29	9636.58
珠　海	6	19	10	1305.19
汕　头	8	38	19	1429.99
佛　山	6	46	24	2710.01
韶　关	11	57	47	1460.52
河　源	7	30	4	719.62
梅　州	9	41	22	926.4
惠　州	7	42	10	1599.1
汕　尾	6	17	5	393.44
东　莞	1	9	4	1528.32
中　山	1	7	3	1115.47
江　门	8	30	15	1073.14
阳　江	6	25	7	602.16
湛　江	11	35	20	1493.87
茂　名	6	26	11	719.65
肇　庆	9	34	17	992.12
清　远	9	40	10	1432.67
潮　州	5	16	5	474.65
揭　阳	6	33	13	677.47
云　浮	6	16	5	462.05

6-26 续表

市　别	业务经费（万元）	批准案件（件）	受援人总数（人）	咨询（人）
全　省	**23757.97**	**116990**	**133596**	**2814168**
省本级	445	1252	1255	2367831
广　州	3538.35	21964	21964	67651
深　圳	7734.36	18904	34237	149343
珠　海	764.03	3699	3699	27376
汕　头	425.65	2407	2515	8013
佛　山	1606.2	12389	12514	41965
韶　关	565.12	4300	4406	7661
河　源	460.44	4392	4392	3501
梅　州	483.3	1881	1962	9858
惠　州	902.36	5536	5536	19120
汕　尾	298	1575	1575	4015
东　莞	1285.32	10822	10822	27330
中　山	683.17	3533	3667	9590
江　门	639.12	2925	2939	13133
阳　江	302	3362	3773	4361
湛　江	1134.57	4191	4219	18216
茂　名	480.16	3362	3377	7660
肇　庆	497.5	2444	2447	17798
清　远	681.99	3606	3656	3585
潮　州	235.78	703	703	1032
揭　阳	319.55	1336	1531	2220
云　浮	276	2407	2407	2909

6-27 人民检察院审查逮捕、审查起诉情况(2022 年)

案件分类	批捕、决定逮捕合计	决定起诉合计
	(人)	(人)
合计	**50230**	**126676**
危害公共安全案	1350	37186
破坏社会主义市场秩序案	5177	11530
侵犯公民人身、民主权利案	8429	13650
侵犯财产案	17043	27346
妨害社会管理秩序案	17619	35902
贪污贿赂案	526	916
渎职侵权案	54	101
其他	32	45

6-28 人民检察院办理刑事抗诉案件情况(2022年)

案件分类	提出抗诉	审判结果合计	改判		维持原判	发回重审
	(件)	(件)	(件)	(人)	(件)	(件)
合计	**395**	**313**	**177**	**275**	**82**	**54**
贪污贿赂案件	17	14	9	9	3	2
渎职侵权案件	3	4	2	2	1	1
其他刑事案件	375	295	166	264	78	51

6-29 人民检察院纠正违法情况(2022年)

项　目	2021	2022
已纠正件次合计(件次)	**21460**	**32178**
立案监督小计	2982	6023
监督立案	1375	3295
监督撤案	1607	2728
侦查监督	1695	9667
刑事执行活动检察(非监外执行)	16783	16488
已纠正案件涉及人次合计(人次)	**27334**	**39719**
立案监督小计	3473	6970
监督立案	1576	3792
监督撤案	1897	3178
侦查监督小计	2837	5246
纠正漏捕	1466	1464
纠正漏诉	1371	3782
减刑、假释、暂予监外执行检察	6821	7043
监外执行和社区矫监督活动检察	14203	20460

6-30 人民检察院处理申诉案件情况（2022 年）

单位：件

案件分类	受 案	复查决定			
		改变原决定	纠正原决定	提出抗诉	提出再审检察建议
合 计	**639**	**118**	**2**	**3**	**17**
不服检察机关处理决定小计	304	11	2		
普通刑事案件	146	9	1		
贪污贿赂案件					
渎职侵权案件					
其 他	158	2	1		
不服法院刑事判决裁定小计	335	107		3	17
普通刑事案件	159	57		1	12
贪污贿赂案件	8	5			
渎职侵权案件	4	2			
其 他	164	43		2	5

6-31 人民检察院办理民事、行政抗诉案件情况（2022 年）

单位：件

案件分类	合 计		
		民事案件	行政案件
提出抗诉	182	173	9
抗诉案件再审	154	151	3
改 判	81	81	
调 解	2	2	
发回重审	61	61	
和解撤诉	3	3	
维持原判	7	4	3
其 他			
提出再审检察建议	292	289	3
采纳再审检察建议再审情况	173	173	
改 判	142	142	
调 解			
发回重审	14	14	
和解撤诉	8	8	
维持原判	5	5	
其 他	4	4	

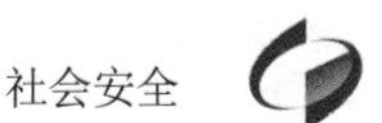

6-32 人民检察院办理公益诉讼案件情况(2022年)

单位：件

案件分类	立案数	诉前程序数	起诉数
合计	**11469**	**8120**	**518**
行政公益诉讼	10171	7147	1
民事公益诉讼	1298	973	517

6-33 人民法院各类一审案件情况

单位：件

年份	收案				结案			
		刑事	民事	行政		刑事	民事	行政
2015	800445	129290	655124	16031	715795	122882	579042	13871
2018	1039261	120487	897332	21442	1031561	119862	890383	21316
2019	1238625	130693	1084783	23149	1216812	130239	1063663	22910
2020	1359430	114497	1222929	22004	1356747	116515	1216937	23295
2021	1562807	122125	1413213	27469	1504165	121658	1358164	24343
2022	1431961	98575	1307697	25689	1441552	98405	1316254	26893

6-34 人民法院刑事一审案件情况(2022年)

单位:件

项　目	收 案	结 案
合计	**98575**	**98405**
危害国家安全罪	28	17
危害公共安全罪	37516	37586
破坏社会主义市场经济秩序罪	5859	6043
侵犯公民人身权利民主权利罪	11933	11681
侵犯财产罪	21731	21667
妨害社会管理秩序罪	20677	20615
危害国防利益罪	16	16
贪污贿赂罪	746	704
渎职罪	69	76

6-35 人民法院刑事案件被告人判决生效情况(2022年)

单位:件、人

项　目	件	人
合计	**90979**	**117984**
危害国家安全罪	9	10
危害公共安全罪	36340	36713
破坏社会主义市场经济秩序罪	5555	10394
侵犯公民人身权利民主权利罪	10611	12650
侵犯财产罪	19123	25481
妨害社会管理秩序罪	18668	31900
危害国防利益罪	16	18
贪污贿赂罪	597	732
渎职罪	60	86

6-36 人民法院判处刑事罪犯情况

单位：人

年份	判处罪犯总数	女性	青少年罪犯	不满 18 岁	18~25 岁	青少年罪犯占刑事罪犯比重 (%)
2021 年	159292	13627	29564	3972	25592	18.56
2022 年	117958	9631	20035	2934	17101	16.98

6-37 人民法院民事一审案件情况 (2022 年) (一)

单位：件

项　目	收案	结案
人格权纠纷 (合计)	**11520**	**11712**
生命权、健康权、身体权纠纷	8395	8687
姓名权纠纷	98	103
肖像权纠纷	356	366
名誉权纠纷	1956	1872
荣誉权纠纷	1	4
隐私权纠纷	152	136
人身自由权纠纷	7	6
一般人格权纠纷	87	74
其　他	468	464
劳动争议、人事争议 (合计)	**50399**	**50268**
劳动争议	**49714**	**49589**
劳动合同纠纷	17398	17914
社会保险纠纷	1119	1073
福利待遇纠纷	26	26
其　他	31171	30576
人事争议	**68**	**62**
其　他	**617**	**617**

6-38 人民法院民事一审案件情况（2022年）（二）

单位：件

项　目	收案	结案
婚姻家庭、继承纠纷（合计）	**70972**	**72132**
婚姻家庭纠纷	**66046**	**67106**
离婚纠纷	53759	54497
离婚后财产纠纷	3086	3218
同居关系纠纷	1184	1263
抚养、扶养纠纷	5784	5870
赡养纠纷	443	449
探望权纠纷	457	475
其　他	1333	1334
继承纠纷	**4926**	**5026**
法定继承纠纷	2286	2294
遗嘱继承纠纷	276	300
被继承人债务清偿纠纷	487	472
其　他	1877	1960

6-39 人民法院民事一审案件情况(2022年)(三)

单位:件

项　目	收案	结案
物权纠纷(合计)	**19075**	**20478**
不动产登记纠纷	**118**	**118**
物权保护纠纷	**11244**	**12157**
物权确认纠纷	1171	1327
返还原物纠纷	1708	1791
排除妨害纠纷	1350	1452
恢复原状纠纷	283	273
财产损害赔偿纠纷	4689	4888
其　他	2043	2426
所有权纠纷	**5705**	**5855**
侵害集体经济组织成员权益纠纷	1867	2004
相邻关系纠纷	1716	1658
共有纠纷	1575	1633
其　他	547	560
用益物权纠纷	**1119**	**1139**
土地承包经营权纠纷	696	693
建设用地使用权纠纷	54	62
宅基地使用权纠纷	298	316
其　他	71	68
担保物权纠纷	**198**	**486**
占有保护纠纷	**341**	**373**
其　他	**350**	**350**

6-40 人民法院民事一审案件情况(2022 年)(四)

单位：件

项　目	收案	结案
知识产权与竞争纠纷（合计）	**101811**	**103473**
知识产权合同纠纷	**3086**	**3243**
著作权合同纠纷	1137	1240
商标合同纠纷	107	89
专利合同纠纷	52	48
技术合同纠纷	472	431
特许经营合同纠纷	1304	1416
网络域名合同纠纷	2	0
其　他	12	19
知识产权权属、侵权纠纷	**96543**	**98150**
著作权权属、侵权纠纷	63268	65819
商标权权属、侵权纠纷	18576	19476
专利权权属、侵权纠纷	11645	9759
网络域名权属、侵权纠纷	5	17
其　他	3049	3079
不正当竞争纠纷	**1891**	**1793**
仿冒纠纷	69	66
侵害商业秘密纠纷	154	154
其　他	1668	1573
垄断纠纷	**5**	**6**
其　他	**286**	**281**

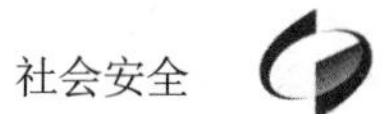

6-41 人民法院民事一审案件情况(2022年)(五)

单位：件

项　目	收案	结案
海事海商纠纷(合计)	**2009**	**1775**
船舶碰撞损害责任纠纷	35	42
船舶触碰损害责任纠纷	5	9
船舶污染损害责任纠纷	3	1
海上、通海水域人身损害责任纠纷	55	53
非法留置船舶、船载货物、船用燃油、船用物料损害责任纠纷	0	1
海上、通海水域货物运输合同纠纷	571	468
船舶经营管理合同纠纷	16	12
船舶买卖合同纠纷	42	39
船舶建造合同纠纷	19	24
船舶修理合同纠纷	16	16
航次租船合同纠纷	35	38
船舶租用合同纠纷	127	132
海上、通海水域货运代理合同纠纷	626	532
船舶物料和备品供应合同纠纷	35	33
船员劳务合同纠纷	211	178
海上、通海水域保险合同纠纷	53	46
港口作业纠纷	8	13
其　他	152	138

6-42 人民法院民事一审案件情况(2022年)(六)

单位：件

项　目	收案	结案
合同、不当得利、无因管理纠纷（合计）	**902097**	**917712**
确认合同效力纠纷	2135	2272
买卖合同纠纷	163622	165016
建设用地使用权合同纠纷	590	610
房地产开发经营合同纠纷	321	332
房屋买卖合同纠纷	35764	37279
民事主体间房屋拆迁补偿合同纠纷	877	913
赠与合同纠纷	1283	1234
借款合同纠纷	261066	269801
保证合同纠纷	1062	1200
银行卡纠纷	124497	125249
租赁合同纠纷	54958	54890
融资租赁合同纠纷	7839	7988
承揽合同纠纷	23030	22363
建设工程合同纠纷	31445	29989
运输合同纠纷	5292	5329
委托合同纠纷	5945	6106
中介合同纠纷	3809	3926
合伙协议纠纷	6872	6853
农、林、渔、牧业、农村土地承包合同纠纷	1336	1350
服务合同纠纷	35735	38142
劳务合同纠纷	20418	20735
追偿权纠纷	11139	11180
不当得利纠纷	5957	6223
无因管理纠纷	390	333
其　他	96715	98399

6-43 人民法院民事一审案件情况(2022年)(七)

单位：件

项　目	收案	结案
与公司、证券、保险、票据等有关的纠纷(合计)	**88446**	**76029**
与企业有关的纠纷	**1976**	**2031**
挂靠经营合同纠纷	1693	1743
联营合同纠纷	67	57
企业承包经营合同纠纷	114	108
其　他	102	123
与公司有关的纠纷	**11678**	**12056**
股东资格确认纠纷	371	419
请求变更公司登记纠纷	640	662
股东出资纠纷	434	433
股东知情权纠纷	656	669
股权转让纠纷	4125	4369
股东损害公司债权人利益责任纠纷	1488	1448
公司解散纠纷	523	534
其　他	3441	3522
合伙企业纠纷	**392**	**430**
与破产有关的纠纷	**2775**	**2601**
证券纠纷	**5120**	**4320**
期货交易纠纷	**68**	**23**
信托纠纷	**23**	**19**
保险纠纷	**30512**	**31126**
票据纠纷	**35870**	**23393**
信用证纠纷	**8**	**9**
其　他	**24**	**21**

6-44 人民法院民事一审案件情况(2022 年)(八)

单位：件

项　目	收案	结案
侵权责任纠纷（合计）	**53777**	**55142**
提供劳务者致害责任纠纷	97	92
提供劳务者受害责任纠纷	3191	3242
网络侵权责任纠纷	1511	1364
违反安全保障义务责任纠纷	362	346
教育机构责任纠纷	133	146
产品责任纠纷	1898	1889
机动车交通事故责任纠纷	40149	41571
医疗损害责任纠纷	1040	1158
环境污染责任纠纷	113	116
饲养动物损害责任纠纷	204	200
建筑物和物件损害责任纠纷	187	186
因申请诉中财产保全损害责任纠纷	238	236
其　他	4654	4596
特殊诉讼程序案件案由（合计）	**7591**	**7533**

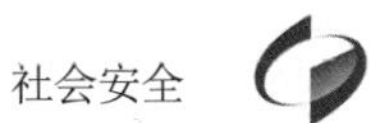

6-45 人民法院行政一审案件情况(2022)

单位：件

项 目	收案	结案
合 计	**25689**	**26893**
公 安	1926	1889
资 源	2485	2478
城 建	2455	2691
计划生育	3	3
工 商	799	1033
商 标	13	12
质量监督	126	107
卫 生	148	131
食品、药品	117	146
农 业	50	54
环 保	1048	1178
交 通	150	149
信息、电讯	30	30
税 务	173	194
金 融	37	29
财 政	40	31
劳动、社会保障	4603	4641
水 利	56	57
司法行政	112	126
民 政	99	120
教 育	88	107
监 察	21	19
乡政府	5061	5296
其 他	6049	6372

6-46 各市人民法院各类一审案件收案情况

单位：件

市别	2015	2018	2019	2020	2021	2022
广州	144708	200045	314233	347938	400564	348788
深圳	164197	208736	245863	293451	281184	236571
珠海	24884	27295	31207	34646	47119	41868
汕头	14127	23239	19117	23513	25692	22921
佛山	84579	109705	122131	127799	143233	137607
韶关	17051	20766	24644	24407	29304	25858
河源	11054	13438	16082	17575	23313	24538
梅州	13609	17177	19295	22545	24836	23368
惠州	35484	48797	52310	53658	71404	65984
汕尾	4893	6984	8160	10768	12849	14530
东莞	65907	95625	89985	85136	103821	103962
中山	51433	56922	56154	56381	73246	67746
江门	32172	39669	45567	52935	67594	60722
阳江	14688	15882	21165	23245	26172	25668
湛江	24394	31053	32871	36282	46047	52059
茂名	18788	22972	28147	29562	38300	35526
肇庆	20708	23761	27455	27778	35424	34891
清远	22760	29684	33607	36490	48574	44366
潮州	6265	8106	8054	8843	10348	10055
揭阳	10834	13364	14166	16340	19289	19269
云浮	11819	11852	13525	13929	17336	16190
知产	1866	3981	4250	7613	5996	9357
海事	2188	2226	2574	1387	2206	2607
铁路	898	7974	7976	7194	8940	7500

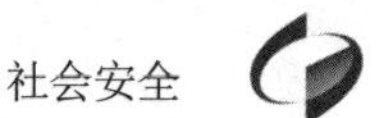

6-47 各市人民法院各类一审案件结案情况

单位：件

市别	2015	2018	2019	2020	2021	2022
广州	129758	204509	303365	347324	388583	325745
深圳	131065	205458	233224	289557	279189	257473
珠海	23735	27720	30777	34454	46326	43026
汕头	14003	23170	19035	23221	23911	23404
佛山	77402	106880	122310	128153	135735	138988
韶关	15435	20648	25048	24445	28322	26406
河源	10954	12750	15740	16391	21142	24151
梅州	13102	16765	19302	22508	24361	23871
惠州	32914	48008	54536	53599	67094	68332
汕尾	4450	6989	8134	10364	11800	13963
东莞	60506	93712	90872	85282	102972	103823
中山	44535	56052	55426	61570	69345	70603
江门	30697	39742	46049	52786	64020	61362
阳江	13926	15527	20565	23130	26069	25792
湛江	22738	31331	32607	36420	43236	52843
茂名	17176	22971	27975	29250	34962	36630
肇庆	20192	23846	27531	27040	33369	35493
清远	21371	28998	33622	37832	44866	44479
潮州	5544	7639	8712	9614	9955	10346
揭阳	10450	13282	13708	15626	17145	20825
云浮	11392	11695	13521	13822	16107	16321
知产	1433	4053	4159	5104	6139	7068
海事	2080	2129	2505	1363	2139	2366
铁路	875	7672	7965	7780	7317	8195

6-48 各市人民法院各类案件收案情况

单位：件

市别	2015	2018	2019	2020	2021	2022
广州	252974	383619	557198	634939	694343	630033
深圳	258782	409368	524100	598648	540253	467807
珠海	40288	54565	65841	73555	81198	77727
汕头	19888	36244	34945	39426	42164	39619
佛山	136222	213301	261983	270210	279456	270843
韶关	25958	37457	46356	48808	57109	53735
河源	15363	21667	27330	31346	38314	43172
梅州	19745	28045	33556	38770	43934	43077
惠州	54937	83818	99316	108294	125627	121154
汕尾	6153	11731	14317	17921	22721	25382
东莞	119778	194393	215635	217400	228078	233163
中山	76147	109307	118771	122213	135621	126843
江门	49894	72813	94726	111379	129989	116249
阳江	22459	29011	38057	42233	47219	47407
湛江	33603	51543	57047	64435	77062	83929
茂名	27200	37535	50026	52749	62581	60015
肇庆	30273	42069	52787	54270	66673	65932
清远	35793	56724	67946	73785	88720	91101
潮州	8925	13198	14847	17926	20468	18178
揭阳	13753	18587	23034	26063	31817	33015
云浮	17568	21870	25891	28458	30817	29996
知产	4941	10085	12896	13739	15241	13984
海事	3149	3377	4252	2873	3073	3569
铁路	1273	23061	27612	29206	26213	25925

6-49 各市人民法院各类案件结案情况

单位：件

市 别	2015	2018	2019	2020	2021	2022
广 州	230334	395778	546330	633154	666426	602467
深 圳	215077	408643	502841	592412	529154	500767
珠 海	36768	54885	65493	73573	80568	78752
汕 头	19800	35970	35112	39085	40042	39969
佛 山	125117	210100	262879	271720	272105	271195
韶 关	23609	36640	47765	48988	55623	54706
河 源	15123	20753	26959	30003	34861	42563
梅 州	19055	27422	33455	38876	43522	43799
惠 州	51844	83991	103672	107243	119369	122967
汕 尾	5635	11741	14316	17287	21300	24169
东 莞	111682	193693	216695	217861	227773	231167
中 山	66884	118193	120351	129244	128451	130357
江 门	47244	73140	95804	111123	124477	117522
阳 江	21131	28074	37480	42160	47044	47509
湛 江	31597	51457	56900	64929	72666	84858
茂 名	24988	37657	49896	52783	56527	61615
肇 庆	29004	41797	53348	53397	63714	66339
清 远	33061	54742	68909	76179	82324	90154
潮 州	7823	13294	15775	19011	19980	18265
揭 阳	13253	18744	22442	24946	28897	34634
云 浮	16801	21705	26306	28403	28936	30226
知 产	3402	9407	13488	10853	14279	12919
海 事	2894	3262	4194	2866	2975	3359
铁 路	1276	22718	27354	30143	24286	26433

6-50 全省各行业生产安全事故情况表(2022年)

单位：起、人

行业	2022年					
	合计		其中			
			较大事故		重大事故	
	事故起数	死亡人数	事故起数	死亡人数	事故起数	死亡人数
合计	**2780**	**2122**	**27**	**101**		
农、林、牧、渔业	18	25	2	7		
采矿业						
制造业	135	129	2	8		
电力、热力、燃气及水生产和供应业	11	11				
建筑业	326	295	3	13		
批发和零售业	22	18				
交通运输、仓储和邮政业	2179	1546	15	55		
住宿和餐饮业	4	8	1	5		
信息传输、软件和信息技术服务业	6	6				
金融业						
房地产业	6	5				
租赁和商务服务业	14	16	1	3		
科学研究和技术服务业	8	10				
水利、环境和公共设施管理业	13	17	2	7		
居民服务、修理和其他服务业	29	28	1	3		
教育	1	1				
卫生和社会工作						
文化、体育和娱乐业	8	7				
公共管理、社会保障和社会组织						
国际组织						

注：表格空白处为0。

6-51 各市生产安全事故情况表（2022 年）

单位：起、人

市别	合计		其中			
			较大事故		重大事故	
	事故起数	死亡人数	事故起数	死亡人数	事故起数	死亡人数
全　省	**2780**	**2122**	**27**	**101**		
广　州	352	300	2	6		
深　圳	266	212	1	4		
珠　海	64	52	2	6		
汕　头	67	36	1	5		
佛　山	155	118	1	3		
韶　关	147	71				
河　源	98	96	4	14		
梅　州	49	51	1	3		
惠　州	162	119	2	8		
汕　尾	61	45				
东　莞	184	135	1	7		
中　山	110	100	1	3		
江　门	225	139				
阳　江	145	101	3	10		
湛　江	86	82	1	5		
茂　名	49	56	1	4		
肇　庆	123	93				
清　远	159	153	2	10		
潮　州	43	33	1	3		
揭　阳	107	73	1	3		
云　浮	119	46	1	3		

注：表格空白处为 0。

6-52 全省生产安全事故类型情况表（2022 年）

单位：起、人

事故类型	2022 年					
	合计		其中			
			较大事故		重大事故	
	事故起数	死亡人数	事故起数	死亡人数	事故起数	死亡人数
合 计	**2780**	**2122**	**27**	**101**		
物体打击	94	84				
车辆伤害	131	101	1	3		
机械伤害	50	48				
起重伤害	29	24				
触 电	61	63				
淹 溺	34	46	3	12		
灼 烫	5	5	1	3		
火 灾	16	29	4	18		
高处坠落	190	158				
坍 塌	39	42	1	3		
冒顶片帮						
透 水						
爆 破						
火药爆炸						
瓦斯爆炸						
锅炉爆炸	1	2				
容器爆炸						
其他爆炸	3	7	1	5		
中毒和窒息	19	20	3	11		
其他伤害	74	63	1	3		
道路运输	2034	1430	12	43		

注：表格空白处为 0。

6-53 到省市县三级信访情况

指标名称	计量单位	2021	2022
信访总量	件.批次	143186	279640
按信访形式分类			
来信数量	件次	35979	135901
省级	件次	6776	5335
地市级	件次	22456	17471
县（市、区）级及以下	件次	6747	113095
走访数量	批次	45032	63276
	人次	106536	117576
省级	批次	6350	3510
	人次	13380	6954
地市级	批次	14571	13401
	人次	37275	34279
县（市、区）级及以下	批次	24111	46365
	人次	55701	76343
网上信访数量	件次	62175	80463
省级	件次	11538	8813
地市级	件次	40200	57863
县（市、区）级及以下	件次	10437	13787

七、民政和退役军人事务

2022 年广东民政和退役军人事业发展概述

省民政厅

2022 年是党和国家历史上极为重要的一年，也是广东民政事业发展极不平凡的一年。在省委、省政府的正确领导和民政部的悉心指导下，全省民政系统坚持以习近平新时代中国特色社会主义思想为指导，全面贯彻党的二十大精神，坚决落实“疫情要防住、经济要稳住、发展要安全”重要要求，统筹疫情防控和民政工作，统筹发展和安全，全力推动广东民政各项工作取得新进展新成效。“广东省编密织牢民生‘兜底网’　切实保障困难群众基本生活”作为国务院第九次大督查发现的全国民政领域唯一典型经验，受到通报表扬。

（一）基本民生保障进一步兜牢兜准。

社会救助兜底保障更加密实。完成 2022 年省十件民生实事底线民生提标任务，城乡低保对象、特困人员保障水平继续保持全国前列。进一步健全分层分类社会救助制度体系，出台《广东省最低生活保障边缘家庭和支出型困难家庭救助办法》和《广东省特困人员救助供养工作规定》，合理适度扩围，将专项救助延伸到低保边缘家庭、支出型困难家庭。继续将 72.1 万建档立卡脱贫人口纳入低保或特困供养范围，切实巩固拓展脱贫攻坚兜底保障成果。完善省低收入人口动态监测和救助帮扶平台，将 405 万低收入人口纳入动态预警范围，全年累计发出风险预警信息数 15.5 万条。救助流浪乞讨人员 4.7 万人次，推动长期滞留受助人员落户安置，持续做好寻亲送返工作。牵头开展全省困难家庭中特殊群体排查救助专项行动，“一人一策”实施分类帮扶、分层施救，并推动建立健全长效保障机制和长期服务救助机制。

儿童福利和未成年人保护工作不断加强。全省集中供养、分散供养孤儿（含事实无人抚养儿童）最低养育标准分别达每人每月 1949 元和 1313 元，覆盖逾 4 万名孤儿（含事实无人抚养儿童）。推进儿童福利机构优化提质和创新转型，积极推动实施集中供养孤儿照料护理补贴，全省有 9 个市完成市级儿童福利机构升级改造、42 家县级儿童福利机构移交集中供养儿童。通过孤残儿童医疗救治“绿色通道”救治重病重残儿童 4514 人次。推动建立乡镇（街道）未成年人保护工作站 1167 个，全省覆盖率达 72.3%。出台《关于加强未成年人保护工作的实施意见》，8 个县（市、区）成功创建全国未成年人保护示范县，加强未成年人保护普法宣传，开展未成年人文身治理、暑期安全保护等工作。持续深化“牵手行动”，走访关爱农村留守儿童和困境儿童 4000 多人次。

残疾人福利进一步提升。联合省财政厅、省残联修改《广东省困难残疾人生活补贴和重度残疾人护理补贴实施办法》，将困难生活补贴范围扩大到低保边缘家庭中的残疾人。全省享受残疾人两项补贴人数达 157.7 万人次，补贴标准和覆盖范围居全国前列，补贴申请“全省通办”“跨省通办”。东莞市加快推进康复辅助器具产业第二批国家综合创新试点工作。

（二）基层社会治理进一步走深走实。

基层治理现代化建设扎实推进。报请省委、省政府印发《关于加强基层治理体系和治理能力现代化建设的若干措施》，印发《广东省城乡社区服务体系建设“十四五”规划》，出台加强组织动员群众参与城乡社区治理、智慧社区建设等政策文件，完善基层治理制度体系。全省 2.6 万多个村（居）建立公共卫生委员会，粤东西北地区村“两委”干部补贴提高至 3300 元 / 人·月，新增近 2000 名高校毕业生到社区就业。深化社区“万能章”治理，进一步规范社区证明清单。选编推介全省百篇优秀村规民约（居民公约），打造 185 个村（社区）“一站式”城乡社区综合服务示范点。佛山市

禅城区“大数据·微服务”、东莞市“民生大莞家”被民政部评为全国基层治理典型案例；江门市创新实施“市委书记工程”，构筑党建引领基层治理民生服务工作体系。

社会组织健康有序发展。深入实施社会组织党建“十项重点行动”，选树第一批33个全省社会组织党建工作示范点，深化“双同步”“五融合”工作机制。印发实施《广东省民政厅关于异地商会登记的管理办法》《广东省社区社会组织分类管理办法（试行）》。发布社会组织能力建设、人才培养2项地方标准。评选表彰“广东省先进社会组织”80家。加大信用惩戒和跨部门联合执法力度，常态化打击整治非法社会组织，全省清理整治存在问题的社团分支（代表）机构1399家、“僵尸型”社会组织2417家，查处违法违规社会组织945家，处置非法社会组织143家。部署开展“百城千社万企助就业”专项行动，动员社会组织发动上万家会员企业提供近10万个就业岗位。积极动员社会组织参与乡村振兴、东西部协作、疫情防控，其中累计投入乡村振兴项目资金超过50亿元，14个项目被列入民政部重点帮扶县结对帮扶专项行动。

慈善和社工志愿服务蓬勃发展。深入推进“广东兜底民生服务社会工作双百工程”，全省建成1631个乡镇（街道）社工站、9218个村（居）社工点，实现全省社工站（点）100%覆盖、困难群众和特殊群体社会工作服务100%覆盖。2.8万名“双百”社工立足镇街、深入村居，为困难群众和特殊群体102万户建立服务档案，协助有需要的服务对象落实应有的福利政策，联系服务群众超过1500万人次，开展个案服务4.6万个，发展社区志愿者超过90万人，培育社区社会组织2536个，链接社会慈善资源折合1.6亿元，协同解决社区事务2万多项，组织社区活动4.8万场。全省依法登记或认定的慈善组织1909个，备案慈善信托79单，备案规模9.1亿元。深入开展慈善组织监督检查，规范慈善财产投资活动。依托社区综合服务设施建设336个慈善工作示范点，城乡社区志愿服务站点2.7万多个，覆盖率达87.2%。稳步推进志愿服务记录与证明出具抽查试点。2022年全省福利彩票销售172.8亿元，连续15年保持全国第一，筹集福彩公益金52.9亿元。

（三）基本社会服务进一步提质增效。

养老服务体系建设持续推进。贯彻落实中办、国办《关于推进基本养老服务体系建设的意见》，推动出台我省实施意见。持续推进特困人员供养服务设施改造提升工程。推进居家社区养老服务，全省共有社区养老服务设施2.18万个，为1.7万户特殊困难老年人家庭实施适老化改造，建有家庭养老床位超过1.7万张。加强养老服务人才培养，全年培训养老护理人才8.6万人次。出台《广东省养老服务标准体系规划与路线图（2022-2026年）》，发布了《旅居养老服务总则》《旅居养老基地设施建设和运营管理指南》《养老机构探访管理规范》三项养老服务湾区标准。出台政策助力养老服务机构纾困，全省1012家养老机构享受机构运营补贴或一次性纾困补贴。加强养老服务领域综合监管，省市一体推进养老机构消防安全历史遗留问题整治，开展打击整治养老诈骗专项行动，防范预付费风险隐患。

婚姻和殡葬管理水平不断提升。全年“跨省通办”婚姻登记8.1万对，居试点省份首位。婚俗改革持续推进，广州市在全国会议上介绍“花城有囍”集体婚礼、“花城有爱”婚姻家庭辅导等品牌经验，深圳市福田区等6个区（市）被确定为第二批省级婚俗改革实验区。深化殡葬改革，部署开展新时代殡葬事业高质量发展示范区和节地生态型公益性公墓示范项目建设行动。全面完成殡仪馆火化机尾气排放治理，联合有关部门开展深化规范殡葬业价格秩序、安葬（放）设施建设经营专项行动等行业治理，解决了一批群众反映的突出问题。分区分级引导有序祭扫，实现“平安清明”“文明清明”。全省“一盘棋”统筹、应急处置，确保疫情防控转段期间殡葬服务平稳有序。

区划地名管理工作取得新进展。贯彻落实《关于加强和改进行政区划工作的意见》精神，坚持和加强党对行政区划工作的集中统一领导，完善行政区划变更有关程序指南。实施《地名管理条例》，联合19个部门建立地名管理协调机制，及时变更住宅区楼宇命名更名审批主体。审核完善地名78.7

万条、入库跨界地名2389条，提升地名信息库数据质量。审批（审核）建筑物、住宅区和道路街巷类地名6.6万个。完成省界赣粤线和市县镇界线年度联检任务，深化平安边界建设。

（四）民政事业基础保障进一步夯实扎稳。

以“双区”和三大平台建设为契机，深化民政领域改革创新。民政立法、执法、普法工作有效推进，“法治民政”更加深入人心，民政理论研究取得新成果。“智慧民政”建设实施步伐加快，信息化支撑能力与网络安全防护能力同步提升。扎实开展困难群众救助补助资金审计反馈问题专项治理，督促落实整改，推动健全长效机制。聚焦薄弱环节、风险隐患，持续开展全省民政数据治理专项行动等8项专项整治行动，全力防范化解重大风险。治理重复信访、化解信访积案专项工作取得实效，圆满完成特别防护期信访安全保障任务。不断健全民政领域疫情防控指挥体系，强化高效联动的统筹协同机制。制定“三防”应急预案，建立健全预防预警机制，强化应急处置能力建设。阶段性援藏援疆工作圆满完成，驻镇帮镇扶村工作成效初显。同时，扎实推进民政统计、档案管理、机要保密、信息公开以及业务培训等工作，各直属单位着力规范管理、提升服务，为民政工作开展提供了有力支撑。

撰稿：王倩

退役军人事务厅

一、就业安置质量不断提升

一是完善安置措施办法，推动“直通车”安置，建立安排工作退役军人档案审核联席会议机制，提前完成全省835名团级以下和专业技术转业军官安置任务。落实安排工作退役士兵“6+1”安置保障机制，推进省属国有企业岗位计划归集，1184名安排工作退役士兵全部完成安置。二是拓展培训就业渠道。高质量完成8个省级退役军人技能培训示范班，全省各级培训学员8200余名。联合开展退役军人现代学徒制专项试点、退役大学生士兵免试专升本工作，分别录取2300名退役军人、1985名退役大学生士兵。开展“戎归南粤”招聘季等招聘活动373场，18066名退役军人实现高质量就业，首届高职扩招退役军人毕业生就业率达96.2%。开展“建行杯”第三届广东省退役军人就业创业大赛，713个项目参赛并纳入“军创项目库”。在第十九届农交会设立“广东军创乡村振兴”主题专馆，30家企业参展。

二、服务保障水平稳步提升

一是加大服务保障力度。累计三年投入5.5亿元实施“强镇带村”工程，镇级信访代办员、村级信访信息员覆盖率100%。持续开展“大走访”“六送”活动，走访服务对象116.21万人次。常态化开展困难退役军人帮扶援助，省退役军人应急救助资金累计救助5798人次、拨付资金14243万元。严格落实“四方责任”，持续强化督促指导，高效开展应急处置，省一荣荣军转运及时高效、平安顺利，重点机构场所疫情防控有章有法、扎实有效。二是精准做好优抚工作。稳妥有序推进优待证制发工作，全省受理优待证申领152.6万人，已申领对象占存量对象的82%。落实提标政策，中央和省财政投入抚恤补助资金近30亿元。出台义务兵家庭优待金办法，办理伤残等级评定和伤残抚恤关系转移2144宗。三是扎实推进信息化建设。主题库汇聚83类4.4亿条数据，上线网办网查事项58项，退役军人事务信息化平台数据统一整合、广东政务信息化项目一体化管理分别纳入部省试点，省退役军人主题库入选“2022广东省政务服务创新案例”，厅标准化工作案例入选省数字政府标准化研究应用典型案例，在全国首个数字政府领域标准化专刊《中国标准化广东数字政府标准化专刊》首期刊发。

三、尊军崇军氛围有力构建

一是营造浓厚双拥氛围。开展第二届“广东最美退役军人”学习宣传活动，推荐卢运柏获评2022年度全国“最美退役军人”。组建省市县三级老兵宣讲团，推荐17名优秀老兵代表入选全国老兵宣讲团成员库。召开全省退役军人志愿服务和党员结对帮扶工作推进会，90.74万人次退役军人志愿者投入疫情防控工作，志愿服务时长达675.91万小时；开展结对帮扶活动25248场，解决实际问题14172件；相关工作获得第十届广东省市直机关“先锋杯”工作创新大赛党建创新类二等奖。建立与主流新闻媒体项目合作机制，“奋进新征程 建功新时代”等主题宣传反响热烈，“老兵永远跟党走”系列活动扎实推进，系列微电影、微纪录片等得到社会高度评价。二是深化军地共建机制，组织双拥模范城（县）中期考评，建立战区方向拥军支前军地协调机制。常态开展“情系边海防官兵”拥军优属活动，推动广州、中山与边防部队城连共建，为立功受奖军人家庭送喜报1464份。三是大力弘扬英烈精神。严格落实国家《烈士褒扬条例》和省政府烈士申报审核工作制度，审核烈士申报件2宗。制定出台广东省关于加强新时代烈士褒扬工作的若干措施。围绕清明节、烈士纪念日等重要时间节点，精心组织“奋进·2022清明祭英烈”“今日鲜花献给烈士”“追忆英雄”“全国英烈讲解员培训”“红色九月”等系列宣传教育活动。清明期间，组织开展六项“全覆盖”烈士祭扫组织服务工作，全省共组织开展82场次邀请460名烈属召开座谈会、登门走访慰问698户烈属、开展118场次主题党日活动、积极邀请烈属到机关事业单位和学校等开展事迹宣讲。9月30日，在广州起义烈士陵园举行广东省、广州市公祭烈士活动，省委、省政府主要领导和社会各界代表共300多人参加了仪式；省、市、县三级共举办公祭烈士活动125场次；以省人民政府名义举办第四次《烈士光荣证》颁授仪式，省政府有关领导出席并为朱峰等4名新评定烈士的亲属颁授《烈士光荣证》。继续实施“互联网+烈士褒扬”，完善提升广东英烈网、粤省事“英烈在线祭扫”平台，完成县级以上人民政府公祭烈士纪念设施可提供网络展示和网上祭扫、国家级烈士纪念设施有网上VR展示工作。继续实施县级以下烈士纪念设施整修工程，以党委政府名义组织开展240场次烈士墓迁葬入园仪式，完成散葬烈士墓迁葬入园2399个，修缮纪念碑等设施1146处，烈士墓集中保护率提升到86.6%。

撰稿：李征

7-1 民政事业发展情况

项　　目	单位	2015	2018	2019	2020	2021	2022
社会工作							
提供住宿的社会服务机构床位数	（万张）	18.43	22.09	24.53	26.75	26.32	26.26
# 养老机构床位		16.18	20.31	22.84	25.16	24.73	24.66
精神疾病服务机构床位		0.41	0.17	0.17	0.17	0.20	0.17
儿童福利和救助保护机构床位		0.49	0.64	0.57	0.59	0.59	0.58
其他提供住宿机构床位		1.35	0.97	0.95	0.83	0.81	0.85
社区服务中心数	（个）	2922	2071	1985	1881	2090	2126
城镇居民最低生活保障人数	（万人）	29.69	17.34	15.66	15.21	15.00	14.78
农村居民最低生活保障人数	（万人）	153.60	123.75	124.74	127.76	127.33	115.84
家庭儿童收养登记总数	（件）	1458	1115	901	634	611	523
福利彩票销售额	（亿元）	205.05	242.70	194.77	162.13	161.83	172.81
成员组织							
社会组织	（个）	53958	67940	70860	71845	71834	71607
村民委员会	（万个）	1.96	1.98	1.98	1.94	1.94	1.94
社区居委会	（万个）	0.66	0.68	0.69	0.69	0.70	0.71
其他社会服务							
办理结婚登记	（万对）	84.04	71.38	67.45	63.33	59.11	57.31
办理离婚登记	（万对）	16.61	20.32	22.25	22.23	14.49	15.81
火化遗体数	（万具）	45.06	47.26	48.06	48.66	50.72	

注：社区服务中心数包含社区服务指导中心数。

7-2 社会服务机构基本情况

项　　目	单位数（个）		职工人数（人）	
	2021	2022	2021	2022
一、社会工作				
提供住宿的社会服务机构	2109	2058	38249	38273
养老机构	1954	1886	33628	33467
特困人员供养机构	1192	1094	7199	7127
社会福利院	98	97	4587	4205
养老公寓等各类养老机构	664	695	21842	22135
精神疾病服务机构	3	2	656	633
社会福利医院	3	2	656	633
儿童福利和救助机构	62	70	1867	2010
儿童福利机构	41	43	1535	1638
未成年人救助保护中心	21	27	332	372
其他提供住宿机构	90	100	2098	2163
流浪乞讨人员救助管理机构	82	92	1783	1861
其他提供住宿机构	8	8	315	302
不提供住宿的社会服务机构	53398	64665	202636	238101
社会救助服务机构		6		33
福利彩票发行单位	53	50	743	692
民政部门直属康复辅具机构	1	1	42	38
社区综合服务机构和设施	31894	31950	151461	152372
社区养老服务机构和设施	21450	21808	50390	50685
其他事业单位	31	31	530	548
二、成员组织和其他社会服务机构				
成员组织				
社会组织	71834	71607	996568	1017959
社会团体	32089	32318	277494	267461
基金会	1382	1462	5171	5632
民办非企业	38363	37827	713903	744866
自治组织	26443	26513		
居委会	7013	7082		
村委会	19430	19431		
其他社会服务				
婚姻				
婚姻登记服务机构	58	61	417	433
殡葬				
殡仪馆	87	87	4164	4286
公墓	92	93	2408	2408
骨灰堂	5	6	78	78
殡葬管理机构	63	68	748	783
三、行政机关	150	150	4346	4329

7-3 各项民政事业经费情况

单位：亿元

项　　目	2015	2018	2019	2020	2021	2022
民政事业经费合计	**259.52**	**263.11**	**282.65**	**311.23**	**324.27**	**354.12**
抚恤	35.81					
退役安置	29.98					
社会福利	40.89	89.25	109.50	117.74	131.47	143.42
社会救助	96.84	102.47	103.26	124.34	118.65	125.51
# 城市最低生活保障	15.95	14.53	13.46	15.20	14.53	15.03
农村最低生活保障	39.35	47.82	51.15	67.54	64.92	68.13
临时救助		11.04	7.91	8.42	6.28	5.16
特困人员供养		24.44	27.89	31.44	31.18	34.55
其他社会救助	24.85	4.64	2.85	1.74	1.75	2.64
医疗救助	16.69					
自然灾害生活救助	5.11					
民政管理事务		48.84	44.70	42.01	47.26	55.33
行政事业单位养老支出	4.20	4.35	4.18	4.62	4.68	5.83
其他	46.68	18.20	21.01	22.51	22.20	24.04

注：“其他社会救济”改为“其他社会救助”，“行政事业单位离退休”改为“行政事业单位养老支出”，口径不变。

7-4 各市民政事业经费情况（2022年）

单位：亿元

市　别	民政事业费	社会福利	社会救助	民政管理事务	行政事业单位养老支出	其他
全　省	**354.12**	**143.42**	**125.51**	**55.33**	**5.83**	**24.04**
省本级	4.37	1.52	0.41	1.88	0.40	0.15
广　州	74.30	33.92	10.50	18.69	2.22	8.97
深　圳	24.65	14.85	0.91	6.29	0.56	2.04
珠　海	6.19	2.30	1.00	1.56	0.13	1.20
汕　头	13.70	3.92	6.64	1.01	0.20	1.93
佛　山	14.41	8.70	2.65	1.35	0.32	1.40
韶　关	11.35	4.76	4.54	1.40	0.16	0.49
河　源	12.11	4.04	6.59	1.14	0.07	0.27
梅　州	16.12	6.05	7.36	2.31	0.09	0.32
惠　州	14.90	4.65	6.09	2.43	0.23	1.50
汕　尾	12.43	3.40	7.76	1.00	0.15	0.13
东　莞	9.80	6.39	1.32	1.97	0.12	
中　山	5.86	2.96	1.16	1.13	0.16	0.47
江　门	11.44	4.79	4.56	1.40	0.24	0.46
阳　江	10.84	3.52	5.93	0.73	0.05	0.60
湛　江	25.34	7.93	13.86	1.97	0.22	1.35
茂　名	19.78	7.18	9.21	3.28	0.06	0.04
肇　庆	14.91	5.11	7.87	1.44	0.10	0.39
清　远	18.81	6.46	10.65	1.38	0.11	0.21
潮　州	5.12	1.89	2.42	0.33	0.10	0.37
揭　阳	16.69	5.00	8.72	1.39	0.10	1.48
云　浮	10.99	4.06	5.35	1.26	0.04	0.28

7-5 各市城市居民最低生活保障人数

单位：人

市别	2015	2018	2019	2020	2021	2022
全省	**296930**	**173417**	**156563**	**152074**	**150006**	**147831**
广州	24256	21590	18742	18995	18660	18387
深圳	6309	4013	3055	3505	2988	3221
珠海	3546	2806	2813	3106	3139	3053
汕头	22881	15919	14963	14558	14950	15283
佛山	7076	4383	3817	4039	4030	4090
韶关	14718	6099	5476	5806	5956	5933
河源	19176	6788	6000	5980	5829	5637
梅州	11807	7481	6501	6050	5554	5283
惠州	10721	5262	5090	5566	6026	6099
汕尾	25174	19702	18387	15641	15506	14932
东莞	5466	2805	2873	3503	3612	3654
中山	3355	2040	1776	2043	1956	1949
江门	8796	4309	3969	4234	4201	4188
阳江	13385	10226	9493	9112	9163	9157
湛江	42047	17909	16321	14798	14255	13679
茂名	28563	15096	13747	12499	12000	11498
肇庆	5668	3882	3826	4001	3898	4240
清远	8056	4571	4177	4116	4301	4312
潮州	9134	3850	3473	3367	3159	2935
揭阳	21009	10039	8236	7695	7345	6750
云浮	5787	4647	3828	3460	3478	3551

7-6 各市城市居民最低生活保障户数

单位：户

市　别	2015	2018	2019	2020	2021	2022
全　省	**151870**	**92686**	**84529**	**81666**	**79284**	**77458**
广　州	15076	14392	11640	11962	11971	11757
深　圳	2653	1861	1495	1715	1506	1584
珠　海	2289	1954	1952	2074	2091	2018
汕　头	11953	8280	7804	7506	7395	7540
佛　山	4037	2559	2219	2268	2247	2273
韶　关	9007	4030	3708	3807	3815	3714
河　源	9596	3405	3096	2896	2762	2606
梅　州	6241	4384	3992	3709	3405	3216
惠　州	4754	2591	2590	2779	2967	2993
汕　尾	10089	7887	7430	6157	5955	5840
东　莞	2707	1515	1565	1847	1845	1850
中　山	1668	1073	972	1083	1039	1068
江　门	4724	2516	2390	2532	2512	2537
阳　江	6372	5207	4941	4742	4717	4664
湛　江	20823	9196	8745	7799	7190	6641
茂　名	13939	6943	6350	5710	5465	5275
肇　庆	2940	2446	2488	2549	2330	2431
清　远	4201	2743	2625	2615	2655	2592
潮　州	4290	2303	2136	2067	1964	1851
揭　阳	11475	4742	4215	3924	3612	3196
云　浮	3036	2659	2176	1925	1841	1812

7-7 各市农村居民最低生活保障人数

单位：人

市 别	2015	2018	2019	2020	2021	2022
全 省	**1536045**	**1237512**	**1247362**	**1277643**	**1273281**	**1158439**
广 州	33150	26935	27370	27801	27614	27935
深 圳						
珠 海	4137	3177	3273	3340	2892	2731
汕 头	89959	80538	78180	78391	80002	79561
佛 山	18992	8751	5729	6046	6088	5606
韶 关	58882	40493	40638	46502	48700	44547
河 源	139675	67220	70796	71910	74543	69743
梅 州	182145	117055	114544	112295	105029	97279
惠 州	66124	44630	44283	47756	48371	45044
汕 尾	82246	81740	83774	79781	81428	75049
东 莞	11961	5482	4859	4475	4059	3805
中 山	7120	4556	3366	4076	4180	4153
江 门	52368	29199	26706	27076	26243	26597
阳 江	63238	53442	54397	57481	58769	56207
湛 江	169427	211385	215270	222355	216503	175384
茂 名	162645	133496	126084	125795	123483	114978
肇 庆	49753	38005	50524	58276	61869	59755
清 远	101388	72009	78888	81254	82320	74531
潮 州	52536	37964	38450	38555	38191	30961
揭 阳	129290	123122	119039	120237	117057	101417
云 浮	61009	58313	61192	64241	65940	63156

7-8 各市农村居民最低生活保障户数

单位：户

市别	2015	2018	2019	2020	2021	2022
全省	**712017**	**485623**	**501966**	**513488**	**506992**	**465414**
广州	14595	11953	12175	12118	11798	11560
深圳						
珠海	2423	1964	2033	2096	1825	1777
汕头	37972	27755	27385	27421	27592	27325
佛山	10008	5127	3340	3387	3318	3112
韶关	28684	20008	20760	23930	24878	22337
河源	66642	28223	29684	29226	29691	28230
梅州	75236	51701	51662	50858	49050	46351
惠州	24905	17664	18146	19050	19029	17563
汕尾	38495	27558	27255	25781	26265	24510
东莞	5566	2733	2482	2205	1995	1854
中山	2867	2345	1808	2071	2076	2128
江门	24500	14756	13831	14098	13808	13940
阳江	27543	23188	23429	24984	25287	24045
湛江	91637	71229	73321	76083	72548	61415
茂名	79375	46723	45799	46351	45759	42968
肇庆	22611	18659	26303	28135	27565	24752
清远	43097	30794	37009	38164	38481	33939
潮州	19793	16512	16888	16902	16685	14551
揭阳	69497	40817	41157	41704	40530	36235
云浮	26571	25914	27499	28924	28812	26822

7-9 各市城市特困人员救助集中供养人数

单位：人

市别	2017	2018	2019	2020	2021	2022
全省	**716**	**1299**	**3413**	**4405**	**4947**	**7311**
省本级	99	93	114	111	110	109
广州		10	1685	2066	2051	2593
深圳	138	1	2	11	11	582
珠海		47	48	46	66	73
汕头	19	28	30	33	44	50
佛山	23	229	265	262	253	242
韶关		169	162	166	252	305
河源	93	53	63	71	79	101
梅州		86	179	233	286	333
惠州	11	110	99	106	181	320
汕尾	19	83	102	63	58	91
东莞	55		95	180	179	410
中山	10	113	123	140	149	369
江门		139	193	242	328	422
阳江	39	20	21	241	326	367
湛江	13	12	25	101	127	277
茂名	16	7	5	68	76	120
肇庆		27	35	78	97	175
清远	147	14	66	37	46	70
潮州	15	17	36	39	65	67
揭阳	6	12	24	64	84	139
云浮	13	29	41	47	79	96

7-10 各市城市特困人员救助分散供养人数

单位：人

市　别	2017	2018	2019	2020	2021	2022
全　省	**5228**	**7481**	**10374**	**10485**	**11018**	**12347**
广　州			2703	2308	2501	3117
深　圳		1	3	4	8	10
珠　海	69	97	102	104	96	97
汕　头	523	503	487	491	506	507
佛　山		918	894	884	843	925
韶　关	261	283	311	359	384	445
河　源	186	237	287	280	293	297
梅　州	154	279	285	333	357	404
惠　州	334	326	337	345	387	453
汕　尾	673	942	1093	1103	1126	1151
东　莞	687	687	120	145	166	162
中　山	118	107	102	94	142	162
江　门	230	384	412	405	426	455
阳　江	520	612	628	638	649	738
湛　江	61	255	513	553	593	636
茂　名	426	506	564	617	655	743
肇　庆	175	229	279	324	345	436
清　远	202	331	310	383	433	477
潮　州	165	185	190	216	215	248
揭　阳	345	456	562	686	663	633
云　浮	99	143	192	213	230	251

7-11 各市农村特困人员救助集中供养人数

单位：人

市别	2015	2018	2019	2020	2021	2022
全省	**26000**	**16413**	**14758**	**14713**	**14343**	**13871**
广州	866	637	548	562	520	464
深圳						
珠海	265	144	129	136	175	151
汕头	469	176	144	122	116	99
佛山	1037	596	569	547	463	428
韶关	1682	1380	1378	1368	1355	1319
河源	1784	884	837	929	908	916
梅州	2229	1665	1510	1525	1545	1584
惠州	721	574	595	608	628	558
汕尾	741	255	181	203	195	241
东莞	611	556	346	248	194	162
中山	626	399	363	333	297	179
江门	1274	1041	998	1026	1102	1062
阳江	1267	1002	885	1159	1238	1191
湛江	4444	2240	1586	1380	1152	1170
茂名	2428	1215	1169	1085	964	910
肇庆	1446	954	909	852	867	840
清远	1814	1306	1272	1234	1186	1168
潮州	278	166	142	136	156	164
揭阳	861	348	364	455	510	508
云浮	1157	875	833	805	772	757

7-12 各市农村特困人员救助分散供养人数

单位：人

市 别	2015	2018	2019	2020	2021	2022
全 省	**214147**	**203789**	**199608**	**194632**	**187769**	**185892**
广 州	3600	3682	3476	3165	3075	3467
深 圳						
珠 海	764	738	736	671	589	598
汕 头	2849	3441	3422	3479	3460	3378
佛 山	1335	888	939	1171	1200	1276
韶 关	5061	5285	5315	5367	5424	5735
河 源	14778	13093	12797	12220	12046	11760
梅 州	12092	14055	14202	14364	14250	14689
惠 州	7831	6996	6787	6586	6542	6725
汕 尾	11547	10966	10639	10041	9634	9292
东 莞	222	226	222	164	108	101
中 山	389	278	258	227	255	341
江 门	6282	7523	7797	7790	7550	7651
阳 江	13672	13477	13492	12798	12340	12320
湛 江	38853	32684	30281	28078	25324	23713
茂 名	31775	27330	26323	25490	24282	23467
肇 庆	11865	13237	13998	14350	13986	14037
清 远	18904	17708	17607	17413	17093	16975
潮 州	4074	4430	4528	4608	4590	4696
揭 阳	13181	13892	14006	14056	13696	13395
云 浮	15073	13860	12783	12594	12325	12276

7-13 各市孤儿人数

单位：人

市 别	2015	2018	2019	2020	2021	2022
全 省	**38845**	**24097**	**17199**	**14525**	**13083**	**11599**
省本级	58	49	20	15	11	10
广 州	3029	1860	1698	1609	1504	1412
深 圳	1181	1086	758	698	652	593
珠 海	284	191	180	175	169	164
汕 头	633	498	456	489	429	388
佛 山	636	502	454	430	409	396
韶 关	801	469	362	330	332	307
河 源	2292	556	405	370	312	282
梅 州	2371	887	821	755	688	375
惠 州	666	430	412	394	363	351
汕 尾	2944	1667	1224	332	297	286
东 莞	925	695	646	619	594	566
中 山	594	432	407	363	330	312
江 门	800	543	453	439	424	371
阳 江	2271	1302	1116	950	814	653
湛 江	6832	4221	2404	1925	1599	1308
茂 名	5952	4063	1483	1356	1271	1204
肇 庆	1106	597	573	536	514	465
清 远	1328	986	812	728	662	613
潮 州	316	200	163	155	145	128
揭 阳	2624	1959	1607	1204	971	870
云 浮	1202	904	745	653	593	545

7-14 各市收养登记件数

单位：件

市别	2015	2018	2019	2020	2021	2022
全省	**1458**	**1115**	**901**	**634**	**611**	**523**
省本级	446	221	172	11		
广州	53	28	30	27	28	18
深圳	42	39	31	22	13	10
珠海	34	25	12	12	17	11
汕头	13	6	12	80	52	49
佛山	39	16	13	9	10	13
韶关	97	54	25	7	15	12
河源	32	17	15	10	35	49
梅州	42	29	17	16	35	30
惠州	34	34	26	9	13	26
汕尾	19	26	20	12	27	31
东莞	27	41	25	5	10	3
中山	46	24	13	7	2	7
江门	124	68	30	15	7	9
阳江	74	26	20	9	19	22
湛江	45	33	16	19	36	40
茂名	31	22	31	28	43	33
肇庆	32	31	89	169	37	17
清远	91	192	170	123	105	37
潮州	9		8	4	18	21
揭阳	12	44	55	7	61	61
云浮	116	139	71	33	28	24

7-15 各市提供住宿的社会工作机构数

单位：个

市　别	2015	2018	2019	2020	2021	2022
全　省	**1588**	**1711**	**1909**	**2039**	**2109**	**2058**
省本级	9	5	5	5	5	5
广　州	205	173	228	249	259	254
深　圳	29	38	40	53	68	74
珠　海	27	26	25	26	28	27
汕　头	41	27	38	46	45	47
佛　山	70	76	79	86	93	102
韶　关	98	123	120	129	132	141
河　源	113	108	98	99	101	99
梅　州	89	126	166	179	177	177
惠　州	92	90	88	90	93	84
汕　尾	59	52	49	53	53	53
东　莞	40	44	49	49	49	49
中　山	25	25	25	29	33	34
江　门	94	106	110	119	125	129
阳　江	58	66	76	86	89	92
湛　江	51	68	122	128	129	133
茂　名	60	134	151	159	164	168
肇　庆	130	135	134	137	135	85
清　远	97	94	98	105	115	91
潮　州	26	28	42	45	45	45
揭　阳	105	92	92	94	95	96
云　浮	70	75	74	73	76	73

注：根据民政部《民政事业统计调查制度》，“收养性单位”修改为“提供住宿的社会工作机构”

7-16 各市提供住宿的社会工作机构床位数

单位：张

市别	2015	2018	2019	2020	2021	2022
全省	**184339**	**220919**	**245304**	**267529**	**263223**	**262586**
省本级	2605	1429	1445	1155	1195	1136
广州	54071	52490	63377	69257	68723	66264
深圳	7404	10012	11425	12147	12506	13262
珠海	3451	4129	4138	4188	4303	4320
汕头	2259	3433	5052	6398	3324	3465
佛山	13371	17222	18186	18499	19239	22158
韶关	6252	8854	9044	8811	9301	9829
河源	6943	8933	3256	3429	3761	3771
梅州	4544	8746	10915	11867	11078	10676
惠州	8562	8209	8905	8183	7187	6868
汕尾	3470	3115	2062	2078	2089	2134
东莞	5877	5768	6386	6910	6910	6732
中山	5138	5141	5152	5273	4048	4038
江门	11094	14551	16282	18621	18896	19111
阳江	4648	6689	8914	10645	10631	10817
湛江	5251	5902	8264	9358	9557	10174
茂名	6157	17409	20046	27973	27590	28051
肇庆	10332	9565	10851	10807	9828	8541
清远	7099	7739	7915	8798	9696	8467
潮州	1292	2331	2967	2414	2404	2433
揭阳	10845	14820	15787	15919	16034	15689
云浮	3674	4432	4935	4799	4923	4650

7-17 各市提供住宿的社会工作机构年末收养人数

单位：人

市　别	2015	2018	2019	2020	2021	2022
全　省	**82329**	**88172**	**98700**	**102212**	**101126**	**98395**
省本级	1179	396	723	519	513	485
广　州	26405	27615	32306	31932	30809	30397
深　圳	3272	4597	5162	5070	5427	4783
珠　海	1534	1413	1587	1795	1567	1729
汕　头	825	590	859	798	786	795
佛　山	8990	10031	11614	12220	11858	11281
韶　关	3085	3739	4050	4109	4179	4280
河　源	2813	2487	1749	1614	1402	1451
梅　州	2308	3257	4489	4539	4361	3805
惠　州	2381	2107	2172	2643	2422	2535
汕　尾	1316	474	372	408	352	374
东　莞	2745	2905	3320	3499	3426	3426
中　山	2290	2346	2396	2373	2306	2218
江　门	5175	6838	7239	7250	7437	6755
阳　江	3076	2832	3358	4061	4094	4126
湛　江	1977	1959	2716	3170	3559	3861
茂　名	2859	6012	6172	6833	6626	6196
肇　庆	2957	2640	2902	3257	3469	3594
清　远	2941	2803	2894	3297	3728	3421
潮　州	359	315	349	342	389	457
揭　阳	2100	1253	1175	1465	1221	1074
云　浮	1742	1563	1096	1018	1195	1352

7-18 各市救助类单位数

单位：个

市别	2015	2018	2019	2020	2021	2022
全省	**75**	**82**	**87**	**99**	**103**	**119**
省本级	3	3	3	3	3	3
广州	6	6	7	8	8	9
深圳	3	4	4	6	6	6
珠海	2	2	2	2	3	3
汕头	4	4	4	4	4	5
佛山	1	1	2	2	3	3
韶关	1	4	5	7	7	14
河源	2	1	1	1	1	2
梅州	7	4	4	4	5	5
惠州	5	5	5	5	5	5
汕尾	5	5	5	6	6	6
东莞	1	1	1	1	1	1
中山	1	1	1	2	2	2
江门	6	6	7	9	9	10
阳江	1	1	2	2	2	2
湛江	5	8	8	8	8	8
茂名	5	5	5	5	5	5
肇庆	2	3	3	4	4	6
清远	4	6	6	7	7	9
潮州	2	2	2	2	2	2
揭阳	4	5	5	5	5	6
云浮	5	5	5	6	7	7

注：救助类单位为“流浪乞讨人员救助管理机构”和“未成年人救助保护机构”。

7-19 各市救助类单位床位数

单位：张

市　别	2015	2018	2019	2020	2021	2022
全　省	**8204**	**7837**	**7562**	**7360**	**7637**	**8384**
省本级	1150	481	497	497	497	497
广　州	1664	1550	1584	1716	1820	2248
深　圳	850	984	824	535	436	425
珠　海	388	388	132	132	138	108
汕　头	417	192	194	194	192	212
佛　山	150	200	250	250	304	260
韶　关	210	165	211	294	296	440
河　源	182	160	160	160	160	160
梅　州	234	522	511	245	251	251
惠　州	491	337	337	337	337	487
汕　尾	260	311	272	256	256	236
东　莞	406	448	448	448	448	448
中　山	50	50	50	50	50	50
江　门	265	277	300	326	364	377
阳　江	120	132	152	152	152	152
湛　江	224	255	246	253	347	347
茂　名	177	191	198	205	205	190
肇　庆	111	54	54	62	62	174
清　远	334	435	437	487	547	547
潮　州	94	94	94	94	87	87
揭　阳	362	463	463	463	463	463
云　浮	65	148	148	204	225	225

7-20 各市救助类单位在站救助人次数

单位：人次

市　别	2015	2018	2019	2020	2021	2022
全　省	**173845**	**92837**	**62666**	**26235**	**21888**	**21142**
省本级	1714	1766	1926	888	889	711
广　州	44736	16853	12103	5051	3383	4462
深　圳	21881	15528	6458	2989	3111	3294
珠　海	2626	1436	1097	595	502	394
汕　头	3870	2012	1484	617	332	420
佛　山	3757	2511	2029	1414	1063	1541
韶　关	3247	2246	1664	1055	939	732
河　源	10652	2526	1689	368	182	164
梅　州	6887	1847	1148	475	376	365
惠　州	10480	6899	3992	2148	1370	1487
汕　尾	10430	5759	3793	498	281	259
东　莞	10900	5477	5333	2288	2754	2150
中　山	2751	1357	1047	747	777	731
江　门	5104	4199	3280	1233	975	746
阳　江	2515	2279	1296	309	393	291
湛　江	10037	5615	4727	1650	1446	953
茂　名	5254	3430	2196	1174	942	557
肇　庆	3061	1735	1325	628	577	631
清　远	4149	3679	2311	944	661	548
潮　州	1791	1607	1094	301	224	147
揭　阳	5613	3389	1989	571	420	432
云　浮	2390	687	685	292	291	127

7-21 各市救助类单位年末在站人数

单位：人

市　别	2015	2018	2019	2020	2021	2022
全　省	**2129**	**3066**	**2384**	**1905**	**1761**	**2071**
省本级	420	362	312	305	300	289
广　州	627	1266	948	612	385	832
深　圳	541	571	418	230	196	104
珠　海	29	30	6	5	4	6
汕　头	57	131	107	110	108	118
佛　山	15	34	26	17	42	45
韶　关	16	78	86	103	80	84
河　源				5	5	5
梅　州	6	8	14	11	10	14
惠　州	65	73	54	64	46	68
汕　尾	38	60	7	18	11	47
东　莞	251	193	140	140	140	140
中　山	9	18	10	9	8	8
江　门	13	34	53	53	26	26
阳　江		1	1	1	8	2
湛　江	19	37	37	41	167	99
茂　名	4	10	10	10	10	
肇　庆		5	5	5		69
清　远	1	95	70	70	107	64
潮　州	2					5
揭　阳	16	60	76	94	98	39
云　浮			4	2	10	7

7-22 各市老年人福利人数(2022年)

单位：人

市　别	享受高龄补贴的老年人数	享受护理补贴的老年人数	享受养老服务补贴的老年人数
全　省	**3113753**	**20418**	**59442**
广　州	868313	353	13803
深　圳	169495		11034
珠　海	26085	798	1458
汕　头	110404		
佛　山	286979		18051
韶　关	77515		
河　源	88106		831
梅　州	137141		
惠　州	79101		446
汕　尾	76600	2296	56
东　莞	179745		13229
中　山	39869		534
江　门	110204		
阳　江	72071		
湛　江	190517		
茂　名	169524	2050	
肇　庆	101055	6	
清　远	96394	3454	
潮　州	51291		
揭　阳	121997		
云　浮	61347	11461	

7-23 各市残疾人福利人数

单位：人

市别	享受困难残疾人生活补贴人数			享受重度残疾人护理补贴人数		
	2020	2021	2022	2020	2021	2022
全省	**422250**	**428700**	**426346**	**1025247**	**1089614**	**1150617**
广州	30744	31722	31786	105939	110038	112956
深圳	684	681	755	27461	31435	34484
珠海	21068	22512	24277	11993	12675	13486
汕头	22131	23685	24711	49798	53753	56320
佛山	3347	3372	3533	38456	40417	43816
韶关	19413	21798	20807	47152	52575	56344
河源	24591	24664	24641	53159	56332	59354
梅州	38557	37836	36363	79357	82186	83355
惠州	22148	20675	19967	38970	41270	43364
汕尾	16496	18120	18920	38742	41838	45557
东莞	3233	3160	3128	19083	20549	21368
中山	2387	2415	2406	14258	16026	16965
江门	11362	11565	11982	41821	43710	45885
阳江	17989	18291	18250	36407	38305	41599
湛江	50563	48159	44564	86139	92650	97238
茂名	32572	32499	33157	85161	90917	100621
肇庆	23019	22395	21760	56486	61289	64971
清远	26842	26318	25783	60744	62317	64556
潮州	11829	11930	11429	25890	26968	28248
揭阳	22341	24074	26105	60169	64491	69430
云浮	20934	22829	22022	48062	49873	50700

7-24 各市临时救助次数

市别	2015(户次)	2018(户次)	2019(人次)	2020(人次)	2021(人次)	2022(人次)
全省	**193850**	**133847**	**133266**	**148845**	**97309**	**101349**
广州	21597	3312	1638	1748	2049	2880
深圳	3041	1535	1206	1144	663	1497
珠海	2022	2102	1550	2076	1178	717
汕头	21084	8176	9857	8916	5143	4188
佛山	4698	4050	2906	3112	980	379
韶关	10712	3513	4288	7449	4928	4098
河源	8917	19963	15862	14452	5753	8734
梅州	3411	4389	6307	9745	13470	15791
惠州	6711	8095	7675	8906	4462	3151
汕尾	17398	12229	10317	10930	7706	7408
东莞	598	518	360	49	161	481
中山	9037	6575	6434	3188	1588	991
江门	14482	2507	2272	1879	1250	1052
阳江	3248	6554	12939	12968	10052	8687
湛江	54071	24362	19699	24777	15018	16773
茂名	1789	4251	4531	3650	2333	2103
肇庆	2630	3360	2878	6936	1951	1337
清远	1127	2080	2047	5940	3465	3181
潮州	2234	4720	2065	2332	926	1223
揭阳	1786	7485	14192	15679	11615	14614
云浮	3257	4071	4243	2969	2618	2064

7-25 各市社区服务中心数

单位：个

市别	2015	2018	2019	2020	2021	2022
全省	**2922**	**2071**	**1985**	**1881**	**2090**	**2126**
广州	173	184	187	171	153	186
深圳	668	683	683	682	678	678
珠海	50	25	25	25	25	26
汕头	147	66	76	74	74	77
佛山	126	130	32	49	31	34
韶关	4	61	95		95	96
河源	4	4	1	2	1	2
梅州	75	73	77	65	73	73
惠州	764	73	73	49	49	49
汕尾	17	91	90			
东莞	51	51	51	51	51	47
中山	2	2	2	2	2	2
江门	112	101	116	78	78	78
阳江	39	48	48	47	47	47
湛江	19	17	17	16	16	13
茂名	86	85	60	61	61	61
肇庆	105	104	104	104	104	105
清远	231	83	39	81	82	82
潮州	48	45	62	62	62	62
揭阳	200	144	146	166	166	166
云浮	1	1	1	1	242	242

注：社区服务中心包含社区服务指导中心数据。

7-26 各市社区服务站数

单位：个

市别	2015	2018	2019	2020	2021	2022
全省	**13284**	**22850**	**25627**	**26605**	**27146**	**27116**
广州	1131	2028	2069	2785	2805	2818
深圳		659	660	662	654	573
珠海	311	303	319	323	323	329
汕头	428	1088	1087	1087	1087	1091
佛山	556	779	787	791	791	792
韶关	173	1114	1436	1436	1442	1443
河源	3	1421	1437	1439	1443	1447
梅州	96	2162	2170	2205	2211	2212
惠州	2675	1278	1280	1289	1303	1312
汕尾	4	807	807	873	888	888
东莞	1117	982	770	756	756	744
中山	335	286	286	286	286	294
江门	772	1324	1317	1321	1321	1329
阳江	1080	977	977	835	843	843
湛江	137	1911	1911	1967	1968	1970
茂名	57	54	2243	1887	1954	1956
肇庆	1554	1554	1554	1551	1549	1549
清远	981	1096	1170	1230	1230	1231
潮州	81	137	456	988	987	988
揭阳	1713	1925	1926	1926	1926	1926
云浮	80	965	965	968	1379	1381

7-27 各市社区养老服务机构和设施数总表(2022年)

单位：个

市别	社区养老服务机构和设施	未登记的特困人员救助供养机构	全托服务社区养老服务机构和设施	日间照料社区养老服务机构和设施	互助型社区养老设施	其他社区养老服务设施
全省	**21808**	**11**	**1587**	**13672**	**3928**	**2610**
广州	2558		158	1099	60	1241
深圳	731	5	6	190		530
珠海	341		2	326		13
汕头	537		79	457		1
佛山	853			570	229	54
韶关	354		3	197	142	12
河源	1498		2	1371	125	
梅州	1895	1	37	1453	216	188
惠州	501	2	17	287	143	52
汕尾	524		21	96	122	285
东莞	1462		687	190	585	
中山	380			294		86
江门	856		52	374	341	89
阳江	920			238	682	
湛江	786	1		190	595	
茂名	1843	2	33	1546	260	2
肇庆	2681			2474	197	10
清远	116		1	67	30	18
潮州	992			988		4
揭阳	1105			1011	94	
云浮	875		489	254	107	25

7-28 社会组织情况

指　标	年末实有单位数（个）	负责人（人）	#女性（人）
2015年			
社会团体	24904	54204	18783
民办非企业单位	28377	31651	12108
基金会	677	1470	655
2018年			
社会团体	30299	84983	9737
民办非企业单位	36553	52906	21606
基金会	1088	1315	54
2019年			
社会团体	31494	79983	11111
民办非企业单位	38182	72582	30829
基金会	1184	2271	67
2020年			
社会团体	31966	85347	14236
民办非企业单位	38585	69739	28725
基金会	1294	2945	401
2021年			
社会团体	32089	115810	8843
民办非企业单位	38363	75589	31469
基金会	1382	3348	570
2022年			
社会团体	32318	117542	10380
民办非企业单位	37827	101069	34430
基金会	1462	3716	686

7-29 各市社会团体单位数

单位：个

市　别	2015	2018	2019	2020	2021	2022
全　省	**24904**	**30299**	**31494**	**31966**	**32089**	**32318**
省本级	1733	2037	2067	2068	2114	2148
广　州	2255	3261	3423	3440	3467	3467
深　圳	3280	4471	4642	4742	4827	4867
珠　海	894	1095	1128	1136	1153	1162
汕　头	1143	1275	1258	1254	1161	1127
佛　山	1966	2418	2527	2557	2580	2549
韶　关	930	1133	1147	1159	1164	1203
河　源	601	764	819	847	902	929
梅　州	1289	1319	1393	1402	1279	1259
惠　州	1039	1314	1411	1406	1480	1495
汕　尾	387	515	538	565	577	608
东　莞	739	997	1076	1145	1289	1322
中　山	573	691	717	715	725	723
江　门	2837	2531	2421	2344	2048	1894
阳　江	498	653	712	760	779	803
湛　江	718	899	939	955	976	1044
茂　名	845	1043	1109	1119	1161	1198
肇　庆	818	958	1005	1035	1013	1051
清　远	669	873	939	956	980	1012
潮　州	568	655	714	754	777	804
揭　阳	632	839	884	945	970	961
云　浮	490	558	625	662	667	692

7-30 各市民办非企业单位数

单位：个

市别	2015	2018	2019	2020	2021	2022
全省	**28377**	**36553**	**38182**	**38585**	**38363**	**37827**
省本级	759	825	799	779	785	769
广州	3989	4536	4633	4551	4440	4397
深圳	4260	5482	5731	5568	5245	5162
珠海	1040	1320	1318	1294	1262	1242
汕头	954	1293	1298	1383	1441	1468
佛山	1994	2555	2618	2573	2514	2489
韶关	662	773	785	781	769	773
河源	797	1027	1063	1076	1091	1090
梅州	567	898	980	1090	1108	1118
惠州	1361	1696	1863	1970	2017	2033
汕尾	399	563	730	772	801	861
东莞	2985	3622	3541	3426	3406	3218
中山	1491	1616	1566	1554	1489	1383
江门	990	1134	1124	1116	1067	1029
阳江	610	846	922	970	990	986
湛江	1632	2180	2210	2306	2358	2304
茂名	648	1171	1449	1571	1609	1580
肇庆	764	1111	1283	1366	1423	1401
清远	804	1285	1342	1338	1366	1346
潮州	585	823	943	994	1011	972
揭阳	789	1364	1523	1628	1692	1733
云浮	297	433	461	479	479	473

7-31 各市基金会单位数

单位：个

市别	2015	2018	2019	2020	2021	2022
全省	**677**	**1088**	**1184**	**1294**	**1382**	**1462**
省本级	411	480	479	475	475	475
广州	17	64	79	104	123	140
深圳	182	354	395	432	450	475
珠海	2	10	10	13	16	18
汕头	5	16	17	19	19	19
佛山	5	19	26	30	38	54
韶关		2	2	3	3	3
河源	1	4	5	5	6	6
梅州	7	16	21	40	56	66
惠州	7	10	11	16	16	16
汕尾	1	2	2	2	2	2
东莞	9	37	47	55	60	61
中山	2	3	3	4	3	4
江门	2	2	3	3	3	3
阳江	1	4	4	4	6	7
湛江		7	6	6	8	11
茂名	5	6	7	8	9	8
肇庆			1	1	2	4
清远	1	3	3	3	4	4
潮州	3	9	12	14	17	16
揭阳	12	29	35	36	37	40
云浮	4	11	16	21	29	30

7-32 各市居委会单位数

单位：个

市　别	2015	2018	2019	2020	2021	2022
全　省	**6609**	**6794**	**6875**	**6897**	**7013**	**7082**
广　州	1494	1568	1596	1614	1661	1672
深　圳	798	810	810	780	782	782
珠　海	196	197	197	201	206	207
汕　头	522	529	529	528	531	533
佛　山	411	453	458	459	462	463
韶　关	223	228	228	234	234	237
河　源	172	184	188	188	192	196
梅　州	195	194	196	201	210	210
惠　州	219	227	246	258	268	273
汕　尾	149	150	150	150	162	164
东　莞	247	242	243	243	246	247
中　山	127	127	127	127	127	135
江　门	272	274	266	265	265	273
阳　江	116	122	125	126	133	143
湛　江	298	307	330	333	334	340
茂　名	274	274	276	276	276	278
肇　庆	293	296	296	294	294	294
清　远	185	189	191	193	193	195
潮　州	122	124	124	125	125	126
揭　阳	178	181	181	181	188	189
云　浮	118	118	118	121	124	125

7-33 各市村委会单位数

单位：个

市　别	2015	2018	2019	2020	2021	2022
全　省	**19632**	**19792**	**19801**	**19425**	**19430**	**19431**
广　州	1144	1144	1144	1144	1145	1145
深　圳						
珠　海	122	122	122	122	122	122
汕　头	549	557	558	558	558	558
佛　山	328	326	329	329	329	329
韶　关	1205	1205	1208	1208	1208	1207
河　源	1251	1251	1251	1251	1251	1251
梅　州	2042	2042	2044	2044	2047	2048
惠　州	1043	1043	1043	1043	1043	1043
汕　尾	721	723	723	723	723	723
东　莞	350	350	350	350	350	350
中　山	150	150	150	150	150	150
江　门	1051	1050	1050	1056	1056	1056
阳　江	710	710	710	710	710	710
湛　江	1526	1636	1636	1636	1637	1638
茂　名	1628	1628	1628	1628	1628	1628
肇　庆	1255	1255	1255	1255	1255	1255
清　远	1371	1413	1413	1031	1031	1031
潮　州	893	894	894	894	894	894
揭　阳	1446	1446	1446	1446	1446	1446
云　浮	847	847	847	847	847	847

7-34 婚姻登记情况

指　　标	单位	2015	2018	2019	2020	2021	2022
(一) 登记结婚件数	对	840411	713814	674522	633341	591124	573050
(二) 登记结婚人数	人	1680822	1427628	1349044	1266682	1182248	1146100
1. 按居住地分类							
(1) 内地居民登记结婚件数	对	832694	704411	665124	629197	586212	567609
内地居民登记结婚人数	人	1665442	1408874	1330244	1258394	1172424	1135218
(2) 涉外及华侨、港澳台居民登记结婚件数	对	7717	9403	9398	4144	4912	5441
内地居民	人	7676	9163	9386	4142	4901	5435
其中：女性	人	5324	4214	4172	1829	2570	2838
香港居民	人	2436	2189	2259	713	1575	1972
澳门居民	人	827	650	668	579	616	594
台湾居民	人	840	680	694	328	356	465
华侨	人	1526	768	660	98	106	202
外国人	人	2129	5356	5129	2428	2270	2214
2. 按婚前状况分类							
初婚人数	人	1501835	1223100	1143482	1065152	987392	968785
再婚人数	人	178987	204528	205562	201530	194856	177315
其中：女性	人	85208	103424	104469	105297	103362	95841
恢复结婚件数	对	27356	34048	29898	27742	23364	23330
3. 按年龄分类							
其中：20～24	人	490868	345681	291542	243187	184422	146421
25～29	人	718631	603260	571978	550444	521992	520238
30～34	人	230655	231485	242260	247435	258661	276867
35～39	人	90905	95447	96878	93691	94449	96641
40 以上	人	149763	151755	146386	131925	122724	105933
(三) 离婚登记	对	167544	203181	222463	222287	144933	158096
1. 内地居民登记离婚	对	166142	201791	220974	220703	144402	157504
2. 涉外及华侨、港澳台居民登记离婚	对	1402	1390	1489	1584	531	592
其中：外国人	人	290	417	409	202	138	194

7-35 各市登记结婚人数

单位：人

市 别	2015	2018	2019	2020	2021	2022
全 省	**1680822**	**1427628**	**1349044**	**1266682**	**1182248**	**1146100**
广 州	185338	155636	147514	135394	143874	156484
深 圳	120182	131280	134620	135250	152760	169968
珠 海	25722	24336	23336	21230	23040	25460
汕 头	91986	79284	75052	68892	61990	53778
佛 山	79092	60806	60680	56390	57740	66076
韶 关	55774	43986	41018	37544	32030	27942
河 源	62350	49030	45058	42000	36248	30570
梅 州	97882	75670	66814	62952	50978	40756
惠 州	64100	57562	54334	48480	48788	45394
汕 尾	68178	56536	52868	49478	40806	35462
东 莞	36540	33748	32486	31742	39526	53000
中 山	30680	26054	24962	23152	24638	27926
江 门	63920	55076	49554	43002	39384	38344
阳 江	49512	39098	37458	32658	28668	26060
湛 江	149256	129128	121438	115158	96886	80500
茂 名	142016	110710	102502	94510	80950	67664
肇 庆	72172	58180	54878	49452	43134	40376
清 远	78130	63468	58442	55614	46596	41792
潮 州	40846	35524	33816	31888	26822	23756
揭 阳	119426	103462	96456	98872	79502	70130
云 浮	47720	39054	35758	33024	27888	24662

7-36 各市内地居民结婚登记人数

单位：人

市 别	2015	2018	2019	2020	2021	2022
全 省	**1665442**	**1427628**	**1330244**	**1258394**	**1172424**	**1135218**
广 州	183310	155636	145868	134656	142908	155472
深 圳	118744	131280	132814	134292	151284	168270
珠 海	24822	24336	22716	20770	22516	24940
汕 头	91790	79284	74728	68636	61840	53584
佛 山	78536	60806	60072	56132	57398	65686
韶 关	55522	43986	40832	37458	31942	27862
河 源	62136	49030	44864	41908	36132	30406
梅 州	97422	75670	66374	62772	50752	40530
惠 州	63634	57562	53762	48274	48436	45022
汕 尾	66372	56536	51250	49066	39942	34436
东 莞	36202	33748	32168	31594	39262	52708
中 山	30194	26054	24586	22926	24362	27652
江 门	59972	55076	46382	42018	38356	37074
阳 江	49250	39098	36340	32158	28374	25616
湛 江	148732	129128	119870	114338	96054	79826
茂 名	141630	110710	101424	93912	80390	67096
肇 庆	71866	58180	54568	49310	42988	40136
清 远	77806	63468	57684	55226	46310	41454
潮 州	40794	35524	33124	31538	26564	23460
揭 阳	119182	103462	95802	98602	79078	69752
云 浮	47526	39054	35016	32808	27536	24236

7-37 各市涉外及华侨、港澳台居民登记结婚件数

单位：对

市别	2015	2018	2019	2020	2021	2022
全省	**7717**	**9403**	**9398**	**4144**	**4912**	**5441**
广州	1014	918	823	369	483	506
深圳	719	839	903	479	738	849
珠海	450	337	310	230	262	260
汕头	105	152	162	128	75	97
佛山	278	258	304	129	171	195
韶关	126	118	93	43	44	40
河源	109	113	97	46	58	82
梅州	250	243	220	90	113	113
惠州	233	300	286	103	176	186
汕尾	903	763	809	206	432	513
东莞	169	154	159	74	132	146
中山	243	188	188	113	138	137
江门	1974	1896	1586	492	514	635
阳江	131	526	559	250	147	222
湛江	262	621	782	410	416	337
茂名	193	324	539	299	280	284
肇庆	153	164	155	71	73	120
清远	162	515	379	194	143	169
潮州	26	295	346	175	129	148
揭阳	120	225	327	135	212	189
云浮	97	454	371	108	176	213

7-38 各市香港居民登记结婚人数

单位：人

市别	2015	2018	2019	2020	2021	2022
全省	**2436**	**2189**	**2259**	**713**	**1575**	**1972**
广州	172	167	159	54	128	165
深圳	233	273	312	129	309	381
珠海	28	23	26	12	22	36
汕头	27	22	19	34	14	32
佛山	97	62	92	32	44	62
韶关	40	20	26	9	16	13
河源	56	46	34	15	30	39
梅州	60	62	36	22	43	53
惠州	130	171	171	56	123	123
汕尾	840	668	669	144	350	418
东莞	54	61	52	14	60	62
中山	46	32	34	4	26	24
江门	306	292	330	78	153	229
阳江	56	44	53	15	36	47
湛江	60	50	60	14	45	65
茂名	45	56	52	21	42	47
肇庆	55	42	41	23	31	54
清远	44	34	29	15	28	39
潮州	3		9		6	6
揭阳	46	25	32	13	42	48
云浮	38	39	23	9	27	29

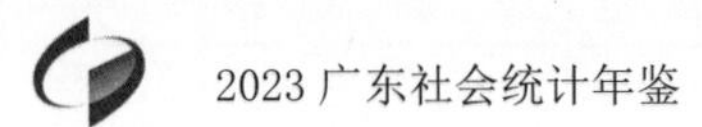

7-39 各市离婚登记

单位：对

市　别	2015	2018	2019	2020	2021	2022
全　省	**167544**	**203181**	**222463**	**222287**	**144933**	**158096**
广　州	24722	23275	25298	24919	22118	22469
深　圳	22664	27806	31085	39461	19787	21073
珠　海	4189	5341	6050	5647	4157	4548
汕　头	3476	4738	5313		3435	3661
佛　山	9439	11268	12903	11939	8741	10114
韶　关	7552	8997	9291	8769	5427	5725
河　源	7424	9051	9718	9522	5362	5859
梅　州	8709	10566	11439	10798	5911	5989
惠　州	6914	8569	9720	9064	7480	8468
汕　尾	4699	5824	6044	5823	3873	4326
东　莞	3672	5578	6725	8403	5928	8636
中　山	3991	5045	5357	5192	3995	5087
江　门	7319	8816	9107	7973	5408	5867
阳　江	4680	6143	6463	5601	3807	3992
湛　江	10386	13135	14388	13493	7923	8019
茂　名	9049	12283	13267	12108	7504	7816
肇　庆	7830	9263	10022	8758	5799	6308
清　远	9025	11738	12934	13003	7678	8606
潮　州	1947	2769	3178	2900	1858	1950
揭　阳	5348	7060	7949	7975	5059	5559
云　浮	4509	5916	6212	6148	3683	4024

7-40 各市婚姻登记服务机构数

单位：个

市别	2015	2018	2019	2020	2021	2022
全省	**133**	**58**	**58**	**57**	**58**	**61**
广州	9	8	10	11	11	12
深圳	2	2	2	2	3	3
珠海	4	4	4	4	4	3
汕头	7	1	1	1	1	1
佛山	4	2	2	2	2	2
韶关	9	1	1	2	2	2
河源	6	5	5	5	5	5
梅州	8	1	1	1	1	1
惠州	3	1	1	1	1	1
汕尾	7	3	3	1	1	1
东莞	1	1	1	1	1	1
中山	1	1	1	1	1	1
江门	7	3	3	2	2	2
阳江	4	3	3	3	3	3
湛江	8	6	6	6	6	7
茂名	5	4	4	4	4	4
肇庆	9	2	2	2	2	3
清远	3	2	2	2	2	3
潮州	4	2	2	2	2	2
揭阳	29	2	2	2	2	2
云浮	3	2	2	2	2	2

7-41 各市殡葬服务机构数

单位：个

市别	2015	2018	2019	2020	2021	2022
全省	**314**	**236**	**256**	**247**	**247**	**254**
广州	19	20	21	18	17	19
深圳	29	9	10	10	9	9
珠海	4	3	4	4	4	4
汕头	10	9	15	12	12	12
佛山	35	13	13	16	18	18
韶关	19	18	22	21	23	23
河源	10	10	14	14	14	14
梅州	18	22	28	24	23	23
惠州	6	6	7	8	9	9
汕尾	14	10	8	8	8	8
东莞	6	3	3	4	4	4
中山	3	3	2	2	2	2
江门	21	19	18	15	15	18
阳江	10	9	9	9	9	9
湛江	14	15	15	16	17	19
茂名	19	8	8	8	8	8
肇庆	23	20	20	20	20	20
清远	19	15	15	14	14	14
潮州	5	5	5	5	5	5
揭阳	19	8	8	8	8	8
云浮	11	11	11	11	8	8

7-42-0 历年民政事业费支出（一）

单位：亿元

年份	民政事业费总支出	抚恤费	军队、离退休费	社会福利费	城市居民最低生活保障事业费	农村及其他社会救济费	自然灾害	地方离、退休人员费	其他
2003	34.18	5.60	3.36	6.49	2.92	3.49	1.56	0.93	7.64
2004	38.62	7.02	4.44	8.75	3.34	5.41	1.01	1.32	7.33
2005	48.34	8.27	5.00	7.87	3.92	8.35	3.53	1.08	10.32
2006	63.59	9.94	6.33	9.39	4.24	11.80	9.73	1.15	11.02

7-42-1 历年民政事业费支出（二）

单位：亿元

年份	民政事业费总支出	抚恤费	军队、离退休费	社会福利费	城市居民最低生活保障事业费	农村及其他社会救济费	其他城镇社会救济	自然灾害	地方离、退休人员费	其他
2007	72.01	11.33	10.13	10.48	5.38	11.43	2.03	3.35	1.87	16.02

7-42-2 历年民政事业费支出（三）

年份	民政事业费总支出	抚恤	退役安置	城市居民最低生活保障	农村最低生活保障	农村社会救济	其他城镇社会救济	社会福利	自然灾害生活救助	行政事业单位离退休	其他
2008	83.45	14.15	9.89	6.97	12.95	4.88	3.05	9.03	4.43	2.21	15.88
2009	102.11	16.27	13.52	8.01	16.31	5.71	3.38	13.67	2.20	2.44	20.61
2010	115.43	17.47	15.08	7.97	16.48	6.31	3.53	10.18	4.60	2.53	31.28
2011	148.07	21.04	18.60	9.74	24.74	7.67	3.81	17.21	2.85	2.71	39.69

7-42-3 历年民政事业费支出（四）

年份	民政事业费总支出	抚恤	退役安置	社会福利	城市最低生活保障	农村最低生活保障	其他社会救济	医疗救助	自然灾害生活救助	离退休人员费	其他
2012	166.90	25.11	21.15	27.65	10.59	29.39	13.98	6.85	3.00	3.15	26.03
2013	198.17	29.61	20.65	30.84	13.05	34.01	17.95	8.97	6.88	3.45	32.76
2014	223.71	32.07	22.91	34.92	15.46	37.81	22.22	12.53	5.16	3.75	36.88
2015	259.52	35.81	29.98	40.89	15.95	39.35	24.85	16.69	5.11	4.20	46.68
2016	305.67	42.05	30.51	55.33	17.77	43.94	27.47	22.92	3.74	5.55	56.39
2017	372.35	45.57	34.13	80.64	16.63	47.67	36.50	30.29	2.71	6.44	71.78

7-42-4 历年民政事业费支出（五）

年份	民政事业费总支出	社会福利	城市最低生活保障	农村最低生活保障	临时救助	特困人员供养	其他社会救助	民政管理事物	行政事业单位养老支出	其他
2018	263.11	89.25	14.53	47.82	11.04	24.44	4.64	48.84	4.35	18.20
2019	282.65	109.50	13.46	51.15	7.91	27.89	2.85	44.70	4.18	21.01
2020	311.23	117.74	15.20	67.54	8.42	31.44	1.74	42.01	4.62	22.51
2021	324.27	131.47	14.53	64.92	6.28	31.18	1.75	47.26	4.68	22.20
2022	354.12	143.42	15.03	68.13	5.16	34.55	2.64	55.33	5.83	24.04

注：1. 往年其他支出包含民政管理事务支出，从 18 年起民政管理事务支出单独统计；
2. “其他社会救济”改为“其他社会救助”；
3. “行政事业单位离退休”改为“行政事业单位养老支出”。

7-43 历年民政基本建设投资情况

单位：万元、个、平方米

年份	本年计划投资	本年实际完成投资	国家预算内投资	国内（银行）贷款	利用外资	福利彩票公益金	其他	在建项目数/在建项目规模	本年完工项目规模
2010	46477	41242	11511	2619		6869	20243	247	
2011	97643	94506	54425	600		10920	28561	238	
2012	60869	61620	28131	2009		13743	17737	244	
2013	88915	78522	36663			29521	12339	240	
2014	95278	88695	55326	310	80	21852	11128	184	
2015	102436	97290	56688			32341	8261	881554	
2016	174596	174956	62997			33905	78054	1313698	
2017	111063	111010	56353			34153	20504	1708971	217926
2018	147603	128237	67245			25174	35819	1901061	295852
2019	120414	109849	71799	1300		15336	21414	1670499	156803
2020	141311	142472	100721	4168		12726	24857	1724221	144449
2021	126106	131006	59325	8571		14576	48533	1757889	203963
2022	150164	169622	76845			8709	84069	1997442	234109

7-44 各市民政事业费支出水平

地区	2021年			2022年		
	民政事业费支出（亿元）	每万人民政事业费支出（万元/万人）	排名	民政事业费支出（亿元）	每万人民政事业费支出（万元/万人）	排名
全省	**324.27**	**255.65**	—	**354.12**	**279.79**	—
省本级	5.02	—	—	4.37	—	—
广州	60.75	322.95	10	74.30	396.61	7
深圳	27.35	154.70	18	24.65	139.55	19
珠海	7.01	284.23	11	6.19	250.48	13
汕头	12.94	234.01	15	13.70	247.15	14
佛山	14.61	151.97	20	14.41	150.86	18
韶关	10.50	367.16	6	11.35	396.61	8
河源	11.24	395.55	4	12.11	426.12	4
梅州	15.32	395.28	5	16.12	417.96	5
惠州	14.32	236.03	14	14.90	246.30	15
汕尾	12.13	451.55	1	12.43	463.32	2
东莞	6.48	61.47	21	9.80	93.93	21
中山	6.80	152.29	19	5.86	132.35	20
江门	11.07	228.98	16	11.44	237.24	16
阳江	10.37	395.78	3	10.84	413.50	6
湛江	23.80	338.50	9	25.34	360.15	10
茂名	17.54	281.97	12	19.78	317.06	11
肇庆	14.14	342.36	8	14.91	361.20	9
清远	13.78	346.01	7	18.81	472.00	1
潮州	4.54	176.21	17	5.12	198.93	17
揭阳	14.56	259.21	13	16.69	296.24	12
云浮	10.00	417.75	2	10.99	458.42	3

7-45 各市社会组织发展情况

地区	2021年			2022年		
	社会组织数（个）	每万人拥有社会组织数量(个/万人)	排名	社会组织数（个）	每万人拥有社会组织数量(个/万人)	排名
全省	**71834**	**5.66**	—	**71607**	**5.66**	—
省本级	3374	—	—	3392	—	—
广州	8030	4.27	21	8004	4.27	21
深圳	10522	5.95	8	10504	5.95	9
珠海	2431	9.86	1	2422	9.80	1
汕头	2621	4.74	18	2614	4.72	18
佛山	5132	5.34	12	5092	5.33	13
韶关	1936	6.77	5	1979	6.92	4
河源	1999	7.04	2	2025	7.13	2
梅州	2443	6.30	7	2443	6.33	6
惠州	3513	5.79	11	3544	5.86	11
汕尾	1380	5.14	13	1471	5.48	12
东莞	4755	4.51	19	4601	4.41	20
中山	2217	4.96	14	2110	4.76	17
江门	3118	6.45	6	2926	6.07	7
阳江	1775	6.77	4	1796	6.85	5
湛江	3342	4.75	17	3359	4.77	16
茂名	2779	4.47	20	2786	4.47	19
肇庆	2438	5.90	9	2456	5.95	8
清远	2350	5.90	10	2362	5.93	10
潮州	1805	7.01	3	1792	6.96	3
揭阳	2699	4.81	16	2734	4.85	15
云浮	1175	4.91	15	1195	4.99	14

7-46 各市社工发展情况

地　区	2021 年			2022 年		
	持证社工人数（人）	每万人中持证社工人数(人/万人)	排名	持证社工人数（人）	每万人中持证社工人数(人/万人)	排名
全　省	**121569**	**9.58**	—	**147098**	**11.62**	—
省本级	1894	—	—	3425	—	—
广　州	25850	13.74	4	30102	16.07	3
深　圳	29701	16.80	1	36874	20.88	1
珠　海	3944	15.99	2	5002	20.23	2
汕　头	1623	2.93	14	2052	3.70	15
佛　山	12642	13.15	6	14563	15.25	4
韶　关	3904	13.65	5	4351	15.20	5
河　源	702	2.47	15	1098	3.86	14
梅　州	1241	3.20	13	1865	4.83	13
惠　州	7929	13.07	7	7749	12.81	7
汕　尾	533	1.98	17	826	3.08	17
东　莞	10301	9.78	9	12230	11.72	9
中　山	6145	13.76	3	6726	15.18	6
江　门	5121	10.59	8	6044	12.53	8
阳　江	1063	4.06	12	1384	5.28	12
湛　江	886	1.26	21	1530	2.17	21
茂　名	1110	1.78	20	1784	2.86	19
肇　庆	2149	5.20	11	2737	6.63	11
清　远	2751	6.91	10	3497	8.77	10
潮　州	491	1.91	18	718	2.79	20
揭　阳	1145	2.04	16	1838	3.26	16
云　浮	444	1.86	19	703	2.93	18

7-47 主要年份广东民政事业费支出情况

单位：万元

年 份	民政事业费总支出	城市居民最低生活保障支出	农村居民最低生活保障支出
1978			
1980	8337		
1990	21863		
2000	144461	11460	7874
2010	1154287	79665	164825
2015	2595187	159530	393493
2016	3056715	177732	439407
2017	3723481	166329	476739
2018	2631090	145315	478191
2019	2826465	134570	511535
2020	3112303	151952	675415
2021	3242659	145289	649222
2022	3541216	150282	681305

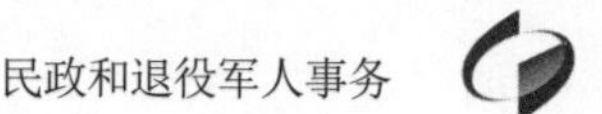

7-48 主要年份广东低保人数基本情况

年 份	城乡居民最低生活保障人数（万人）	# 城镇	农村
2000	38.0	14.9	23.1
2001	45.7	17.2	28.5
2002	86.8	30.3	56.5
2003	102.4	35.3	67.1
2004	116.3	37.8	78.5
2005	167.5	42.1	125.4
2006	172.8	38.9	133.9
2007	176.1	37.8	138.3
2008	200.3	39.7	160.6
2009	212.1	40.9	171.2
2010	224.7	40.7	184.0
2011	224.1	40.0	184.1
2012	215.0	37.2	177.8
2013	197.2	34.0	163.2
2014	190.4	31.6	158.8
2015	183.3	29.7	153.6
2016	170.6	25.5	145.1
2017	169.6	22.8	146.8
2018	141.1	17.3	123.8
2019	140.4	15.7	124.7
2020	143.0	15.2	127.8
2021	142.3	15.0	127.3
2022	130.6	14.8	115.8

7-49 主要年份广东省低保水平情况对比

年份	城市居民最低生活保障			农村居民最低生活保障			农村特困人员救助供养		
	人数（万人）	总支出（亿元）	人均支出（元）	人数（万人）	总支出（亿元）	人均支出（元）	人数（万人）	总支出（亿元）	人均支出（元）
1978							12.33	0.06	48.83
1980							12.60	0.08	64.38
1990							15.68	0.81	515.67
2000	14.94	1.15	766.95	23.13	0.79	340.40	10.65	1.76	1650.77
2010	40.65	7.97	1959.77	184.01	16.48	895.76	25.45	5.40	2121.17
2015	29.69	15.95	5372.64	153.60	39.35	2561.73	24.01	17.26	7186.44
2016	25.46	17.77	6979.63	145.14	43.94	3027.55	23.20	18.16	7829.80
2017	22.85	16.63	7279.65	146.77	47.67	3248.27	22.61	20.84	9219.36
2018	17.34	14.53	8379.51	123.75	47.82	3864.13	22.02	23.23	10551.56
2019	15.66	13.46	8595.26	124.74	51.15	4100.94	21.44	25.28	11792.35
2020	15.21	15.20	9991.98	127.76	67.54	5286.41	20.93	28.38	13556.83
2021	15.00	14.53	9685.53	127.33	64.92	5098.81	20.21	27.79	13749.73
2022	14.78	15.03	10165.76	115.84	68.13	5881.23	19.98	30.30	15168.42

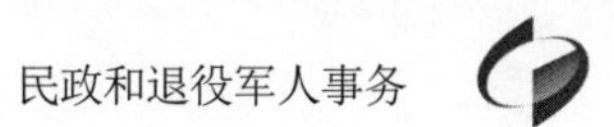

7-50 各市退役军人社会服务机构单位数(2022年)

单位：个

市　别	光荣院	优抚医院	军休服务管理机构	军供站	烈士纪念设施管理保护单位
全　省	**29**	**12**	**64**	**11**	**46**
省本级		3		1	
广　州			19	1	3
深　圳			1	1	1
珠　海			1		1
汕　头			3	1	2
佛　山	1		2		
韶　关		1	3	1	9
河　源	3		1	1	3
梅　州	5	1	3	1	8
惠　州	4	1	1		1
汕　尾		1	3	1	4
东　莞	1		1	1	
中　山	1				1
江　门			3		1
阳　江		1	2		
湛　江	4	1	10	1	1
茂　名	3		5		2
肇　庆	3	2	1	1	5
清　远					
潮　州	1		2		
揭　阳	3	1	3		1
云　浮					3

7-51 各市抚恤、补助优抚对象总人数(2022年)

单位：人

市别	抚恤、补助优抚对象总人数	定期抚恤人数					定期补助人数合计
		定期抚恤人数合计	烈属	因公牺牲军人遗属	病故军人遗属	伤残人员	
全省	**401155**	**38685**	**1425**	**659**	**1187**	**35414**	**362470**
省本级	47	38				38	9
广州	23302	4601	97	52	101	4351	18701
深圳	4921	2476	23	12	36	2405	2445
珠海	3510	616	18	8	9	581	2894
汕头	27802	2661	58	51	65	2487	25141
佛山	10384	1271	76	18	31	1146	9113
韶关	16364	2315	62	23	67	2163	14049
河源	17602	2301	77	33	72	2119	15301
梅州	25453	1960	115	50	107	1688	23493
惠州	15335	1282	49	22	53	1158	14053
汕尾	11710	1237	97	13	50	1077	10473
东莞	9973	685	37	7	14	627	9288
中山	8096	414	19	8	9	378	7682
江门	20291	1386	69	34	61	1222	18905
阳江	16038	817	50	22	36	709	15221
湛江	36730	3618	160	66	119	3273	33112
茂名	39293	2754	77	61	95	2521	36539
肇庆	21850	1432	47	29	44	1312	20418
清远	21787	979	70	22	47	840	20808
潮州	19807	1606	41	40	47	1478	18201
揭阳	36183	3090	148	69	87	2786	33093
云浮	14677	1146	35	19	37	1055	13531

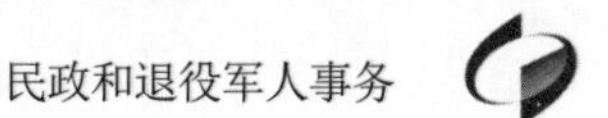

7-52 退役军人社会服务事业经费情况(2022年)

单位：万元

市　别	社会服务事业费总　计	抚恤和生活补助经费	优抚事业单位经费	军休服务管理机构补助经费	自主就业退役士兵一次性经济补助经费
全　省	**791356.71**	**602963.85**	**57933.38**	**7466**	**122993.48**
省本级	30014.67	3232.69	19840.98	6941	0
广　州	132507.75	92335.11	7843.5	4515	27814.14
深　圳	41877.92	21683.84	2338.27	525	17330.81
珠　海	12588.65	9385	107.72	218	2877.93
汕　头	43747.04	38291.25	525.54	162	4768.25
佛　山	13980.28	13301.81	522.47	156	11970.47
韶　关	25168.03	20809.25	1502.3	144	2712.48
河　源	32792.3	26408.72	3684.55	74	2625.03
梅　州	39018.89	31319.36	4374.79	144	3180.74
惠　州	36283.09	26024.25	2253.9	188	7816.94
汕　尾	17667.56	14627.96	430.03	97	2512.57
东　莞	30220.16	20627.54	1880.62	70	7642
中　山	18068.13	12866.94	335.97	22	4843.22
江　门	45394.03	36025.96	553.11	129	8685.96
阳　江	21254.38	18255.7	397.65	68	2533.03
湛　江	55035.16	44748.15	3847.15	621	5818.86
茂　名	54161.41	47003.45	933.78	71	6153.18
肇　庆	38235.28	29739.3	4478.42	68	3949.56
清　远	27538.9	22961.37	1017.6	24	3535.93
潮　州	20539.9	18456.62	171.66	66	1845.62
揭　阳	44045.31	39035.63	503.69	93	4412.99
云　浮	18158.87	15823.95	389.68	11	1934.24

主要统计指标解释

民政事业费 包括社会福利、社会救助、民政管理事务、行政事业单位离退休和其他款项用于民政支出。

社会福利院 是指政府举办、提供食宿的，主要收养城市中无亲属子女赡养、无生活来源、无劳动能力的孤老、孤儿和残疾人为对象的综合性社会福利事业单位。

特困人员救助供养机构 办理注册登记，为特困老年人等提供 24 小时集中居住和收留抚养照料服务的机构。

儿童福利院 是指民政部门设立的，主要收留抚养依法由民政部门担任监护人的未成年人的，办理了注册登记的机构。

未成年人救助保护机构 是指对未成年人实施救助，提供基本生活照料和教育、心理疏导、行为矫治等服务的专门机构。

流浪乞讨人员救助管理机构 是指救助生活无着流浪乞讨人员的专门单位。

社区服务中心 是指建设在乡、镇、街道(或片区)层面，对社区服务站具有指导功能的社区服务类机构(设设施)。乡镇（街道）依托社区服务中心，为辖区居民办理各类政务服务事项、提供各类公共服务，整合各类便民利民服务、志愿服务；同时为社区服务机构建设、组织建设、队伍建设和信息化建设提供支持。指导和组织社区做好法律法规和政策宣传工作。

社区服务站 是指建设在村、社区层面，直接为城乡居民提供服务的社区服务类机构（设施），其名称可称“** 村（社区）党群服务站（中心）”等。村（社区）党组织和村（居）民委员会依托社区服务站，协助提供就业和社会保障，医疗卫生和计划生育，救助、养老、未成年人保护和残疾人照护，教育和文化体育、法律和公共安全、农业生产等社区公共服务，发展社区便民利民服务、组织开展社区志愿服务。

城市（农村）最低生活保障 最低生活保障是指国家对家庭人均收入低于最低生活保障标准，且符合当地最低生活保障家庭财产状况规定的家庭给予最低生活保障金，以保证该家庭成员基本生活所需的社会保障制度。

孤儿 是指失去父母或查找不到生父母的未满 18 周岁、由地方县级以上民政部门依据有关规定和条件认定的、并已经领取了孤儿基本生活费的未成年人。

儿童收养登记 是指中国公民以及外国人在中国境内收养子女和协议解除收养关系，在县级及以上民政部门办理的收养登记和解除收养关系登记。

抚恤、补助优抚对象总人数 包括定期抚恤人数、定期补助人数二部分，其中定期抚恤人数包括烈属、因公牺牲军人遗属、病故军人遗属和伤残人员人数。

退役军人社会服务事业经费 包括抚恤和生活补助经费、优抚事业单位经费、军体服务管理机构补助经费、自主就业退役士兵一次性经济补助经费四部分。

八、体育

简要说明

1. 本篇资料主要反映广东省体育事业发展情况。

2. 本篇资料主要包括：

(1) 全省体育运动情况。

(2) 地区分全省和各地级以上市。

3. 统计资料来源：本篇资料由广东省体育局负责整理、审核、提供。

2022 年广东体育事业发展概述

2022 年，广东省体育系统坚持以习近平新时代中国特色社会主义思想为指导，深入贯彻党的二十大精神和省委“1+1+9”工作部署，推进全面从严治党，统筹疫情防控和体育事业发展。全年在世界大赛夺得 14 个世界冠军，位列全国第一；在全国重要一次比赛获得 28 枚全运小项金牌，位列全国第二；篮球、冰球、高尔夫球等项目在国内外职业赛事中取得优异成绩。全面启动十五运周期备战工作，制定工作规划，明确目标任务，优化项目布局，初步形成备战阵容。全民健身与全民健康深度融合，人民体质健康进一步增强。体教融合进一步深化，青少年身体素养和健康水平持续提高。体育彩票销量和公益金筹集量位居全国第一。

全面从严治党深入推进。深入学习贯彻习近平新时代中国特色社会主义思想和党的二十大精神，引导体育系统党员干部深刻领悟“两个确立”的决定性意义，坚决做到“两个维护”，把总书记重要指示要求落实到广东体育改革发展的具体行动。严格落实意识形态工作责任制，突出抓好运动队党建工作、思想政治工作。认真履行全面从严治党主体责任，持续抓好中央八项规定精神贯彻落实，大力整治“四风”问题，旗帜鲜明反兴奋剂，组织开展警示教育培训，大力整治体育行业不正之风和纯洁体育事业发展环境。

全民健身国家战略深入实施。省级投入 9.51 亿元扩大公共体育服务供给，全省共完成 13 个体育公园建设任务，推动各地建设 23 个社区体育公园、6 个全民健身中心和一批健身步道、球类场地等群众身边的场地设施，人均体育场地面积从“十三五”时期 2.39 平方米提升到 2.68 平方米。创建全国全民运动健身模范市县，着力实施全民健身场地设施补短板五年行动计划，积极推进体育公园建设，大力推动公共体育设施免费低收费开放。推广科学健身服务，组织举办以“我为群众办实事”为主题的广东省国民体质监测万里行活动。

竞技体育成绩优异。北京冬奥会，17 名运动员、5 名教练员首次入选中国代表团，参赛运动员人数位列全国各省市第四位，创造了广东体育新的历史。全年在世界大赛中夺得 14 个世界冠军，其中 7 个世锦赛奥运小项冠军，在全国重要一次比赛获得 28 枚全运小项金牌，参加国内外大赛所获成绩均位居全国前列。全面启动新周期备战工作，明确备战目标任务，调整项目布局和类别，形成备战基本阵容。截止 2022 年底全省共有 180 多名运动员、50 多名教练员和保障人员在各项目国家队集训备战。

青少年体育工作稳步推进。出台了《广东省关于深化体教融合促进青少年健康发展的实施意见》《广东省体育类校外培训机构设置标准（试行）》。继续推进各类青少年体育活动竞赛，深入落实国家体育总局优秀竞技后备人才“选星计划”，开展新周期体育后备人才基地建设工作，评定扶持 48 所省级重点体育后备人才培养单位。

体育产业规模持续壮大。体育产业总规模、增加值连续多年位居全国前列，2021 年体育产业总规模（总产出）6258 亿元，增加值 2081 亿元。足球、篮球产业集群逐渐形成。培育国家体育产业示范基地 3 个、示范单位 7 个、示范项目 2 个，国家体育旅游示范基地 3 个，省级体育产业示范基地 4 个、示范单位 39 个、示范项目 35 个，国家体育消费试点城市 1 个。2022 年全省销售体育彩票 269.73 亿元，同比增长 24.4%，筹集公益金 65.9 亿元，同比增长 19.1%，代扣代缴中奖者偶然所得税 5.7 亿元，销售全国第一。

深化粤港澳体育交流合作。联合港澳筹备粤港澳全运会，建立粤港澳赛事联络机制，初步完成筹委会组织架构、项目布局、选取比赛场地等基础性工作。积极开展粤港澳体育文化交流合作，切实巩固粤港澳大湾区青少年的交流平台；协助开展马匹运动及产业工作，按照广东省体育局与香港赛马会签署的补充合作备忘录，整合资源，推广马术运动和马产业的发展。

撰稿：黄文斌

8-1 体育系统分行政级别机构数

单位：个

年 份	合计			省级		
	小计	独立	合并	小计	独立	合并
2016	391	338	53	20	20	
2018	376	312	64	21	21	
2019	370	226	144	21	21	
2020	389	230	159	20	20	
2021	371	205	166	15	15	
2022	375	215	160	15	15	

8-1 续表

单位：个

年 份	市级			县级		
	小计	独立	合并	小计	独立	合并
2015	130	124	6	246	203	43
2018	127	122	5	228	169	59
2019	124	105	19	225	100	125
2020	123	102	21	246	108	138
2021	114	94	20	242	96	146
2022	117	95	22	243	105	138

8-2 体育系统分单位类型机构数

单位：个

指　标	2015			2020			2021			2022		
	小计	独立	合并	小计	独立	合并	小计	独立	合并	小计	独立	合并
合　计	**381**	**328**	**52**	**389**	**230**	**159**	**371**	**205**	**166**	**375**	**215**	**160**
体育行政机关	136	84	52	171	12	159	172	6	166	174	14	160
运动项目管理部门	7			8	8		8	8		8	8	
职业、运动技术学院	2			2	2		1	1		1	1	
体育运动学校	18			20	20		18	18		19	19	
业余体校	46			58	58		57	57		56	56	
单项运动学校	4			3	3		2	2		2	2	
训练基地	7			5	5		5	5		5	5	
体育场馆	55			53	53		43	43		42	42	
体育科研机构	2			2	2		2	2		2	2	
其他事业单位	100			64	64		60	60		63	63	
其他机构	3			3	3		3	3		3	3	

8-3 体育系统人员情况

单位：人

指　　标	2017	2018	2019	2020	2021	2022
合　　计	**10675**	**10186**	**11814**	**12429**	**11987**	**10917**
体育行政机关	2054	2022	3212	3772	3698	2136
运动项目管理部门	2240	2589	2748	2607	2281	2544
职业、运动技术学院	564	662	749	745	451	456
体育运动学校	1445	1272	1467	1879	1738	2108
少年儿童体育学校（业余体校）	1070	1033	1112	1041	1070	989
单项运动学校	147	126	121	125	48	52
训练基地	344	108	84	90	184	159
体育场馆	1587	1277	1337	1235	1168	1143
体育科研机构	61	66	63	64	72	74
其他事业单位	1152	1019	914	854	1258	1237
其他机构	11	12	7	17	19	19

8-4 体育国际交流情况

交流层次	单位	交流性质			交流类型		交流类型		交流形式	
		合计	来访	出访	世界	洲际	双边	其他	政府间	民间
2015年										
合 计		**2811**	**1848**	**963**	**1750**	**120**	**941**		**2461**	**350**
国家	(人次)	1272	547	725	1540	95	187		547	
省级	(人次)	1539	1301	238	210	25	754		1914	350
地级	(人次)									
2018年										
合 计		**2288**	**1110**	**1178**	**1127**	**183**	**667**	**1909**	**3041**	**545**
国家	(人次)	505	10	495	896	109	478	1	1219	
省级	(人次)	1783	1100	683	231	74	189	1908	1822	545
地级	(人次)									
2019年										
合 计		**4310**	**3200**	**1110**	**1402**	**9**	**1393**	**2908**	**4310**	
国家	(人次)	426		426	426	9	93	13	426	
省级	(人次)	3884	3200	684	976		1300	2895	3884	
地级	(人次)									
2020年										
合 计		**433**	**386**	**47**	**28**	**7**	**5**	**4**	**433**	
国家	(人次)	209	180	38	20	7	5	3	209	
省级	(人次)	224	206	9	8			1	224	
地级	(人次)									
2021年										
合 计		**109**	**25**	**84**	**2**	**3**	**79**		**109**	
国家	(人次)	84		84	2	3	79		84	
省级	(人次)	25	25						25	
地级	(人次)									
2022年										
合计		**137**	**22**	**115**	**30**	**29**	**47**	**31**	**115**	**22**
国家	(人次)	92		92	30	29	33		92	
省级	(人次)	45	22	23			14	31	23	22
地级	(人次)									

8-4 续表

交流层次	单位	交流性质			交流类型		交流类型		交流形式	
		合计	来访	出访	世界	洲际	双边	其他	政府间	民间
2015年										
合 计		**185**	**23**	**162**	**120**	**7**	**58**		**175**	**10**
国家	(起)	127	4	123	95	7	8		4	
省级	(起)	58	19	39	25		50		171	10
地级	(起)									
2018年										
合 计		**283**	**9**	**274**	**123**	**45**	**36**	**39**	**192**	**3**
国家	(起)	176	1	175	86	40	18	1	121	
省级	(起)	107	8	99	37	5	18	38	71	3
地级	(起)									
2019年										
合 计		**279**	**13**	**266**	**219**	**6**	**213**	**60**	**279**	
国家	(起)	220	4	216	170	6	35	9	178	
省级	(起)	59	9	50	49		178	51	101	
地级	(起)									
2020年										
合 计		**28**	**6**	**22**	**14**	**4**	**2**	**2**	**28**	
国家	(起)	21	1	20	13	4	2	1	21	
省级	(起)	7	5	2	1			1		
地级	(起)									
2021年										
合 计		**26**	**1**	**25**	**2**	**3**	**21**		**26**	
国家	(起)	25		25	2	3	20		25	
省级	(起)	1	1				1		1	
地级	(起)									
2022年										
合计		**42**	**1**	**41**	**9**	**11**	**19**	**3**	**41**	**1**
国家	(起)	34		37	7	11	16		37	
省级	(起)	8	1	4	2		3	3	4	1
地级	(起)									

8-5 当年等级运动员发展情况

单位：人

年份	合计		国际级运动健将		运动健将		一级运动员		二级运动员	
	合计	#女	合计	#女	合计	#女	合计	#女	合计	#女
2015	2446	1038	18	10	178	66	571	218	1679	744
2018	4368	1765	12	5	123	52	1010	415	3223	1293
2019	3620	1523	12	5	121	58	1095	487	2392	973
2020	6458	2459	2	1	3	1	1019	374	5434	2083
2021	4043	1623	4	3	64	26	793	345	3182	1249
2022	4018						1173	514	2845	1214

8-6 当年等级裁判员发展情况

单位：人

年份	合计		国际级裁判员		国家级裁判员		一级裁判员		二级裁判员	
	合计	#女	合计	#女	合计	#女	合计	#女	合计	#女
2015	1852	542					19	2	1833	540
2018	4428	1159					1162	327	3266	832
2019	3436	984					770	20	2666	964
2020	3661	895	1	1	1	1	830	169	2829	724
2021	2485	703	35	8	136	27	267	55	2047	613
2022	2312						128	53	2184	615

8-7 等级公益性社会体育指导员发展情况

单位：人

指　标	本年度认证人数	截至年末认证总人数	本年参加社会指导员的培训人数
2015 年合计	**19264**	**224481**	**19872**
国家级		328	
一级	31	4299	100
二级	3798	34841	3850
三级	15435	185013	15922
2018 年合计	**18821**	**283194**	**19560**
国家级	101	729	123
一级	688	6907	963
二级	3685	47925	3816
三级	14347	227633	14658
2019 年合计	**61724**	**344918**	**62764**
国家级	125	854	127
一级	512	7419	813
二级	21359	69284	21853
三级	39728	267361	39971
2020 年合计	**11956**	**356874**	**12302**
国家级		854	
一级	310	7729	405
二级	2119	71403	2341
三级	9527	276888	9556
2021 年合计	**27482**	**384356**	**27960**
国家级	125	696	125
一级	516	7286	568
二级	6943	65448	7369
三级	19898	310926	19898
2022 年合计	**29163**	**384797**	**29163**
国家级	114	717	114
一级	777	6776	777
二级	5498	68357	5498
三级	22774	308947	22774

8-8 国民体质监测站点基本情况

单位：个、人

指 标	2015				2019				2020				2021				2022			
	合计	国家	省	县区	合计	国家	省	县区	合计	国家	省	县区	合计	国家	省	县区	合计	国家	省	县区
总站（点）数	1	1			1	1			2	2			2	2			1	1		
组建测试队	2	2			2	2			3	3			2	2			1	1		
测试工作人员数	40	40			20	20			45	45			40	40			35	35		
累计受测人员数	81469	81469			120070	120070			124670	124670			128970	128970			132970	132970		
本年度受测人员数	3161	3161			10500	10500			4600	4600			4300	4300			4000	4000		
本年度测试达标人数	2981	2981			9796	9796			4246	4246			3990	3990			3768	3768		
本年度测试达标（%）	94.3	94.3			92.7	92.7			92.3	92.3			92.8	92.8			94.2	94.2		

8-9 体育比赛和体育活动情况

指 标	单位	2015	2018	2019	2020	2021	2022
体育比赛成绩							
破世界纪录	（项）	3	4	1	1	3	
获世界冠军	（人次）	17	26	30	1	10	14
破亚洲纪录	（项）	2	6	7	2	6	
破全国纪录	（项次）	5	12	17	5	8	1
获得全国冠军	（项次）	138	151	102	114	124	70
体育活动开展情况							
举办全民健身活动次数	（次）	4886	4700	5971	2959	2000	2258

8-10 全省体育场地情况

指 标	单位	2018	2019	2020	2021	2022
一、综合指标						
场地数量	（个）	262900	286405	291603	310575	324813
场地面积	（万平方米）	27466	29363	30068	32205	33964
建筑面积	（万平方米）	2741	3332	3443	3945	4295
建设投资	（亿元）	1203	1964	2195	2185	2233
人均场地面积	（平方米）	2.42	2.55	2.39	2.54	2.68
二、基础运动场地		**19529**	**20923**	**21125**	**22157**	**23252**
田径场地	（个）	14500	14976	14987	15452	16008
游泳场地	（个）	5029	5947	6138	6705	7244
三、球类运动场地		**191982**	**205807**	**208582**	**217863**	**223954**
足球场地	（个）	9514	10554	11051	11606	12197
篮球场地	（个）	95500	99995	100955	104397	107319
排球场地	（个）	6168	6418	6448	6551	6735
乒乓球场地	（个）	55000	60584	61597	65374	66601
羽毛球场地	（个）	25800	28256	28531	29935	31102
四、冰雪运动场地		**19**	**20**	**23**	**27**	**37**
滑冰场地	（个）	17	16	18	21	25
滑雪场地	（个）	2	4	5	6	12
五、体育健身场地		**48896**	**58356**	**61472**	**69991**	**75612**
全民健身路径	（个）	31700	37124	38643	42249	44414
健身房	（个）	5996	6304	6763	7994	9037
健身步道	（公里）	11200	14928	16066	19748	22161
六、大型体育场馆		**95**	**126**	**126**	**125**	**127**
体育场	（个）	15	20	20	20	21
体育馆	（个）	69	92	92	91	92
游泳馆	（个）	11	14	14	14	14

注：2020年人均场地面积采用最新人口统计数计算。

8-11 彩票公益金使用情况

单位：万元

指标名称	2015	2017	2018	2019	2020	2021	2022
彩票公益金收入	198617	200915	195374	214839	167761	160239	175997
其中：本年彩票公益金	169363	165841	169588	195878	157309	155710	164706
上年结余	29254	35074	25786	18961	10452	4529	11291
彩票公益金支出	123520	162335	170774	202758	157286	153243	144404
其中：用于体育事业的彩票公益金	126052	162335	170774	202758	157286	153243	144404
1. 体育设施	34096	37538	44407	29387	26146	12539	16953
2. 群众体育	30240	49214	45952	46382	34510	42724	31990
3. 竞技体育	46206	54258	51536	72368	57650	46077	57273
4. 青少年体育	7040	11312	17993	24565	21931	22161	22317
5. 其他（含体育扶贫）	8470	10013	10886	30056	17049	29742	15871

8-12 体育彩票发行情况表

单位：万元、个

指标名称	2015	2018	2019	2020	2021	2022
本年销售体育彩票金额	1519266	2471864	2009125	1635854	2168419	2697261
其中：电脑彩票	1366793	2342912	1851851	1473388	1878468	2297570
即开型彩票	152473	128952	157274	162466	289951	399691
体育彩票公益金提取额		581451	507509	434320	543680	651487
其中：电脑彩票		555661	476054	401827	485690	571549
即开型彩票		25790	31455	32493	57990	79938
发行费情况						
其中：上年结余		7399	12754	9714	831	1316
本年本级收入		243331	186398	161981	197555	248461
本年本级发行费支出		46357	35064	26265	25585	33760
体育彩票销售佣金		191551	154341	144306	171095	211766
年末结余		12822	9748	1123	1706	4250
体育彩票销售网点数量	9880	11803	13409	15750	12806	14640

注：2020 年体育彩票销售网点包含即开票销售网点，其余年度未包含。

主要统计指标解释

体育场地面积 指体育训练、比赛和健身活动的有效面积，含活动区（划线区）、安全区、缓冲区、无障碍区面积等。带看台的场地从看台下计算，有内墙从内墙计算。包括分项体育场地面积及附属用房体育场地面积。

人均体育场地面积 指体育场地面积与常住人口的比值。

健身房 包含社区健身中心、健身房、体能训练馆。

全民健身路径 指在社区、村、公园、绿地等地建设，由室外健身器材组成、占地不多、经济实用、可免费使用的体育健身设施。

健身步道 包含登山步道、步行道、自行车骑行道、步行骑行综合道。

体育场 指设有标准田径跑道（400米环形跑道至少8条，直跑道8-10条）、标准足球场（场地为105×68米）等的室外体育场地。

体育馆 指设有比赛和练习场地、看台和辅助用房等设施，可开展球类、体操等单项或多项体育比赛，固定座席大于500个的室内体育建筑。

游泳馆 指可供开展游泳、花样游泳、水球、跳水等运动的室内游泳场地。水池一般不小于25米×16米。

等级运动员 是指正式批准授予等级运动员称号的运动员。运动员等级分为国际级运动健将、运动健将、一级运动员、二级运动员、三级运动员。国际级运动健将、运动健将由国家体育总局有关部门统一授予。

等级裁判员 是指正式批准授予等级裁判员称号的裁判员。裁判员等级分为国际级裁判员、国家级裁判员、一级裁判员、二级裁判员、三级裁判员。国际级裁判员、国家级裁判员由国家体育总局有关部门统一授予。

九、广播电影电视、新闻出版、档案

简要说明

1. 本篇资料主要反映广东省广播电视、电影、新闻出版行业和档案机构的基本情况。

2. 本篇资料主要包括：

(1) 全省电影放映情况，全省广播电视从业人员和总收入，广播电视节目播出情况，广播电视节目制作情况，广播电视台（站）情况，有线电视用户数量，广播电视覆盖情况，图书、报刊、影像电子出版情况等。

(2) 地区分全省和 21 个地级以上市。

(3) 年份有当年、近 5 年和 1978 年以来连续年份。

3. 统计资料来源：本篇资料由广东省委宣传部、广东省档案局、广东省广电局负责整理、审核、提供。

广东省广播电视局工作概述

一、部门机构设置和人员情况

2022年，我局内设机构有办公室、政策法规处（公共服务处）、规划财务处、宣传管理处、电视剧管理处、传媒机构管理处、网络视听节目管理处、科技和媒体融合发展处、离退休人员服务处、机关党委（人事处）10个部门，行政编制核定78名。下设广东省广播电视技术监测中心（公益一类）、广东省广播电视节目监听监看中心（公益一类）、广东省广播电视艺术服务中心（公益二类）3个事业单位，事业编制核定64名。

二、广播电视统计概况

广东省广播电视统计工作在国家广电总局的领导部署和要求下开展，以执行其制定的统计报表制度和完成各项统计任务为主要内容，采取分级负责、层层汇总的数据采集方式进行。《全国广播电视统计报表制度》共有21张基层报表，646个调查指标，分季报、快报和年报。季报、快报为反映行业经济类和传输类等主要情况，年报则全面反映广播电视宣传、传输、覆盖、节目与服务出口、网络视听、产业基地（园区）、从业人员、财务状况及经营成果等情况。目前，全省已实现县级以上广电统计单位数据网上直报。

三、广播电视统计主要数据

2022年，广东省经国家广播电视总局市批备案的广播电台2座，电视台3座，广播电视台（融媒体中心）95家。经总局批准成立基地园区2家，广播电视节目制作经营机构3550家，全省广播电视综合覆盖率99.98%。全省广播电视网络视听从业人员79703人，广播影视服务业总收入1421.87亿元，其中广告收入168.35亿元，有线电视网络收入86.54亿元。

撰稿：周丽玲

9-1 广播电视综合情况(2022年)

指　　标	单位	合计
广播电台	(座)	2
电视台	(座)	3
广播电视台	(座)	95
有线广播电视用户数	(万户)	1536
数字电视用户数	(万户)	1477
从业人员	(人)	79703
总收入	(万元)	14218734
资产总额	(万元)	28221363
广播影视节目制作经营机构	(家)	3550

9-2 广播电视从业人员和收入情况(2022年)

指 标	从业人员(人)	编播人员	本年总收入(万元)	广告收入	网络收入
合 计	**79703**	**11252**	**14218734**	**1683535**	**865430**
省 级	14714	810	928739	64290	553843
地市级	22947	5181	11045122	1323022	220692
县 级	42042	5261	2244874	296222	90895

9-3　各市广播电视从业人员和收入情况（2022年）

市　别	从业人员（人）	编播人员	本年总收入（万元）	广告收入	网络收入
全　省	**79703**	**11252**	**14218734**	**1683535**	**865430**
省　级	14714	810	928739	64290	553843
广　州	22081	1931	4511504	279554	118921
深　圳	21445	2660	8283143	1260594	152784
珠　海	1631	263	74854	5814	
汕　头	981	334	19299	4064	1325
佛　山	2347	702	59371	12705	
韶　关	925	232	21241	871	2719
河　源	658	212	10533	926	1234
梅　州	1583	561	22603	3660	5974
惠　州	1714	603	37430	10633	
汕　尾	409	137	11519	181	
东　莞	1137	257	25206	10227	
中　山	913	234	32241	2656	
江　门	1256	387	24320	5281	8233
阳　江	953	276	16351	407	3781
湛　江	1737	321	35866	4819	3970
茂　名	881	251	16710	2051	3865
肇　庆	1107	318	26491	1435	470
清　远	995	230	31467	5984	4710
潮　州	562	135	8963	4019	1700
揭　阳	1069	220	13677	2043	976
云　浮	605	178	7206	1321	925

9-4 各市广播电视从业人员情况

单位：人

市　别	2015	2018	2019	2020	2021	2022
全　省	**53547**	**71127**	**73840**	**74375**	**79888**	**79703**
省　级	19468	14940	14683	14411	14872	14714
广　州	4241	18646	18053	20395	22456	22081
深　圳	11234	15085	18904	17785	20910	21445
珠　海	640	1028	1452	2825	1815	1631
汕　头	466	1512	1024	848	890	981
佛　山	1083	1860	1861	2264	2414	2347
韶　关	1647	990	1221	982	977	925
河　源	776	700	1005	714	657	658
梅　州	1150	1722	1780	1528	1441	1583
惠　州	1032	1329	1394	1443	1520	1714
汕　尾	660	526	320	396	415	409
东　莞	639	1288	963	1168	1351	1137
中　山	832	860	864	878	844	913
江　门	1696	1450	1565	1371	1258	1256
阳　江	631	1398	1179	997	1078	953
湛　江	2157	2325	2014	1762	1828	1737
茂　名	882	907	886	747	894	881
肇　庆	820	923	914	1017	934	1107
清　远	810	1223	1212	588	1005	995
潮　州	635	580	737	575	548	562
揭　阳	1536	1361	1303	1253	1171	1069
云　浮	512	474	506	428	610	605

9-5 各市广播电视总收入情况

单位：万元

市别	2015	2018	2019	2020	2021	2022
全省	**2612823**	**4522089**	**7802302**	**9634572**	**10720537**	**14218734**
省级	1346099	1017429	1059463	1073529	1009705	928739
广州	158387	1604351	1826507	3564489	4816606	4511504
深圳	770883	1407259	4353683	4465316	4356257	8283143
珠海	13806	48388	80133	87577	94955	74854
汕头	12006	60207	43063	25430	17816	19299
佛山	36536	51672	107261	75383	62291	59371
韶关	23668	17210	21876	20690	20797	21241
河源	10973	11239	12058	11887	11236	10533
梅州	22622	24694	28452	25421	21816	22603
惠州	14232	30961	34441	32281	38053	37430
汕尾	6670	7477	9419	9847	10514	11519
东莞	17784	43858	26488	23175	30615	25206
中山	24675	30019	33414	34205	26709	32241
江门	32563	27464	30064	33538	32162	24320
阳江	11635	9227	11420	12788	15620	16351
湛江	31487	27899	22908	34139	35303	35866
茂名	15411	20822	17543	16798	29067	16710
肇庆	13887	14182	13138	26947	27689	26491
清远	18608	31589	36468	25958	29878	31467
潮州	9372	14869	15725	12727	12439	8963
揭阳	13625	13167	11853	14585	13831	13677
云浮	7893	8108	6926	7861	7177	7206

9-6 各市广播电视广告收入情况

单位：万元

市别	2015	2018	2019	2020	2021	2022
全省	**821530**	**1139336**	**420959**	**253418**	**1929429**	**1683535**
省级	381737	174612	126423	96070	98411	64290
广州	35865	272993	117498	26174	295833	279554
深圳	264192	565369	73312	53435	1439125	1260594
珠海	10151	4469	6780	3597	6782	5814
汕头	9905	7829	6205	4321	4021	4064
佛山	28136	23836	21847	13626	18019	12705
韶关	4308	3705	1773	1317	1165	871
河源	2015	1789	1709	1182	1408	926
梅州	8686	7474	7225	5257	6148	3660
惠州	6265	11370	4876	7371	11777	10633
汕尾	1416	974	734	230	362	181
东莞	14529	14451	11032	7873	11917	10227
中山	10916	5785	4170	2727	3011	2656
江门	11837	10836	8026	8875	8660	5281
阳江	3024	1774	798	690	532	407
湛江	1198	4037	2845	3369	5814	4819
茂名	1298	2853	2956	1827	1079	2051
肇庆	5135	1488	2108	1601	1944	1435
清远	7411	11002	11350	5472	5288	5984
潮州	5440	7209	4950	4153	4221	4019
揭阳	6085	3719	3491	2725	2649	2043
云浮	1980	1762	850	1526	1264	1321

9-7　各市广播电视网络收入情况

单位：万元

市　别	2015	2018	2019	2020	2021	2022
全　省	**777572**	**809182**	**820607**	**870373**	**882404**	**865430**
省　级	440128	508705	512472	552674	546219	553843
广　州	105692	101911	97226	109594	115926	118921
深　圳	133166	133699	148197	143934	174547	152784
珠　海				1348	1416	
汕　头		3591	3346	2772	2638	1325
佛　山						
韶　关	9865	2839	4471	3092	2807	2719
河　源	5196	2340	1825	1541	1371	1234
梅　州	8754	6683	5816	5245	3896	5974
惠　州	431					
汕　尾	2159					
东　莞				3		
中　山	137					
江　门	18648	9950	12770	15200	8599	8233
阳　江	2919	1344	3067	4251	5343	3781
湛　江	17385	6673	5544	4590	4090	3970
茂　名	11418	7610	5132	4911	4819	3865
肇　庆	2553	1181	777	691	510	470
清　远	7873	10800	10279	10297	5666	4710
潮　州	2392	5749	5598	6593	1266	1700
揭　阳	4153	3414	2461	2228	2085	976
云　浮	4702	2693	1625	1410	1207	925

9-8 广播电视基本情况

年 份	从业人员（人）		本年总收入（万元）		
		编播人员		广告收入	网络收入
2015	53547	8345	2612823	821530	777572
2018	71127	9411	4522089	1139336	809182
2019	73840	10097	7802302	2074263	820607
2020	74375	10606	9634572	1997789	870373
2021	79888	11423	10720537	1929429	882404
2022	79703	11252	14218734	1683535	865430

9-9 广播电视播出情况（2022年）

指 标	广播节目套数（套）	全年公共广播节目播出时间（小时）	电视节目套数（套）	全年公共电视节目播出时间（小时）
合 计	**140**	**846706**	**148**	**837056**
省 级	9	78442	13	106555
地市级	60	409871	64	410413
县 级	71	358393	71	320088

9-10 各市广播电视播出情况(2022年)

市 别	广播节目套数(套)	全年公共广播节目播出时间(小时)	电视节目套数(套)	全年公共电视节目播出时间(小时)
全 省	**140**	**846706**	**148**	**837056**
省 级	9	78442	13	106555
广 州	8	56423	10	68583
深 圳	5	30784	11	86859
珠 海	4	32515	3	14488
汕 头	6	40663	6	37072
佛 山	6	52560	7	45015
韶 关	10	43253	10	52709
河 源	7	25373	7	31517
梅 州	8	34817	9	38788
惠 州	7	47916	6	37231
汕 尾	5	25378	5	27100
东 莞	3	23725	2	12429
中 山	2	13760	3	19214
江 门	7	48004	9	44990
阳 江	4	30226	5	20112
湛 江	8	44946	7	27982
茂 名	7	32733	6	34503
肇 庆	9	58622	8	40279
清 远	8	36436	8	30121
潮 州	5	24113	4	22609
揭 阳	7	39257	6	24850
云 浮	5	26760	3	14050

9-11　各市公共广播节目播出时间情况

单位：小时

市　别	2015	2018	2019	2020	2021	2022
全　省	**747116**	**808415**	**818964**	**801087**	**828676**	**846706**
省　级	78388	77567	78264	78107	78527	78442
广　州	54186	54145	48703	57228	56894	56423
深　圳	36394	32789	30622	36837	36968	30784
珠　海	29565	30601	20002	31370	32421	32515
汕　头	26280	40304	40303	39713	40795	40663
佛　山	52560	52560	52560	52704	52560	52560
韶　关	19117	20357	25861	32046	36404	43253
河　源	17884	25503	24839	25201	25353	25373
梅　州	37531	31541	51283	24219	24122	34817
惠　州	47834	45862	47309	47356	47749	47916
汕　尾	24890	33075	28369	22664	25628	25378
东　莞	23768	23725	23725	23774	23774	23725
中　山	14600	14600	14600	14600	13760	13760
江　门	46538	53291	47572	48252	48347	48004
阳　江	6972	21339	21343	21474	23644	30226
湛　江	33030	32835	38668	41985	38191	44946
茂　名	19812	22502	30396	17700	33353	32733
肇　庆	52082	60585	61576	58778	58709	58622
清　远	36536	41479	39469	36400	41376	36436
潮　州	32839	26134	26133	23723	23723	24113
揭　阳	39428	39380	39360	39366	39248	39257
云　浮	16882	28241	28007	27590	27130	26760

9-12 各市公共电视节目播出时间情况

单位：小时

市别	2015	2018	2019	2020	2021	2022
全省	**728129**	**848494**	**877503**	**902869**	**858793**	**837056**
省级	61849	99434	106729	109400	104326	106555
广州	98352	103809	97799	76484	68778	68583
深圳	102649	87627	95030	55818	108838	86859
珠海	15634	15394		107243	13140	14488
汕头	22103	35989	36129	13140	37060	37072
佛山	33368	33001	32381	37122	32734	45015
韶关	14034	40863	55312	32841	53106	52709
河源	24926	25623	29685	57074	34691	31517
梅州	28940	34536	38429	31299	36968	38788
惠州	28200	43881	44110	31215	37224	37231
汕尾	15761	27192	27435	70039	26761	27100
东莞	13140	12774	12592	37632	12363	12429
中山	19710	19710	13870	29604	19710	19214
江门	49636	58415	54185	23524	48212	44990
阳江	13730	18323	17974	35237	19807	20112
湛江	17171	24248	31108	19876	30603	27982
茂名	22573	38279	27693	32672	37137	34503
肇庆	13140	31820	49602	13140	40793	40279
清远	80741	30396	30797	12775	27949	30121
潮州	20161	25506	29667	26393	21650	22609
揭阳	19658	24351	22818	26393	23068	24850
云浮	12653	17323	24158	23948	23875	14050

9-13 广播电视播出情况

年 份	广播节目套数（套）	全年公共广播节目播出时间（小时）	电视节目套数（套）	全年公共电视节目播出时间（小时）
2015	206	747116	222	728129
2018	135	808415	159	848494
2019	137	818964	165	877503
2020	137	801087	164	902869
2021	139	828676	156	858793
2022	140	846706	148	837056

9-14 广播电视节目制作情况（2022 年）

指 标	全年制作广播节目时间（小时）	全年制作电视节目时间（小时）
合 计	**598147**	**142036**
省 级	76672	12266
地市级	353906	71284
县 级	167569	58486

9-15 各市广播电视节目制作情况(2022年)

市别	全年制作广播节目时间(小时)	全年制作电视节目时间(小时)
全省	**598147**	**142036**
省级	76672	12266
广州	54770	26444
深圳	32221	39611
珠海	31746	2719
汕头	18640	3433
佛山	47349	2256
韶关	6846	3972
河源	9362	2239
梅州	5122	411
惠州	31629	9717
汕尾	20572	10153
东莞	23742	673
中山	13785	840
江门	38164	1947
阳江	42471	1130
湛江	18897	4471
茂名	24102	6052
肇庆	24592	3553
清远	26498	2285
潮州	13524	702
揭阳	23449	2392
云浮	13994	4770

9-16 各市制作广播节目时间情况

单位：小时

市别	2015	2018	2019	2020	2021	2022
全省	**678389**	**603454**	**572303**	**662735**	**648061**	**598147**
省级	79554	70149	71190	78107	76757	76672
广州	84244	54958	46999	55174	55039	54770
深圳	34631	38522	38933	31015	29695	32221
珠海	56030	30183	15687	81508	61072	31746
汕头	25872	27507	27516	18712	19307	18640
佛山	51533	64158	52725	50441	51744	47349
韶关	26529	5557	7028	4794	7814	6846
河源	11261	10392	12890	14351	10000	9362
梅州	13296	15389	8847	5781	5612	5122
惠州	31873	29097	31488	32398	31634	31629
汕尾	16700	21617	21623	16390	20701	20572
东莞	23768	23732	23962	23786	23798	23742
中山	15436	17239	17175	31300	13760	13785
江门	40593	43474	39913	39311	41579	38164
阳江	7105	19165	18669	44167	42404	42471
湛江	29444	14131	18440	18755	20337	18897
茂名	7024	10612	20950	22166	26610	24102
肇庆	38902	39470	43522	26144	23749	24592
清远	25865	13776	13606	8713	26621	26498
潮州	13013	14082	14043	11042	11772	13524
揭阳	23568	24931	22220	24969	23998	23449
云浮	22148	15313	4877	23711	24058	13994

9-17　各市制作电视节目时间情况

单位：小时

市　别	2015	2018	2019	2020	2021	2022
全　省	**334711**	**257035**	**266223**	**206714**	**201968**	**142036**
省　级	155649	15258	18310	16592	14171	12266
广　州	13155	31349	33815	16561	30868	26444
深　圳	46603	103622	135275	114991	93989	39611
珠　海	3616	4292	2241	1420	1317	2719
汕　头	1117	3833	1574	3384	3376	3433
佛　山	2718	3333	2797	1407	1965	2256
韶　关	7966	9248	1878	1779	5541	3972
河　源	3296	2893	3630	3050	2602	2239
梅　州	4868	4043	3010	1285	516	411
惠　州	3994	2258	2249	8285	9264	9717
汕　尾	3274	8938	9008	2020	8031	10153
东　莞	2680	911	902	1130	615	673
中　山	2484	9282	1245	1793	799	840
江　门	11310	10914	8631	4907	4852	1947
阳　江	1797	621	524	1172	1234	1130
湛　江	2942	3194	4731	2706	2128	4471
茂　名	2729	16860	11479	9492	7080	6052
肇　庆	1845	7239	8758	4716	3232	3553
清　远	53597	5918	4986	1091	2882	2285
潮　州	1147	2373	2369	746	706	702
揭　阳	2877	5963	5219	3578	2354	2392
云　浮	5047	4693	3592	4609	4446	4770

9-18 广播电视制作情况

年　份	全年制作广播节目时间（小时）	全年制作电视节目时间（小时）
2015	678388	334711
2018	603454	257035
2019	572303	266223
2020	662735	206714
2021	648061	201968
2022	598147	142036

9-19 广播电视有线传输情况

年　份	有线广播电视用户数（万户）	数字电视用户数（万户）
2015	1973	1487
2018	1845	1761
2019	1767	1705
2020	1706	1639
2021	1710	1642
2022	1536	1477

9-20　广播电视覆盖情况

单位：%

年　份	广播综合人口覆盖率	电视综合人口覆盖率
1980	21.7	44.7
1981	30.0	68.0
1982	69.0	73.0
1983	69.8	74.5
1984	69.8	74.5
1985	70.3	80.0
1986	71.5	82.0
1987	75.0	82.0
1988	78.0	84.0
1989	82.4	86.3
1990	90.1	90.6
1991	90.3	90.8
1992	90.4	90.9
1993	90.4	91.0
1994	90.6	91.0
1995	90.6	91.0
1996	92.0	92.4
1997	92.0	92.4
1998	92.0	92.4
1999	96.0	96.4
2000	96.0	96.4
2001	96.0	96.4
2002	96.0	96.4
2003	96.0	96.4
2004	96.1	96.4
2005	96.1	96.4
2006	96.4	96.7
2007	97.0	97.3
2008	97.1	97.4
2009	97.5	97.7
2010	98.0	98.0
2011	98.0	98.0
2012	99.9	99.9
2013	99.9	99.9
2014	99.9	99.9
2015	99.9	99.9
2016	99.9	99.9
2017	99.9	99.9
2018	99.9	99.9
2019	99.98	99.98
2020	99.98	99.98
2021	99.98	99.98
2022	99.98	99.98

9-21 电影基本情况(2022 年)

指 标	在册放映单位(个)	座位数(个)	放映场次(万场次)	观众人数(万人次)	放映收入(万元)
合 计	**3032.00**	**1328707.00**	**1293.11**	**10336.52**	**379143.55**
农 村	1439.00		22.81	1311.60	
城 市	1593.00	1328707.00	1270.30	9024.92	379143.55
其中:珠海横琴万达电影院线有限公司	83.00	99933.00	101.56	1041.71	49198.13
广东大地电影院线股份有限公司	163.00	122216.00	101.45	704.89	29053.11
深圳市中影南方电影新干线有限公司	570.00	443760.00	454.95	3025.92	124494.09
广州金逸珠江电影院线有限公司	150.00	127193.00	119.97	943.27	38990.39
深圳市深影橙天院线有限公司	47.00	30629.00	33.06	158.70	6210.28

注:1. 农村在册放映单位指流动放映队,没有座位数统计指标。
2. 城市指院线的电影放映情况,未含院线外的电影放映情况。

9-22 图书、杂志、报纸出版数量

项 目	单位	2015	2018	2019	2020	2021	2022
图书出版							
种数	(种)	10089	11033	11061	10970	11565	10557
总印数	(万册)	31287	35257	39460	43448	50568	50591
总印张数	(千印张)	2434970	2635074	3122677	3394245	3982348	3967554
杂志出版							
种数	(种)	382	380	380	380	380	380
总印数	(万册)	14458	10753	10480	9887	9539	9113
总印张数	(千印张)	844427	562385	539431	492203	475097	452947
报纸出版							
种数	(种)	100	99	97	97	92	92
总印数	(万份)	327660	221184	171635	153310	144834	131893
总印张数	(千印张)	20081573	9991560	6598193	5117384	4601690	3726676

注:图书出版不包含不适用《中国标准书号》部分。

9-23 期刊出版情况(2022 年)

项 目	种数 (种)	平均期印数 (万册)	总印数 (万册)	总印张数 (千印张)	总金额 (万元)
合 计	**380**	**412**	**9113**	**452947**	**82657**
综 合	26	10	121	7078	1819
哲学、社会科学	97	199	4456	211042	31634
自然科学、技术	180	144	3284	167816	33117
文化、教育	46	48	1147	58073	13998
文学、艺术	31	10	105	8939	2089
其中:少儿读物	10	46	1336	35098	9662
画 刊	3	2	17	1368	353

9-24 报纸出版情况(2022 年)

项 目	种数（种）	平均每期印数（万份）	总印数（万份）	总印张（千印张）	定价总金额（万元）
合 计	**92**	**480.60**	**131893**	**3726676**	**228122**
综合报	46	386.99	119576	3385036	204403
专业报	30	43.77	6918	243521	12914
生活服务报	10	5.60	260	20503	1901
读者对象报	5	40.29	4735	69560	7696
文摘报	1	3.95	403	8056	1208
1.省级	31	214.24	53896	1816802	98506
综合	5	178.61	48292	1590891	86773
专业报	16	20.32	2929	181264	7708
生活服务报	9	5.30	245	20347	1838
读者对象报	1	10.00	2430	24300	2187
文摘报	0	0	0	0	0
2.地市级	61	266.36	77996	1909874	129616
综合报	41	208.37	71284	1794145	117630
专业报	14	23.44	3989	62257	5206
生活服务报	1	0.30	16	156	62
读者对象报	4	30.29	2305	45260	5509
文摘报	1	3.95	403	8056	1208

9-25 图书出版情况(2022年)

项　目	种数(种)			租型图书种数(种)	总印数(万册、张)			
	合计	新出	重印		合计	新出	重印	租型
合　计	**10557**	**4938**	**5619**	**126**	**50591**	**7504**	**30355**	**12732**
马克思主义、列宁主义、毛泽东思想	19	7	12		4	1	3	
哲学	132	82	50		91	54	37	
社会科学总论	80	44	36		33	26	7	
政治、法律	245	176	69	4	1050	82	269	698
军事	30	12	18		22	15	7	
经济	489	339	150		239	142	96	
文化	5902	1930	3972	122	44376	4556	27786	12034
语言	206	104	102		194	122	72	
文学	1371	848	523		3545	1938	1607	
艺术	448	330	118		325	237	88	
历史、地理	515	377	138		222	133	89	
自然科学总论	22	18	4		11	9	2	
数理科学、化学	60	27	33		17	9	8	
天文学、地球科学	41	29	12		20	14	5	
生物科学	61	35	26		45	31	14	
医药卫生	400	266	134		147	64	83	
农业科学	42	28	14		13	10	3	
工业技术	350	170	180		173	37	136	
交通运输	23	12	11		25	1	24	
航空、航天	7	4	3		4	1	3	
环境科学	36	26	10		15	4	11	
综合性图书	78	74	4		20	16	3	

注：不包含不适用《中国标准书号》部分。

9-25 续表

项　目	总印张（千印张）				定价总金额（万元）			
	合计	新出	重印	租型	合计	新出	重印	租型
合　计	**3967554**	**764386**	**2273619**	**929549**	**800855**	**279267**	**428376**	**93212**
马克思主义、列宁主义、毛泽东思想	315	201	115		123	67	56	
哲学	11817	6550	5267		4923	3185	1738	
社会科学总论	4159	3156	1003		3267	2994	273	
政治、法律	70797	10704	19253	40840	13092	4361	4580	4151
军事	2722	1365	1357		982	581	402	
经济	35173	23186	11987		16574	11908	4666	
文化	3340642	422718	2029215	888709	559239	124254	345924	89060
语言	25738	14486	11252		8459	5258	3201	
文学	342251	193433	148819		125184	75397	49788	
艺术	44626	36653	7973		21978	18312	3666	
历史、地理	30192	22965	7226		16000	13094	2906	
自然科学总论	1464	1241	223		717	619	98	
数理科学、化学	1944	921	1023		783	459	324	
天文学、地球科学	2095	1663	432		1252	1002	250	
生物科学	4142	2682	1460		3047	2445	602	
医药卫生	17713	10581	7133		8096	5215	2881	
农业科学	1460	1204	256		1856	1748	108	
工业技术	23516	5682	17833		8444	2573	5871	
交通运输	716	170	545		572	134	438	
航空、航天	234	77	156		129	31	98	
环境科学	999	430	569		533	223	310	
综合性图书	4839	4316	523		5605	5409	196	

9-26 电子出版物出版情况(2022年)

单位：种、万张

	合计		# 新版	
	种数	数量	种数	数量
总　计	**357**	**640**	**152**	**37**
CD-ROM	176	585	58	28
DVD-ROM	77	48	17	4
CD-I 及其他	104	7	77	6

9-27 录像制品出版情况(2022年)

单位：种、万盒(张)

	合计		# 新版	
	种数	数量	种数	数量
总　计	**239**	**14**	**238**	**14**
VT				
VCD				
DVD-V	167	10	167	10

9-28 录音制品出版情况(2022年)

单位：种、万盒(张)

	合计		# 新版	
	种数	数量	种数	数量
总　计	**756**	**363**	**643**	**82**
AT	58	17	35	10
CD	502	329	451	59
DVD-A	0	0	0	0

9-29　档案机构基本情况(2022 年)

指　　标	单位	各级各类档案馆
机机构数	(个)	190
从业人员	(人)	2693
专职	(人)	2399
一、馆藏档案情况	—	
1. 纸质档案	—	
全宗	(个)	20898
案卷	(卷)	51079836
以件为保管单位档案	(件)	43107510
2. 电子档案	(GB)	1219616.5
其中：文书类电子档案	(件)	952676
	(GB)	10633.7
数码照片	(张)	5369055
	(GB)	44184.2
数字录音、数字录像	(小时)	31296.1
	(GB)	177263.0
3. 实物档案	(件)	202134
4. 档案数字化成果	—	
纸质档案	—	
案卷	(卷)	35550368
	(GB)	1697239.4
以件为保管单位档案	(件)	30514913
	(GB)	441654.6
二、档案利用情况	—	
1. 已开放档案	—	
案卷	(卷)	3007999
以件为保管单位档案	(件)	3399421
2. 开放档案目录	—	
案卷级	(万条)	334
文件级	(万条)	1711
3. 本年利用档案	(人次)	5929684
	(卷 < 件 > 次)	8474812

9-30 各市各类档案馆基本情况（2022 年）

市　别	档案馆（个）	从业人员（人）	馆藏档案	
			全宗（个）	案卷（卷、件）
全　省	**178**	**2462**	**20457**	**86213002**
广　州	14	420	2298	22762179
深　圳	12	149	809	7689971
珠　海	5	64	763	2924996
汕　头	10	136	1205	3131825
佛　山	8	164	1173	5665202
韶　关	12	127	1668	2427413
河　源	8	78	853	2338810
梅　州	14	136	1112	2544726
惠　州	8	116	1135	5241918
汕　尾	5	56	406	929079
东　莞	2	24	323	1294258
中　山	2	112	269	11624290
江　门	13	164	977	3113573
阳　江	6	90	809	1860253
湛　江	14	134	1200	2536034
茂　名	8	90	891	1914036
肇　庆	10	122	1080	3020142
清　远	10	94	1688	2921571
潮　州	5	41	603	614946
揭　阳	6	73	544	589604
云　浮	6	72	651	1068176

注：1. 本表不包含省直数据。
2. 本表根据《全国档案事业统计调查制度》(2022 年 12 月版)做出调整，2023 年起馆藏纸质档案数量（卷、件）为“件”与“卷”数的总和，往年表中馆藏档案案卷数量（卷）含折算数，每 10 件折合为 1 卷。

主要统计指标解释

广播（电视）节目套数 是指用固定的频率（频道）自办广播（电视）节目，并编排有整套节目时间表，定期向听众（观众）播放节目名称和播出时间。

广播综合人口覆盖率 是指广播综合覆盖的人口与总人口的比率。

电视综合人口覆盖率 是指电视综合覆盖人口与总人口的比率。

图书 是指不少于 49 页并在“古籍”范围以外的图书。少儿读物、连环画 49 页以上的按图书统计，48 页以下的按小册子统计到“其他”类中。

报刊 报纸是指刊登当前实践的专题或综合新闻，每周至少出版一张并按年、月、日出版的定期或不定期的一种连续出版物。

档案利用卷次 按当年每日提供案卷的数量累计填报。一个利用者上、下午利用同一案卷，按 1 卷次计算；一个利用者连续若干天利用同一案卷，用 1 天计算 1 卷次；一个案卷外借若干天，按 1 卷次计算。

十、社会参与

简要说明

1. 本篇资料主要反映广东省工会、共青团、注册志愿者、妇联、残联、文联、人大、政协、宗教、扶贫等情况。

2. 本篇资料主要包括：

(1) 工会数量、会员人数及构成；共青团组织数量、团干部及团员数量；志愿者组织数量及分布、注册志愿者参与状况；妇联组织数量及分布、妇女参与状况；残疾人康复与发展、残疾人就业；省级艺术家会员情况；人大代表和政协委员数量及构成；宗教活动场所、宗教教职人员等。

(2) 地区分全省和各地级以上市。

(3) 年份主要为当年、近 5 年和 1978 年以来数据。

3. 统计资料来源：本篇资料由省总工会、共青团广东省委员会、省妇女联合会、省残疾人联合会、省人民代表大会、中国人民政治协商会议广东省委员会、省民族宗教事务委员会、省文联负责整理、审核、提供。

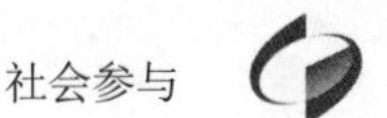

10-1 工会基层组织建设状况(2022年)

分组	基层工会(个)	单独基层工会	联合基层工会	基层工会涵盖单位(个)	职工(人)	女性
总计	**146423**	**138739**	**7684**	**385191**	**22568315**	**9850556**
国有企业(仅指非公司制企业,不包括国有独资公司、国有控股公司)	4051	3930	121	5911	1110037	343005
集体企业	2121	1903	218	5456	233217	92164
股份合作企业	933	880	53	3489	195978	76559
联营企业	135	109	26	3739	34810	16479
国有独资公司	1488	1431	57	1981	325638	96526
其他有限责任公司	19512	19333	179	21804	2232695	919070
股份有限公司中的国有控股公司	1071	1035	36	1357	599087	222722
其他股份有限公司	2624	2538	86	7296	886431	344767
私营企业	64874	62635	2239	116809	6392866	2732671
其他内资企业	752	700	52	1705	96953	45444
港澳台商投资企业	6173	6133	40	6608	1772741	833791
外商投资企业	3736	3697	39	4180	1196829	552742
财政拨款的事业单位	12049	11743	306	16609	1390249	797095
其他事业单位	6194	5599	595	33512	1172836	625255
机关	10255	9820	435	19152	1296855	442352
个体经济组织	2019	1019	1000	33852	706538	352738
社会团体	1633	875	758	46004	1034557	531430
民办非企业单位	2799	2748	51	3423	238012	145286
基金会	17	14	3	25	600	288
其他组织	3987	2597	1390	52279	1651386	680172

10-1 续表

分组	农民工	女性农民工	工会会员（人）	女性	农民工	女性农民工
总 计	**11114268**	**4722934**	**20931952**	**9046130**	**10214278**	**4343122**
国有企业（仅指非公司制企业，不包括国有独资公司、国有控股公司）	252545	71340	1048551	330185	222347	65084
集体企业	107811	43385	220577	88142	101692	41272
股份合作企业	104617	39143	180334	71196	93683	36363
联营企业	22308	11388	30718	14475	18997	9340
国有独资公司	65322	16045	309690	92339	57174	13631
其他有限责任公司	1128109	469775	2019972	835507	1036610	431746
股份有限公司中的国有控股公司	127838	37776	568891	213097	117410	34984
其他股份有限公司	495253	181338	822481	318738	447766	162645
私营企业	4050762	1717406	5944181	2544852	3778369	1618699
其他内资企业	75583	34759	88371	41628	68517	31664
港澳台商投资企业	1272276	599442	1572748	738279	1178941	558751
外商投资企业	752701	343211	1101348	509665	698583	312949
财政拨款的事业单位	139666	62480	1355461	777920	132176	59946
其他事业单位	402400	187466	1133543	609093	381700	181471
机关	163188	62176	1269404	436239	160224	61098
个体经济组织	468661	165079	683757	337462	449105	158183
社会团体	555154	261044	898080	415669	475111	210363
民办非企业单位	97579	54812	202722	130998	78580	47470
基金会	98	26	450	218	95	22
其他组织	832397	364843	1480673	540428	717198	307441

10-2 工会基层组织建设状况（2022）

分组	专职工会工作人员（人）	女性	兼职工会工作人员（人）	女性	有女职工的工会数（个）
总 计	**51653**	**25611**	**556662**	**256731**	**144135**
国有企业（仅指非公司制企业，不包括国有独资公司、国有控股公司）	3344	1758	25897	11858	3968
集体企业	709	354	5883	2445	2064
股份合作企业	307	161	4261	1626	928
联营企业	61	46	531	260	134
国有独资公司	902	432	10844	5189	1481
其他有限责任公司	6173	2786	73352	34484	19293
股份有限公司中的国有控股公司	1043	611	12225	6384	1065
其他股份有限公司	1472	726	11422	5471	2589
私营企业	15558	7439	195515	83857	63524
其他内资企业	581	150	2538	883	746
港澳台商投资企业	2122	1031	27977	12691	6120
外商投资企业	1430	687	17825	7891	3697
财政拨款的事业单位	3553	1879	64028	33700	11979
其他事业单位	2861	1544	26051	13013	6115
机关	4330	1779	44386	19852	10211
个体经济组织	404	195	4645	1897	1996
社会团体	790	398	6375	3113	1599
民办非企业单位	1266	871	9900	6374	2772
基金会	3		61	31	17
其他组织	4744	2764	12946	5712	3837

10-2 续表

分组	本级工会建立女职工组织（个）			本级工会女职工工作人员（人）	
	建立女职工委员会	仅设立女职工委员	未建立	专职	兼职
总 计	**98849**	**25355**	**22219**	**12821**	**226486**
国有企业（仅指非公司制企业，不包括国有独资公司、国有控股公司）	2413	1052	586	810	7665
集体企业	1134	551	436	210	2465
股份合作企业	668	153	112	100	1423
联营企业	82	30	23	15	188
国有独资公司	912	368	208	184	3242
其他有限责任公司	13426	2778	3308	1271	31741
股份有限公司中的国有控股公司	778	182	111	247	3244
其他股份有限公司	1799	402	423	400	4675
私营企业	44374	10834	9666	4440	87499
其他内资企业	500	105	147	182	1017
港澳台商投资企业	4656	705	812	496	11133
外商投资企业	2806	461	469	362	6929
财政拨款的事业单位	7988	2686	1375	1182	24100
其他事业单位	4252	1091	851	919	10008
机关	6742	2109	1404	872	16668
个体经济组织	1168	499	352	123	2559
社会团体	1047	278	308	185	2427
民办非企业单位	1984	376	439	504	4895
基金会	7	6	4		24
其他组织	2113	689	1185	319	4584

10-3 共青团基本情况(2017-2022 年)

类　别	单位	2017	2018	2019	2020	2021	2022
基层团委数	(个)	9186	9293	9463	9718	10303	11161
基层团工委数	(个)	547	554	656	694	763	900
团总支数	(个)	8999	6853	6985	7561	7653	10101
团支部数	(个)	192383	231923	221227	257383	273598	324581
团员数	(人)	4208196	4644880	5375101	5269786	5597914	5756889
专职团干部数	(人)	4322	6506	29239	8302	12557	33595
兼职团干部数	(人)	227654	364231	307121	424585	446575	514583

注：1. 数据截止时间为 2022 年 12 月 31 日，下同。
2. 团员人数包含保留团籍的中共党员人数，下同。
3. 2019 年对“专职团干部”统计口径进行了调整，因此与其余年份存在较大差异。

10-4 共青团分类情况(2022 年)

领　域	团组织(个)				团员(人)			团干部(人)	
	基层团委数	基层团工委数	团总支数	团支部数	团员数	保留团籍的党员数	新发展团员数	专职团干部数	兼职团干部数
全省合计	**11161**	**900**	**10101**	**324581**	**5756889**	**331259**	**212130**	**33595**	**514583**
社会领域合计	5991	884	5385	118394	2572673	249652	14099	10207	185928
机关事业单位	2665	784	1134	23615	489125	73705	5980	4986	51023
国有企业、集体企业	1601	5	871	12719	216291	26205	511	828	35515
城市社区	989	7	888	15105	537204	38684	1477	946	21134
农村	355	1	2096	33257	1020830	76367	3434	2296	49400
非公企业	332	61	350	30166	283782	32356	2103	1197	31807
社会组织	49	26	46	3514	25285	2335	594	166	4025
学校领域合计	5162	12	4666	205409	3169116	80261	195468	23363	328084
本科及以上高等院校	1000		1060	65406	1341889	59439	11276	8643	137647
高等职业院校 / 大专院校	522		407	46591	685941	6011	10398	7212	80904
中等职业学校 / 中专院校	293		341	16075	136006	2744	12141	1043	14492
职业高中	59		58	2150	17154	154	2259	197	2353
普通高中	1007	6	1109	49889	731734	4741	89316	3547	61403
初中	2161	6	1415	14539	164592	6762	65257	2041	19330
技工学校	120		276	10759	91800	410	4821	680	11955
其他	8	4	50	778	15100	1313	2563	25	571

注：1. 其他项为录入系统时不确定行业类别的数量。
2. 此表中团组织数未统计领导机关团组织的数量。

10-5 各市团组织团员情况（2022 年）

市　别	团组织数(个)		团员数(人)	
	机关事业单位	国有企业、集体企业	机关事业单位	国有企业、集体企业
广　州	3439	2619	53958	37277
深　圳	3244	3395	58818	48605
珠　海	555	357	8615	4919
汕　头	1117	145	23605	1213
佛　山	1301	456	27644	7611
韶　关	1476	172	13146	2134
河　源	711	57	8481	779
梅　州	1302	159	17451	1317
惠　州	963	206	15720	2219
汕　尾	441	66	7863	727
东　莞	1045	426	14286	5717
中　山	828	164	12094	1711
江　门	1245	170	15252	1768
阳　江	662	133	9087	1125
湛　江	1061	486	20580	6091
茂　名	916	135	19654	2529
肇　庆	1282	148	18863	1893
清　远	716	98	11032	1128
潮　州	305	59	3469	705
揭　阳	463	78	7434	1469
云　浮	714	52	6992	633

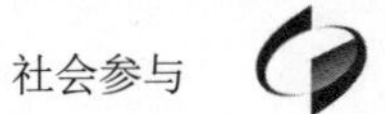

10-6 各市学校团组织、团员情况(2022年)

市别	团组织数(个)						
	本科及以上高等院校	高职院校/大专院校	中职学校/中专学校	职业高中	普通高中	初中	技工学校
广州	2657	2815	5028	394	4198	1592	2401
深圳	3190	2317	1398	272	4224	1955	609
珠海	3862	812	560	172	1031	337	201
汕头	881	563	889	11	3071	1028	393
佛山	1569	1076	1119	375	3164	836	315
韶关	984	654	876	13	1455	569	295
河源	2	845	838	32	2215	851	201
梅州	947	203	791	159	2800	811	207
惠州	997	1677	1654	53	2989	975	728
汕尾	1	418	380		1441	488	143
东莞	3014	1416	1420	46	2416	928	527
中山	655	801	825	248	1469	412	268
江门	823	1768	949	164	2054	561	311
阳江	8	491	463	101	1436	521	111
湛江	4949	1148	1583	105	3830	1580	346
茂名	1151	1931	1856	36	4424	1301	536
肇庆	2423	2019	1305	5	1563	773	404
清远	4	709	847	1	1760	668	297
潮州	760	123	329	50	1252	350	94
揭阳	13	546	741	8	3644	1186	52
云浮		636	576	2	1341	350	130

10-6 续表

市别	团员数（人）						
	本科及以上高等院校	高职院校 / 大专院校	中职学校 / 中专学校	职业高中	普通高中	初中	技工学校
广州	45511	32695	34336	2313	52987	14152	18568
深圳	56166	23150	11960	2091	51232	17022	6213
珠海	55317	6273	4425	1210	9841	1626	1532
汕头	13728	6121	5816	118	33381	10043	2172
佛山	20439	9875	8508	2707	33329	7643	2388
韶关	16632	6597	5998	228	16766	3043	1082
河源	23	7080	6853	283	20624	5000	1269
梅州	17845	2585	4570	785	27934	3069	1278
惠州	14718	18492	10840	188	29497	6793	4294
汕尾		4499	3282		17007	4543	750
东莞	46589	15916	12659	339	28928	10098	4344
中山	9993	6918	6059	1688	15312	2997	2047
江门	14159	22853	5517	809	23519	3594	1726
阳江	15	4971	2775	437	15870	3117	568
湛江	77842	16178	13572	876	41705	18521	2269
茂名	19022	28220	12698	359	51387	8864	3900
肇庆	37975	24652	8060	112	21890	5163	2053
清远	42	10154	5135	47	19801	6383	1585
潮州	13697	2862	2240	265	14756	2719	778
揭阳	72	6488	4517	74	38487	7064	483
云浮		7762	4865	21	14592	2439	1115

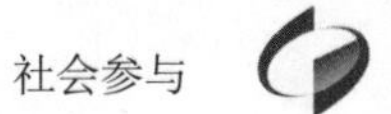

10-7 各市团员基本情况(2022年)

市别	性别分布		年龄分布				
	男	女	14-15岁	16-18岁	19-22岁	23-28岁	28岁以上
广州	214981	273590	10580	60304	148126	255270	10528
深圳	231620	233702	12233	50964	124762	264932	9315
珠海	61139	76901	1878	13574	56515	63836	1916
汕头	79148	119955	4100	31794	57106	101547	2647
佛山	104237	135224	8622	31761	64248	129966	4517
韶关	51000	74914	3361	16945	46960	54881	2742
河源	43042	70342	4275	19197	38404	46840	2276
梅州	70927	96900	4238	24653	56471	78718	3453
惠州	74704	103036	5934	29878	62141	74103	3176
汕尾	38659	52907	4125	14629	28558	41269	1515
东莞	111368	125819	8602	32836	85654	104659	4006
中山	47993	64189	3901	16213	35160	53521	2566
江门	66509	99563	4417	23520	59858	73665	3471
阳江	37210	49448	1974	14048	26822	40234	2058
湛江	143246	197360	7295	48130	135704	144562	3399
茂名	138418	171102	5425	47373	114098	134301	3592
肇庆	78020	115755	3642	27855	83635	74135	2221
清远	46894	74879	3478	19432	39237	55876	2228
潮州	35411	64274	1912	13857	33058	47725	1423
揭阳	75222	114025	3644	32650	59118	87357	3018
云浮	33038	52834	2091	14194	28327	38781	1427

10-7 续表

单位：人

市别	民族		学历		
	汉族	少数民族	初中	高中或高中同等学历	大专及以上
广州	478202	10603	87486	128702	256542
深圳	447320	18447	64940	101124	284744
珠海	132782	5380	18224	40720	75150
汕头	198321	794	43250	60694	84699
佛山	234509	5421	42388	64336	124263
韶关	123642	2284	25518	39433	55537
河源	112190	1192	28075	33151	46274
梅州	167346	494	37268	51842	71143
惠州	174946	2911	43047	54219	72421
汕尾	91394	258	22512	26157	38138
东莞	231943	5582	50705	64787	110972
中山	109312	2984	25482	29401	52701
江门	163029	3230	35899	51734	69560
阳江	85667	1002	21316	23905	36900
湛江	337158	3454	75900	119587	128077
茂名	307876	1627	75206	98437	121318
肇庆	191130	2699	48813	62568	73332
清远	114424	7299	28620	34855	51518
潮州	99240	452	22179	31953	40621
揭阳	188800	457	48264	56410	73290
云浮	85405	495	21576	23758	34280

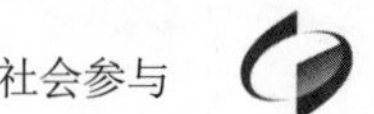

10-8 各市新发展团员情况（2022 年）

市别	性别分布		年龄分布			
	男	女	14-15 岁	16-18 岁	19-22 岁	23-28 岁
全省	**87405**	**123661**	**110979**	**74744**	**20586**	**5157**
广州	7742	11536	10423	6771	1523	594
深圳	8578	10100	11511	5549	987	731
珠海	1417	2101	1622	1233	521	159
汕头	4075	5581	5172	3904	494	87
佛山	5724	8151	8306	4509	629	530
韶关	2216	3321	3240	1638	469	192
河源	2629	4428	4508	2201	217	134
梅州	3059	4100	4384	2276	402	96
惠州	3846	5494	5930	2682	513	220
汕尾	2727	4092	4679	1831	222	95
东莞	6073	7348	8353	3805	914	388
中山	2495	3593	3271	2129	468	237
江门	2959	4871	3744	3162	714	238
阳江	1666	2580	2537	1380	186	146
湛江	6156	8828	8378	5296	1083	228
茂名	4520	6105	5946	3791	695	192
肇庆	2904	4836	4059	2840	657	195
清远	2562	4329	4004	2402	286	203
潮州	1713	2632	2426	1672	232	16
揭阳	3842	5433	4921	3741	480	133
云浮	1594	2947	2612	1439	338	157
省属中学	436	335	563	211		
省属高校	7471	9811	226	9027	7961	89
省直机关	800	1024	143	1166	509	7
其他有关单位	201	85	21	89	86	90

10-8 续表

单位：人

市　别	民族		学历		
	汉族	少数民族	初中	高中或高中同等学历	大专及以上
全　省	**206501**	**4954**	**110319**	**42362**	**18193**
广　州	18840	470	10618	3802	1602
深　圳	18070	705	10652	3294	1265
珠　海	3354	181	1511	774	563
汕　头	9613	41	5347	1753	320
佛　山	13488	484	8113	2508	804
韶　关	5393	146	2867	948	409
河　源	6983	73	4080	1056	252
梅　州	7131	29	4135	1097	249
惠　州	9150	192	5517	1567	529
汕　尾	6808	19	3986	1014	170
东　莞	12956	502	7037	2492	1090
中　山	5817	288	3566	978	462
江　门	7541	316	3827	1812	593
阳　江	4194	55	2560	628	211
湛　江	14863	123	7829	2557	803
茂　名	10554	69	5861	1683	497
肇　庆	7604	147	4424	1415	574
清　远	6455	440	3881	1083	313
潮　州	4320	26	2384	796	116
揭　阳	9232	42	5170	1994	253
云　浮	4519	27	2309	727	242
省属中学	749	25	435	137	
省属高校	16813	497	3109	7790	6360
省直机关	1786	39	1002	414	372
其他有关单位	268	18	99	43	144

10-9 全省志愿服务数据情况(2017-2022年)

指标	单位	2017	2018	2019	2020	2021	2022
累计注册志愿者人数	(人)	8604076	10552084	11618729	12997982	14076517	19312433
累计志愿服务组织及团体数	(个)	71677	83730	94105	131748	134866	146663
志愿服务组织及团体年平均开展志愿服务活动数	(场次)	2.5	3.6	5.16	3.73	4.54	5.77
注册志愿者年人均服务时长	(小时)	5.90	5.47	4.48	3.42	2.93	2.49
注册志愿者证申请量	(人次)	900088	2087288	3103958	4133581	5047098	6372669

10-10 各市志愿服务数据情况(2022年)

市别	注册志愿者人数(人)	志愿服务组织及团体数(个)	2022年累计服务时长(小时)
广州	5287559	35279	14479132.18
深圳	2747335	28778	2927398.38
珠海	561705	5052	1510717.32
汕头	1031364	7761	1894518.13
佛山	1443368	10986	3605733.85
韶关	493230	6898	2300845.03
河源	263981	3449	2491575.77
梅州	555338	5086	1848628.93
惠州	455167	4560	1841768.27
汕尾	453632	5019	2740585.68
东莞	1529698	13833	3738346.27
中山	623308	20818	1143173.73
江门	796327	17503	2556843.45
阳江	363799	3731	939157.92
湛江	742778	7127	2119669.57
茂名	1000423	9600	5342421.37
肇庆	749516	6162	1623269.60
清远	676492	5898	1840889.05
潮州	251844	2938	857786.85
揭阳	678445	5131	2464662.92
云浮	274200	3136	1142739.05

注：数据来源于广东青少年大数据交互系统，数据汇集i志愿系统及广州、深圳、江门、中山等地市自建系统数据。系统统计逻辑存在将同一志愿者（或同一志愿服务组织/团体）纳入不同地市的统计数据内的情况，各地市的数据会存在一定的重复，全省累计数据会小于本表中各地市数据相加值。

10-11 各市志愿服务数据分类统计表(2022 年)

地 市	政治面貌				性别分布		
	中共党员	共青团员	民主党派	其他	男	女	未知
广 州	978727	2361002	49066	1898764	2426239	2859774	1546
深 圳	464775	1252650	2	1029908	1277337	1469852	146
珠 海	137634	198989	443	224639	258385	303082	238
汕 头	167180	248078	973	615133	498715	532627	22
佛 山	201040	420532	482	821314	738348	704318	702
韶 关	121659	183400	366	187805	230531	262683	16
河 源	43216	124412	226	96127	114133	149839	9
梅 州	120536	196830	796	237176	257684	297619	35
惠 州	36297	208863	483	209524	204712	250338	117
汕 尾	118720	117367	1013	216532	233546	220005	81
东 莞	382152	414839	1353	731354	762905	766377	416
中 山	70198	212836	2824	337450	278038	345096	174
江 门	154782	304267	153	337125	411064	385219	44
阳 江	111966	103591	239	148003	175982	187791	26
湛 江	173835	343247	533	225163	348146	394620	12
茂 名	162438	365298	586	472101	489589	510815	19
肇 庆	315226	214492	552	219246	364372	385107	37
清 远	274841	178821	275	222555	320977	355472	43
潮 州	57602	105797	183	88262	102532	149309	3
揭 阳	96160	172000	847	409438	349760	328676	9
云 浮	103262	84188	157	86593	128448	145713	39

10-11 续表

单位：人

地市	年龄分布								
	14 岁以下	14-18 岁	19-22 岁	23-30 岁	31-40 岁	41-50 岁	51-60 岁	61-70 岁	70 岁以上
广州	246791	698588	1049911	1651015	925885	438482	195141	57921	23825
深圳	76579	328101	231620	472935	801558	468593	289638	59711	18600
珠海	27721	72785	97288	174547	95816	53254	28625	8076	3593
汕头	10928	113176	191523	221026	203030	155683	87809	35995	12194
佛山	48280	178994	220714	401769	299835	184602	77755	20389	11030
韶关	17375	60037	86245	144770	75171	53824	42836	10069	2903
河源	7972	43598	68198	69142	39616	24983	9303	1007	162
梅州	38676	96359	102316	137693	76567	61500	33825	6475	1927
惠州	12648	121108	128699	99040	50115	30825	11180	1282	270
汕尾	5484	72912	84446	110643	82974	48531	35435	10786	2421
东莞	45697	147741	180353	325487	467559	261452	83418	13865	4126
中山	14190	98717	104738	114682	80291	53260	153829	2592	1009
江门	79818	90184	123458	221985	120918	78055	50019	21385	10505
阳江	10990	81573	67765	82697	66054	36237	15737	1997	749
湛江	11159	127190	207187	280616	54141	37304	18847	4016	2318
茂名	6917	120885	209748	235208	158756	124928	96014	33680	14287
肇庆	17102	73594	139659	245797	138159	76738	45381	9954	3132
清远	19597	103229	118315	187754	116607	67806	42879	11642	8663
潮州	3711	44937	62843	81603	31529	16571	9093	1338	219
揭阳	3804	54959	164225	175208	99766	76541	68099	27264	8579
云浮	2289	34202	51490	80705	43280	32638	19924	6568	3104

10-12 全省妇联组织和主要活动情况

项　　目	单位	2015	2018	2019	2020	2021	2022
一、妇联组织							
县（市、区）妇联	（个）	119	142	146	147	146	146
乡（镇）妇联	（个）	1139	1142	1143	1142	1138	1135
村妇联（2016 年由村妇代会改为村妇联）	（个）	18368	19420	19389	19427	19446	19444
街道妇联	（个）	448	467	482	486	490	494
社区妇联	（个）	1321	6586	6677	6714	6862	6923
团体会员	（个）	331	332	315	333	344	364
二、妇女儿童社会活动基本情况							
妇女之家数	（个）	25256	27450	27644	27059	28458	28458
儿童之家数	（个）	9479	20801	26712	26960	27329	27224
家长学校数	（万个）	40985	31800	27468	26602	31131	27449
家长学校培训人次	（万人次）	11182594	5640000	5243730	5517580	9553555	8905683
广东省巾帼志愿者	（万人）	267554	400756	400960	447898	464992	547510
三、妇女儿童权益保护基本情况							
妇联干部任人民陪审员数	（人）	468	397	401	435	467	471
由妇联系统创办的维权服务机构数	（个）	159	132	166	166	166	166
为妇女儿童提供信访、热线咨询等服务数	（万件次）	3.0174	2.725	3.01	3.4149	3.0947	3.179
为妇女儿童提供法律援助案件数	（件）	1038	1000	1030	1000	1000	1000
四、荣获表彰情况							
三八红旗手标兵	（个）		10		10		10
三八红旗手	（个）	1346	1731	1948	2274	2289	2188
三八红旗手集体	（个）	987	858	847	897	954	800
巾帼文明岗	（个）	332	1803	1729	1780	1528	1744
巾帼建功标兵	（个）	170	75	51	54	23	52
巾帼建功先进集体	（个）	70	4	16	10	1	5
各级揭晓“最美家庭”	（户）	17432	31310	32881	32892	36879	36879

10-13 各市持证残疾人数(2022 年)

单位：人

市别	持证残疾人总数	残疾类别						
		视力	听力	言语	肢体	智力	精神	多重
全 省	**1846531**	**140748**	**174908**	**30626**	**799656**	**205911**	**381669**	**113013**
广 州	179750	12674	24637	1510	77947	20645	32435	9902
深 圳	41656	2128	4981	737	14530	4560	11467	3253
珠 海	24881	1950	4870	258	10748	2282	3802	971
汕 头	73688	3827	5171	729	26986	11640	20312	5023
佛 山	79975	5196	13572	1143	33440	9734	14036	2854
韶 关	98945	9084	10403	1489	47130	11350	14417	5072
河 源	101228	9839	8823	2921	44521	9930	20206	4988
梅 州	126014	10240	6518	2479	52914	16132	26970	10761
惠 州	67437	4296	6305	675	27117	8068	16489	4487
汕 尾	59154	2879	2838	1071	25613	8614	14415	3724
东 莞	50432	4482	6994	1145	24001	3942	7524	2344
中 山	31426	1407	5253	592	12697	3480	5875	2122
江 门	72751	5389	4824	753	32019	7891	16968	4907
阳 江	67350	4432	4515	1092	32713	5286	15849	3463
湛 江	149960	12509	8973	2775	69523	19019	30121	7040
茂 名	158368	11645	8734	3309	73121	17153	36241	8165
肇 庆	118545	12192	19915	1967	46196	10228	21694	6353
清 远	110813	9310	8048	1483	52452	11669	20668	7183
潮 州	39350	2900	2337	840	15573	4837	10235	2628
揭 阳	95003	6302	5032	2477	33975	13048	23855	10314
云 浮	99805	8067	12165	1181	46440	6403	18090	7459

注：数据截止至 2022 年 12 月 31 日各市已办证持证数据。

10-14 残联组织建设情况

项　　目	单位	2017	2018	2019	2020	2021	2022
省级							
1. 省级残联数	（个）	1	1	1	1	1	1
2. 残联机关工作人员总数	（人）	52	52	52	55	55	55
# 残疾人干部人数	（人）	7	5	5	4	4	4
3. 所属事业单位单位个数	（个）	5	5	4	4	3	3
工作人员总数	（人）	276	213	171	112	122	122
# 残疾人数	（人）	15	9	7	5	5	5
4. 举办干部培训班	（期）	5			1		
# 培训人次	（人次）	150			60		
5. 举办残疾人干部培训班	（期）	1					
# 培训人次	（人次）	30					
地市级							
1. 地市级残联数	（个）	21	21	21	21	21	21
2. 残联机关工作人员总数	（人）	334	336	344	345	352	348
# 残疾人干部人数	（人）	21	25	29	33	33	32
3. 所属事业单位个数	（个）	76	76	74	73	69	63
工作人员总数	（人）	2672	2784	2954	2545	2531	2650
# 残疾人数	（人）	103	102	100	83	77	78
4. 举办干部培训班	（期）	119	37	14	29	29	33
# 培训人次	（人次）	1901	1548	1798	1460	1522	1459
5. 举办残疾人干部培训班	（期）	13	4	5	15	9	6
# 培训人次	（人次）	739	583	566	644	388	483
县市区							
1. 县（市、区）残联数	（个）	137	137	135	132	133	133

10-14 续表

项　　目	单位	2017	2018	2019	2020	2021	2022
2. 残联机关工作人员总数	（人）	1188	1188	1227	1181	1192	1196
# 残疾人干部人数	（人）	55	54	46	50	52	44
3. 所属事业单位单位个数	（个）	180	183	178	180	171	165
工作人员总数	（人）	1100	871	1119	1111	1172	1203
# 残疾人数	（人）	57	58	54	42	48	46
4. 举办干部培训班	（期）	236	195	282	251	274	221
# 培训人次	（人次）	9437	5283	9545	7876	8701	7158
乡镇街道							
1. 应建残联数	（个）	1648	1649	1649	1646	1635	1626
2. 已建残联数	（个）	1640	1644	1645	1645	1634	1625
3. 残联机关实有工作人员	（人）	2092	2221	2207	2141	2110	2143
4. 专职残联理事长数	（人）	390	459	445	419	409	438
5. 兼职残联理事长数	（人）	345	282	274	273	280	336
6. 残疾人专职委员	（人）	2069	2325	2295	2348	1990	1919
7. 举办干部培训班	（期）	1014	1019	1732	1231	1123	1004
# 培训人次	（人次）	9954	6917	19959	9147	11092	15653
村（社区）							
1. 村（含农村社区）残疾人组织建设							
# 应建残协数	（个）	19292	19311	19254	19265	19199	19417
# 已建残协数	（个）	18772	18661	18617	18388	18036	18661
# 残疾人专职委员数	（人）	18577	17739	18292	17739	14811	14072
2. 社区残疾人组织建设							
# 应建残协数	（个）	5570	5259	5173	5186	5337	5450
# 已建残协数	（个）	5157	4845	4889	4884	5049	5158
# 残疾人专职委员数	（人）	4011	3812	3838	3420	2927	2528

10-15 残疾人基本康复服务

指标名称		单位	2018	2019	2020	2021	2022
总体康复服务情况	得到基本康复服务	人	310671	315227	343930	314068	298843
	其中：得到辅助器具适配服务	人	71049	54211	57054	55797	50685
	农村低收入残疾人	人	/	/	/	78147	71330
按残疾类别	视力残疾人	人	16916	17812	16129	12083	10793
	听力残疾人	人	14478	17350	19405	18712	19104
	言语残疾人	人	1087	1684	3116	2301	2318
	肢体残疾人	人	116614	106259	101573	80878	73078
	智力残疾人	人	23394	22956	28247	21874	19847
	精神残疾人	人	118183	124717	146788	145715	141156
	多重残疾人	人	16882	18607	21363	19871	18541
	0-17 岁未持证残疾儿童	人	3117	5842	7309	12634	14007
按年龄	0-6 岁残疾儿童	人	12370	13970	16830	23340	26911
	7-17 岁残疾儿童	人	13789	16394	20706	19285	16110
	18-59 岁残疾人	人	194076	185655	203092	178171	169017
	60 岁及以上残疾人	人	90436	99208	103302	93272	86805
接受康复服务内容情况	康复医疗	人	/	128730	142555	150105	136373
	功能训练	人	/	25679	26144	33954	32051
	辅助器具	人	/	54211	57054	55797	50686
	支持性服务	人	/	119688	130814	86314	92521

10-16 持证残疾人就业情况

指标名称	指标单位	2018	2019	2020	2021	2022
就业总人数合计	人	288867	291202	302334	311551	409891
按比例就业	人	60986	61644	64699	68124	83372
集中就业	人	7087	6663	6351	6143	7142
个体就业	人	12974	12354	12421	12642	16900
公益性岗位就业	人	5442	5375	5368	5218	6131
辅助性就业	人	5984	7027	7825	8801	14120
农村种养加	人	132282	131454	133347	132311	159235
灵活就业（含社区就业、居家就业）	人	64112	66685	72323	78312	122991

10-17 残疾人教育情况

项　目	单位	2017	2018	2019	2020	2021	2022
高中阶段教育							
1. 特殊教育普通高中机构数（盲校与聋校）	（个）	6	6	7	7	7	7
2. 特殊教育普通高中的在校学生数	（人）	462	444	412	390	618	607
3. 残疾人中等职业教育机构数	（个）	10	11	9	9	9	9
4. 残疾人中等职业教育在校学生数	（人）	1547	1307	1172	1693	1257	1811
高等教育							
1. 省内高等特殊教育学院录取残疾人数	（人）	76	76	89	72	110	106
专科（高职）学校个数:	（个）	2	2	2	2	2	2
专科（高职）录取人数:	（人）	76	76	89	72	110	106
其中：视力残疾	（人）	22	24	29	12	30	21
听力残疾	（人）	54	30	33	26	35	36
其他残疾			22	27	34	45	49
2. 全国普通高等院校录取残疾人数	（人）	550	565	679	714	795	820
本科及以上录取人数	（人）	185	177	204	206	279	265
其中：视力残疾	（人）	19	21	20	18	24	34
听力残疾	（人）	28	35	42	51	58	65
肢体残疾	（人）	127	112	128	128	178	138
其他残疾	（人）	11	10	14	15	19	28
专科（高职）录取人数	（人）	365	387	475	502	516	555
其中：视力残疾	（人）	40	33	47	45	45	64
听力残疾	（人）	39	56	66	65	85	75
肢体残疾	（人）	265	264	322	321	304	337
其他残疾	（人）	21	34	40	71	82	79

10-18 残疾人宣传与文化活动

项目		宣传			文化			
		组织新闻发布会（次）	广播电台残疾人专题节目（个）	电视手语栏目（个）	盲文书架及盲人有声读物图书室（个）	残疾人文化周（场次）	残疾人文化艺术类的比赛及展览（次）	残疾人艺术团队（个）
2017	省级	2	1	1	1	4	5	1
	地市级	31	14	11	17	76	39	34
2018	省级	2	1	1	1	3	4	1
	地市级	32	14	11	17	91	50	39
2019	省级	2	2	1	1	3	4	1
	地市级	35	16	15	18	93	55	52
2020	省级	2	1	1	1	3	3	1
	地市级	4	14	13	19	81	52	12
2021	省级	1	1	1	1	1	1	1
	地市级	2	15	14	20	93	47	12
2022	省级	1	1	1	1	1	1	1
	地市级	2	20	20	20	87	38	12

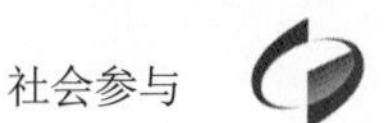

10-19 省十三届人民代表大会代表构成情况统计（2022 年）

单位：人，%

代表构成	数量	代表构成	数量
代表总数	**777**	工农	
性别		人数	185
男		比重	23.81%
人数	518	解放军	
比重	66.67%	人数	27
女		比重	3.48%
人数	259	党政领导干部	
比重	33.34%	人数	97
民族		比重	12.49%
汉族		归侨侨眷	
人数	754	人数	35
比重	97.04%	比重	4.51%
少数民族		中共党员	
人数	23	人数	503
比重	2.96%	比重	64.74%

10-20 政协第十二届广东省委员会委员情况（2022 年）

单位：人

委员情况	数量	委员情况	数量
委员总数	**785**	学历	
基本情况		研究生	478
中共党员	299	大学本科	222
非中共党员（其中民主党派）	486	大学专科及以下	85
# 民主党派	204	年龄	
女	155	35 岁及以下	3
少数民族	21	36 ～ 45 岁	56
宗教人士	11	46 ～ 54 岁	192
非公有制经济人士	183	55 ～ 60 岁	382
新社会阶层	6	61 ～ 69 岁	142
港澳台人士		70 岁以上	10
香港人士	103	常委人数	135
澳门人士	35	中共党员	38
台籍人士	7	非中共党员	97
		女	22

10-21 各市宗教活动场所(2022 年)

单位：处

市别	寺观教堂					固定处所				
	佛教	道教	伊斯兰教	天主教	基督教	佛教	道教	伊斯兰教	天主教	基督教
全　省	**1092**	**124**	**7**	**303**	**560**	**590**	**123**	**3**	**75**	**231**
广　州	13	5	4	4	15	20	2		4	22
深　圳	10		1	7	14	7	1		5	18
珠　海	2							1	1	7
汕　头	198	3		43	69	137	8		4	11
佛　山	15	4		12	17	5	2			4
韶　关	16	4		6	12	5			1	9
河　源	33	19		21	68	32	12			18
梅　州	212	11		31	79	108	12		3	37
惠　州	30	12		6	9	51	26	1	6	28
汕　尾	36	10		63	28	47	10		8	9
东　莞	18	6		1	8	23		1	1	8
中　山	8	1		2	7	1				2
江　门	11	3		11	32	8			1	4
阳　江	10			1	2	10				5
湛　江	193	2		11	33	40	7		4	7
茂　名	18	19		2	5	24	32			4
肇　庆	6	1	2	6	8	8	2			7
清　远	11	9		3	25	1				12
潮　州	113			26	52	17				4
揭　阳	127	14		45	71	30	9		37	12
云　浮	11			2	4	16				3
省佛协	1									
省道协		1								
省伊协										
省天主教两会										
省基督教两会					2					

10-22 各市宗教教职人员(2022 年)

单位：人

市别	佛教		道教		伊斯兰教	天主教				基督教				小计
	僧	尼	乾道	坤道	阿訇	主教	神父	执事	修女	牧师	长老	传道	教士	
全省	**1738**	**2314**	**738**	**499**	**34**	**6**	**94**		**103**	**333**	**101**	**331**	**386**	**6677**
广州	254	98	132	22	16	1	20		26	44	1	4	67	685
深圳	73	2	11	2	10		9		1	33	5		41	187
珠海	38		1		1		1			8			9	58
汕头	228	325	14	23		1	7		6	39	9	51	7	710
佛山	70	82	31	4			3		4	10	4	2	31	241
韶关	115	94	9	1			6		4	4	6	18	1	258
河源	40	12	65	46			4		2	13	17	55	6	260
梅州	75	180	28	42		1	7		12	26	28	61	13	473
惠州	83	49	101	15	1		5		4	21	1	6	20	306
汕尾	82	93	27	40			3		4	5	2	22	7	285
东莞	30	28	20	5	5		3		2	13			24	130
中山	20	13	4	1			1		1	19		2	20	81
江门	38	35	7	2		1	3		8	20	1	13	22	150
阳江	30	21								3	1	8	3	66
湛江	175	909	104	32		1	6		14	15	6	8	10	1280
茂名	41	28	80	26						2			4	181
肇庆	38	14	14	2	1		1		1	3		6	10	90
清远	19	6	29	5			2			7	4	23	22	117
潮州	100	99					3			16	8	9	23	258
揭阳	141	224	61	231		1	9		13	30	8	43	40	801
云浮	48	2					1		1	2			6	60

注：以上数据为教职人员资格已认定备案数。

10-23 省级艺术家会员情况表(2018-2022 年)

指标名称	单位	2018	2019	2020	2021	2022
一、戏剧家协会会员人数	人	2686	2752	2823	2686	3147
其中：男性	人	1776	1816	1859	1776	2085
女性	人	910	936	964	910	1062
戏剧家协会会员人数性别比	女性为 100	195.16	194.02	192.84	195.16	
二、电视艺术家协会会员人数	人	1365	1403	1350	1365	1350
其中：男性	人	1085	1113	834	1085	834
女性	人	280	290	516	280	516
电视艺术家协会会员人数性别比	女性为 100	387.5	383.79	161.63	387.50	
三、电影家协会会员人数	人	872	937	987	872	1118
其中：男性	人	663	635	673	663	763
女性	人	209	302	314	209	355
电影家协会会员人数性别比	女性为 100	317.22	210.26	214.33	317.22	
四、音乐家协会会员人数	人	4300	4543	4755	4300	5091
其中：男性	人	2520	2654	2500	2520	2627
女性	人	1780	1880	2255	1780	2464
音乐家协会会员人数性别比	女性为 100	141.57	141.17	110.86	141.57	
五、舞蹈家协会会员人数	人	911	1407	1480	911	1587
其中：男性	人	255	561	586	255	608
女性	人	656	846	894	656	979
舞蹈家协会会员人数性别比	女性为 100	38.87	66.31	65.55	38.87	
六、美术家协会会员人数	人	3902	4230	4422	3902	4816
其中：男性	人	3185	3440	3571	3185	3795
女性	人	717	790	851	717	1021
美术家协会会员人数性别比	女性为 100	444.21	435.44	419.62	444.21	

10-23 续表

指标名称	单位	2018	2019	2020	2021	2022
七、书法家协会会员人数	人	5227	5706	5635	5227	6169
其中：男性	人	4797	4881	5060	4797	5512
女性	人	430	825	575	430	657
书法家协会会员人数性别比	女性为100	1115.58	591.64	880	1115.58	
八、民间文艺家协会会员人数	人	2120	2238	2387	2120	2458
其中：男性	人	1787	1860	1971	1787	1883
女性	人	333	378	416	333	575
民间文艺家协会会员人数性别比	女性为100	536.64	492.06	473.8	536.64	
九、文艺评论家协会会员人数	人	513	542	552	513	586
其中：男性	人	383	395	399	383	429
女性	人	130	147	153	130	157
文艺评论家协会会员人数性别比	女性为100	294.62	268.7	260.78	294.62	
十、摄影家协会会员人数	人	6126	6449	6781	6126	7264
其中：男性	人	5092	5289	5527	5092	5858
女性	人	1034	1160	1254	1034	1406
摄影家协会会员人数性别比	女性为100	492.46	455.95	440.75	492.46	
十一、杂技家协会会员人数	人	827	806	823	827	852
其中：男性	人	435	547	576	435	547
女性	人	392	259	247	392	305
杂技家协会会员人数性别比	女性为100	110.97	211.2	211.2	110.97	
十二、曲艺家协会会员人数	人	1333	1424	1506	1333	1598
其中：男性	人	821	873	905	821	940
女性	人	512	551	601	512	658
曲艺家协会会员人数性别比	女性为100	160.35	158.44	150.58	160.35	

主要统计指标解释

基层团组织 是指企业、农村、机关、学校、科研院所、街道社区、社会团体、社会中介组织、人民解放军连队、人民武装警察部队中队和其他基层单位的团组织。

机关事业单位团组织、团干部 含乡镇、街道团组织、团干部。

农村团员 不含学生团员、企业团员、外出务工团员。

企业团员 含外来务工团员。

中专学校列入中职学校类别统计。

专兼职团干部 专职团干部是指在按照“三定”方案单独设置的团组织机构中，有正式编制（或岗位设置）的团干部；兼职团干部是指以团的工作为辅，在团内兼职的团干部。

宗教活动场所 是指信教公民开展集体宗教活动的寺院、宫观、清真寺、教堂（简称寺观教堂）和其他固定宗教活动处所，是非营利性组织。寺观教堂和其他固定宗教活动处所的区分标准由省、自治区、直辖市人民政府宗教事务部门制定，报国务院宗教事务部门备案。其中，寺院包括佛教寺、庙、宫、庵、禅院等；宫观包括道教的宫、观、祠、庙、府、洞等；清真寺，即伊斯兰教信徒进行集体宗教活动的场所；教堂，即天主教、基督教信徒进行集体宗教活动的场所。其他固定宗教活动处所主要是指除寺观教堂以外，供信教公民经常进行集体宗教活动的固定活动场所。

宗教教职人员 是指各宗教专门从事教务活动的人员。宗教教职人员的范围，由各全国性宗教团体依本宗教的教义教规并结合实际情况确定。根据各全国性宗教团体制定的教职人员认定办法，宗教教职人员一般具体指：汉传佛教的比丘、比丘尼，藏传佛教的僧人（含活佛），南传佛教的比库（都、法、召章）、帕希提（吴巴赛）、帕萨米、帕祜巴、帕松列、帕松列尚卡拉扎；道教的全真派和正一派道士；伊斯兰教的阿訇、毛拉等；天主教的主教、助理主教、辅理主教、司铎（神甫）、执事、修女；基督教的主教（或称“监督”）、牧师（包括个别教会传统中相当于牧师的长老）、教师（或称“副牧师”）、长老、传道员（或称“教士”）。

戏剧家协会会员人数 指报告期末，在省文联的广东省戏剧家协会会员人数。

电影家协会会员人数 指报告期末，在省文联的广东省电影家协会会员人数。

电视艺术家协会会员人数 报告期末，在省文联的广东省电视艺术家协会的会员人数。

音乐家协会会员人数 报告期末，在省文联的广东省音乐家协会的会员人数。

舞蹈家协会会员人数 报告期末，在省文联的广东省舞蹈家协会的会员人数。

美术家协会会员人数 报告期末，在省文联的广东省美术家协会的会员人数。

书法家协会会员人数 报告期末，在省文联的广东省书法家协会的会员人数。

民间文艺家协会会员人数 报告期末，在省文联的广东省民间文艺家协会的会员人数。

文艺评论家协会会员人数 报告期末，在省文联的广东省文艺评论家协会的会员人数。

摄影家协会会员人数 报告期末，在省文联的广东省摄影家协会的会员人数。

杂技家协会会员人数 报告期末，在省文联的广东省杂技家协会的会员人数。

曲艺家协会会员人数 报告期末，在省文联的广东省曲艺家协会的会员人数。

十一、基本公共服务主要指标

简要说明

1. 本篇资料主要反映广东省基本公共服务等情况。

2. 本篇资料主要包括：

(1) 基本公共教育、劳动就业服务、社会保险、基本社会服务、医疗卫生服务、住房保障、农业农村、水利等。

(2) 地区为全省。

(3) 年份主要为当年和近 5 年数据。

3. 统计资料来源：本篇资料由省卫健委、省教育厅、省财政厅、省人力资源和社会保障厅、省住房和城乡建设厅、省民政厅、省农业农村厅、省水利厅审核、提供。

2022 年省住房和城乡建设厅基本概述

2022 年，广东省住房和城乡建设厅按照国家和省委、省政府的工作部署，坚持房子是用来住的、不是用来炒的定位，突出住房的民生属性，加快构建我省以公共租赁住房、保障性租赁住房和共有产权住房为主体的住房保障体系，进一步加快发展保障性租赁住房，扩大保障性租赁住房供给，优化住房租赁市场供给结构，缓解住房租赁市场结构性供给不足，推进以人为核心的新型城镇化，促进实现全体人民住有所居。截至年底，全省新开工公共租赁住房 2.07 万套、棚户区改造安置住房 0.78 万套，发放租赁补贴 5.57 万户，全省公共租赁住房实物保障在保户数 53.64 万户。

撰稿：黄咏怡

11-1 基本公共教育

指　标	单位	2015	2018	2019	2020	2021	2022
九年义务教育							
生师比城乡比	乡村 =1	1.21	1.13	1.10	1.08	1.06	1.05
生均教学及辅助用房面积城乡比	乡村 =1	0.63	0.78	0.79	0.83	0.86	0.89
义务教育免费住宿学生数	万人						
义务教育学生营养改善计划受益学生数	万人	10.73	29.36	27.92	27.52		
初中毕业生升学率	%	93.49	97.45	98.86	98.76	97.64	97.50
九年义务教育巩固率	%	93.74	94.71	95.43	96.11	96.22	95.81
高中阶段教育							
普通高中家庭经济困难学生受资助学生数	万人	20.91	21.49	20.97	19.24	20.08	
中等职业教育师生比	教师 =1	26.06	19.66	19.52	19.77	20.09	20.53
中等职业教育双师型教师比重	%	40.92	41.51	41.22	41.01	39.76	40.06
中等职业教育免费学生数	万人	73.63	67.86	67.79	69.15	70.44	
中等职业教育与普通高中在校学生数之比	普通高中 =1	0.57	0.47	0.47	0.46	0.45	0.44
学前教育							
公办幼儿园在园幼儿数占全部在园幼儿数比重	%	35.1	30.3	29.6	41.1	43.99	46.08
学前三年毛入园率	%	100.97	112.46	111.57	107.04	104.14	104.47

注：1. 2010 年城乡区划分类为城市、县镇、农村，从 2011 年起重新调整城乡区划分类为城区、镇区和乡村。
2. 义务教育学生营养改善计划 2016 年增加了广州市奖补资金，导致 2016 年比 2015 年增加较大。
3. 中等职业教育免费学生数由于 2012 年调整统计口径，导致 2012 年比 2011 年增加较大。
4. 义务教育免费住宿学生数暂时没有数据。

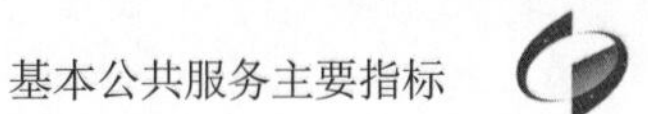

11-2 基本劳动就业服务

指　标	单位	2015	2018	2019	2020	2021	2022
就业服务和管理							
职业指导人次	人次		843232	798546	669281	842922	1021225
创业服务人次	人次		186180	133032	156514	275685	271204
实现就业的就业困难人数	万人	18.4	16.8	13.89	11.3	11.51	10.51
本年消除的零就业家庭户数	户	353	217	140	193	30	28
职业技能培训							
参加职业技能鉴定或职业技能等级认定人次数	人次	1683826	742270	702789	724688	828098	914719
劳动权益保护							
劳动保障监察举报投诉案件结案率	%		99.99	99.92	100	100	100
劳动人事争议仲裁结案率	%	93.9	92.63	92.73	96.45	96.83	96.7

11-3 基本社会保险

指　标	单位	2015	2018	2019	2020	2021	2022
基本养老保险							
城镇职工基本养老保险参保人数	万人	5086.5	4919.7	4633.4	4873.1	5079.5	5229.2
城乡居民基本养老保险参保人数	万人	2499.7	2656.5	2642.3	2657.2	2680.4	2764.3
失业、工伤保险							
失业保险参保人数	万人	2930.1	3361.7	3500.8	3603.4	3725.1	3751.1
工伤保险参保人数	万人	3122.7	3592.5	3815.8	3866.7	4068.6	4083.4
社会保险服务保障							
社会保障卡持卡人数	万人	9805	10305	10525	11428	11674	11972
电子社保卡签发人数	万人	/	/	/	3628	5205	6976

11-4 基本社会服务

指 标	单位	2015	2018	2019	2020	2021	2022
社会救助							
城乡居民最低生活保障人数	万人	183.3	141.1	140.4	143.0	142.3	130.6
农村特困人员救助供养人数	万人	24.0	22.0	21.4	20.9	20.2	20.0
社会福利							
养老服务机构收留抚养老年人数	万人	6.6	7.6	7.9	8.8	8.8	8.5
儿童收养救助服务机构床位数	万张	0.5	0.6	0.6	0.6	0.6	0.6
提供住宿的社会工作机构年末在院（站）儿童数	万人	0.9	0.9	0.8	0.7	0.7	0.6
社会服务保障							
每千人口社会服务机构床位数	张	2.26	4.18	4.38	3.85	3.73	3.70
每万人口拥有社会工作专业人才数	人	3.97	7.09	9.45	8.96	9.63	11.62

11-5 基本医疗卫生和人口计划生育

指 标	单位	2015	2018	2019	2020	2021	2022
公共卫生服务							
居民规范化电子健康档案覆盖率（%）	%	90.03	81.25	83.93	94.31	83.45	80.06
7 岁以下儿童健康管理率	%	95.92	94.45	95.18	97.45	96.13	94.42
孕产妇系统管理率	%	91.84	91.87	92.88	95.35	94.44	94.58
甲乙类法定报告传染病发病率	1/10 万	313.19	310.94	315.37	272.49	272.51	254.65
人均基本公共卫生服务补助经费	元	42.3	60.17	74.64	80.8	94.6	95.5
医疗服务							
每万人口全科医生数	人	1.31	2.26	2.63	3.12	3.12	3.67
每千人口基层医疗卫生机构执业（助理）医师数	人	0.73	0.85	0.89	0.93	0.98	1.03
每千人口基层医疗卫生机构床位数	张	0.55	0.57	0.57	0.58	0.6	0.6
乡镇卫生院基础设施建设达标率	%				100	100	
中医服务							
每千人口中医类别执业（助理）医师数	人	0.29	0.35	0.38	0.40	0.41	0.45
人口和计划生育							
农村部分计划生育家庭奖励扶助人数	万人	11.48	12.34	22.39	24.10	25.77	28.21

注：本表仅包含以妇幼保健院（所、站）为第一名称的机构，不包含与其他类别医院署办公的妇幼保健院。常住人口数使用七人普调整后数据。

11-6 基本住房保障

指　标	单位	2015	2018	2019	2020	2021	2022
公共租赁住房（廉租住房）							
公共租赁住房（廉租住房）新开工套数	万套	5.28	-	-	2.22	1.03	2.07
公共租赁住房（廉租住房）实物保障户数（在保）	万户	28.96	49.99	51.40	52.96	53.11	53.64
住房租赁补贴户数（在保）	万户	3.06	2.89	3.15	4.06	5.12	5.57
棚户区改造							
"实际开工的各类棚户区改造住房套数（含货币安置户数）"	万套	8.79	3.45	2.79	1.95	1.42	0.78
农村危房改造							
农村危房改造户数	万户	12.82	5.73	0.57	0.57	0.31	0.40

11-7 社会领域一般公共预算主要支出

单位：万元

指　标	2021 年	2022 年	增幅（%）
一般公共预算支出	182470084	185330800	1.6
教育支出	37966864	38711439	2
文化旅游体育与传媒支出	3955915	3501901	-11.5
文化和旅游	1908829	1864964	-2.3
文物	222190	258833	16.5
体育	544712	438610	-19.5
新闻出版电影	32041	34190	6.7
广播电视	251533	197848	-21.3
社会保障和就业支出	21318914	21539646	1
残疾人事业	800552	855045	6.8
卫生健康支出	18570959	20812492	12.1

11-8 各市农村无害化卫生厕所普及率

单位：%

市别	2015	2018	2019	2020	2021	2022
全省	**87.17**	**97.0**	**99.7**	**99.8**	**99.44**	**95.98**
备注：	2022 年初，农业农村部调整了农村无害化卫生厕所标准，2022 年农村无害化卫生厕所覆盖率下降。					

11-9 各市农村自来水普及率

单位：%

市别	2015	2018	2019	2020	2021	2022
合计	**83.4**	**91.5**	**91.9**	**92.7**	**99.1**	**99.3**
广州	98.6	100.0	100.0	100.0	100.0	100.0
深圳	100.0	100.0	99.5	100.0	100.0	100.0
珠海	100.0	100.0	100.0	100.0	100.0	100.0
汕头	92.9	97.2	97.2	97.8	99.3	99.3
佛山	99.2	100.0	100.0	100.0	100.0	100.0
韶关	73.4	90.0	92.5	92.9	98.9	99.2
河源	78.9	86.8	86.8	86.8	98.9	99.0
梅州	70.8	86.7	89.0	90.0	98.5	99.0
惠州	88.7	97.0	98.4	98.4	99.3	99.4
汕尾	90.5	92.5	92.5	92.5	98.6	99.1
东莞	100.0	100.0	100.0	100.0	100.0	100.0
中山	100.0	100.0	100.0	100.0	100.0	100.0
江门	86.6	95.0	95.0	95.0	98.9	99.1
阳江	67.6	90.0	90.0	90.9	98.9	99.0
湛江	73.2	80.5	80.5	84.0	98.6	99.0
茂名	51.0	83.0	83.0	83.0	98.5	99.1
肇庆	81.5	87.0	87.0	90.0	99.0	99.3
清远	82.7	88.0	88.0	90.1	99.1	99.2
潮州	93.0	95.0	95.5	95.8	99.3	99.3
揭阳	79.1	92.6	92.6	92.6	97.4	99.0
云浮	89.3	91.0	91.0	91.0	98.8	99.1

十二、分县（市、区）和全国各地区部分指标基本公共服务主要指标

简要说明

1. 本篇资料主要反映广东省分县区和全国各地区学校、医院、社会组织等情况。

2. 本篇资料主要包括：

(1) 各县区医院数、床位数、人员数；各地区高等学校、高中、中职院校、初中、小学等情况；各省社会组织发展指数、社工发展指数，民政事业费支出水平。

(2) 地区分全省各县区和全国各地区。

(3) 年份主要为 2021 年。

3. 统计资料来源：本篇资料由省教育厅、省卫健委、省民政厅负责整理、审核、提供。

12-1 全省卫生机构、床位、人员数(2022年)

地　区	机构数（个）	床位（张）	在岗职工（人）	卫生技术人员（人）	执业(助理)医师（人）	注册护士（人）
广东省	**59531**	**608258**	**1111769**	**918430**	**335181**	**420790**
广州市	**6159**	**110505**	**238147**	**195697**	**68687**	**91203**
荔湾区	263	7039	14045	12063	4562	5525
越秀区	400	27479	59553	50223	16142	23502
海珠区	509	12214	25075	20699	7191	9931
天河区	972	14584	37870	30787	11175	14609
白云区	948	23590	37089	28261	9532	13718
黄埔区	455	4565	12358	9818	3300	3599
番禺区	588	6550	17389	14668	5770	6636
花都区	634	4471	12519	10611	3926	5013
南沙区	285	1525	4273	3538	1461	1502
从化区	391	2653	5573	4539	1687	2175
增城区	714	5835	12403	10490	3941	4993
韶关市	**2149**	**22126**	**31127**	**25606**	**8355**	**12636**
武江区	236	5996	8829	7058	2135	3829
浈江区	185	2538	3343	2864	1028	1361
曲江区	149	1677	2371	2018	736	954
始兴县	153	971	1741	1476	513	636
仁化县	152	881	1480	1251	444	513
翁源县	269	2057	3138	2445	706	1215
乳源县	137	672	1485	1191	392	520
新丰县	192	1052	1924	1531	532	689
乐昌市	344	3979	3657	3157	985	1647
南雄市	332	2303	3159	2615	884	1272

注：本表数据含村卫生室数。

12-1 续表 1

地　区	机构数（个）	床位（张）	在岗职工（人）	卫生技术人员（人）	执业(助理)医师（人）	注册护士（人）
深圳市	**5841**	**53984**	**145248**	**118273**	**47234**	**51569**
罗湖区	390	5974	16714	13598	5026	6433
福田区	904	11886	32418	26115	9943	11809
南山区	727	4621	17258	13675	5665	5979
宝安区	1295	9768	24270	20086	8238	8467
龙岗区	1383	12013	28671	23241	9397	9801
盐田区	91	704	1959	1700	748	645
龙华区	596	3047	10485	8684	3737	3574
坪山区	160	3591	6477	5342	2056	2401
光明区	295	2380	6996	5832	2424	2460
珠海市	**1092**	**12431**	**28458**	**23634**	**9072**	**10945**
香洲区	655	8913	21195	17513	6603	8092
斗门区	259	2033	4241	3582	1472	1656
金湾区	178	1485	3022	2539	997	1197
汕头市	**2126**	**22326**	**36847**	**31403**	**12292**	**14043**
龙湖区	330	2057	4227	3637	1509	1549
金平区	332	10370	16710	14437	5226	7207
濠江区	74	1157	1411	1209	450	515
潮阳区	581	3261	6238	5365	2242	2144
潮南区	406	3768	4334	3606	1506	1465
澄海区	357	1584	3496	2841	1254	1052
南澳县	46	129	431	308	105	111
佛山市	**2699**	**41027**	**79986**	**68237**	**24685**	**31821**
禅城区	432	13142	23391	19243	6413	8987
南海区	1012	11019	23453	20809	7952	10023
顺德区	823	11935	22363	19243	7117	8926
三水区	260	2994	6906	5691	1935	2543
高明区	172	1937	3873	3251	1268	1342

注：本表数据含村卫生室数。

12-1 续表 2

地　区	机构数（个）	床位（张）	在岗职工（人）	卫生技术人员（人）	执业(助理)医师（人）	注册护士（人）
江门市	**1767**	**26305**	**42556**	**35999**	**12252**	**17335**
蓬江区	221	9056	13547	11281	3825	5785
江海区	101	625	1438	1268	423	621
新会区	267	5257	7211	6026	2056	2823
台山市	429	4814	7180	6294	2062	3026
开平市	243	2912	5558	4593	1430	2207
鹤山市	258	1873	4145	3668	1439	1623
恩平市	248	1768	3477	2869	1017	1250
湛江市	**3726**	**44914**	**57280**	**46150**	**15497**	**21664**
赤坎区	258	4836	7567	6325	2175	2976
霞山区	293	7382	11132	9459	3256	4601
坡头区	147	1170	1992	1677	637	692
麻章区	387	2470	4353	3556	1318	1665
遂溪县	472	3847	4843	3823	1195	1715
徐闻县	215	4139	4616	3587	1130	1628
廉江市	788	7685	8704	6770	2197	3206
雷州市	749	8757	7643	5843	1726	2910
吴川市	417	4628	6430	5110	1863	2271
茂名市	**3973**	**39039**	**46232**	**38217**	**14214**	**17892**
茂南区	447	7576	12285	10632	3825	5244
电白区	856	8176	8143	6608	2645	2909
高州市	837	10123	10895	9255	3416	4505
化州市	692	6527	7597	6059	2189	2750
信宜市	1141	6637	7312	5663	2139	2484

注：本表数据含村卫生室数。本表数据来源于《2022 中国卫生健康统计提要》。

12-1 续表3

地　区	机构数（个）	床位（张）	在岗职工（人）	卫生技术人员（人）	执业(助理)医师（人）	注册护士（人）
肇庆市	**3216**	**21012**	**36992**	**29650**	**9835**	**13358**
端州区	382	7073	10066	8483	2797	4117
鼎湖区	154	1077	1736	1424	422	634
高要区	604	2359	5065	3957	1411	1684
广宁县	361	1784	3659	2691	863	1209
怀集县	765	3380	5812	4410	1374	1885
封开县	330	1186	2749	2173	614	938
德庆县	263	1341	2675	2260	846	1007
四会市	357	2812	5230	4252	1508	1884
惠州市	**3763**	**24979**	**52082**	**43946**	**16911**	**19911**
惠城区	1327	11370	25130	21298	8147	9726
惠阳区	764	4222	10414	8704	3362	4157
博罗县	754	4354	6822	5826	2472	2507
惠东县	689	3669	7178	5971	2125	2675
龙门县	229	1364	2538	2147	805	846
梅州市	**2936**	**23364**	**34523**	**28620**	**10594**	**12111**
梅江区	292	6657	10197	8671	3001	4022
梅县区	387	2561	4474	3800	1488	1617
大埔县	341	1583	2711	1983	678	845
丰顺县	330	2204	3133	2548	879	1012
五华县	569	5138	6236	5158	2029	1993
平远县	202	947	1593	1402	525	580
蕉岭县	161	1108	1565	1366	500	555
兴宁市	654	3166	4614	3692	1494	1487

注：本表数据含村卫生室数。

12-1 续表 4

地　区	机构数（个）	床位（张）	在岗职工（人）	卫生技术人员（人）	执业(助理)医师（人）	注册护士（人）
汕尾市	**1594**	**12261**	**19330**	**15331**	**5464**	**6011**
城　区	252	2919	5006	4238	1386	1932
海丰县	596	4521	5793	4497	1767	1666
陆河县	191	1257	1843	1478	552	576
陆丰市	555	3564	6688	5118	1759	1837
河源市	**2106**	**20555**	**27651**	**22892**	**7567**	**10975**
源城区	300	7325	9786	8350	2644	4410
紫金县	449	3089	4521	3719	1269	1632
龙川县	455	4605	5277	4371	1478	2049
连平县	240	1535	2353	1893	649	777
和平县	303	1648	2829	2291	778	1063
东源县	359	2353	2885	2268	749	1044
阳江市	**1832**	**16421**	**22981**	**18350**	**6317**	**8432**
江城区	524	6282	9569	7839	2734	3641
阳东区	266	2432	3370	2916	933	1372
阳西县	259	2047	2964	2227	722	935
阳春市	783	5660	7078	5368	1928	2484
清远市	**2657**	**19494**	**32186**	**26761**	**9427**	**12816**
清城区	694	6534	11624	9719	3628	4733
清新区	409	1591	3441	2852	1121	1372
佛冈县	214	1172	2337	1924	655	861
阳山县	281	1843	2486	2019	625	1010

注：本表数据含村卫生室数。

12-1 续表 5

地 区	机构数（个）	床位（张）	在岗职工（人）	卫生技术人员（人）	执业(助理)医师（人）	注册护士（人）
连山县	85	435	842	679	221	290
连南县	89	471	1032	775	218	372
英德市	634	4652	7028	5955	2107	2805
连州市	251	2796	3396	2838	852	1373
东莞市	**3696**	**35075**	**77084**	**64626**	**24495**	**30520**
中山市	**1280**	**16994**	**33393**	**29202**	**11163**	**13858**
潮州市	**2233**	**8008**	**15330**	**11541**	**4826**	**4254**
湘桥区	503	3568	6635	5353	1999	2250
潮安区	1081	2855	5349	3925	1901	1242
饶平县	649	1585	3346	2263	926	762
揭阳市	**3243**	**25387**	**34127**	**27789**	**10896**	**12001**
榕城区	678	6418	9102	7493	3173	3058
揭东区	585	4474	4947	3901	1492	1595
揭西县	416	2641	4140	3361	1069	1554
惠来县	550	3024	4399	3412	1286	1465
普宁市	1014	8830	11539	9622	3876	4329
云浮市	**1443**	**12051**	**20209**	**16506**	**5398**	**7435**
云城区	287	2349	4685	4038	1348	1958
云安区	204	574	1128	897	374	367
新兴县	214	1969	3937	3267	999	1495
郁南县	217	1937	3121	2620	748	1068
罗定市	521	5222	7338	5684	1929	2547

注：本表数据含村卫生室数。

12-2 全国各地区医疗机构床位情况(2022年)

单位：张

市　别	医疗机构床位数	医院床位数	每千常住人口医疗卫生机构床位数
北　京	133932	126309	6.13
天　津	68538	62185	5.03
河　北	485658	382583	6.55
山　西	228353	186214	6.56
内蒙古	167692	135193	6.98
辽　宁	326159	284073	7.77
吉　林	177175	154158	7.55
黑龙江	261301	223245	8.43
上　海	165344	148243	6.68
江　苏	562961	443686	6.61
浙　江	381687	339270	5.80
安　徽	443964	339157	7.25
福　建	232425	184774	5.55
江　西	314472	227271	6.95
山　东	693626	538439	6.83
河　南	752209	561076	7.62
湖　北	450327	324090	7.71
湖　南	544503	397502	8.24
广　东	608258	497101	4.81
广　西	341716	236649	6.77
海　南	61209	48555	5.96
重　庆	250832	186135	7.81
四　川	683873	516961	8.17
贵　州	309703	242023	8.03
云　南	341232	263406	7.27
西　藏	19992	15371	5.49
陕　西	289556	238281	7.32
甘　肃	188914	144533	7.58
青　海	42946	36281	7.22
宁　夏	41782	36256	5.74
新　疆	179580	143880	6.94

12-3 2019-2022主要教育综合指标在全国排位

项目	单位	2019			2020			2021			2022		
		全国水平	广东	排位	全国水平	广东	排位	全国水平	广东	排位	全国水平	广东	排位
按常住人口计算	（人）												
每万人口普通本专科在校生		217.25	181.03	27	234.66	208.33	25	247.99	201.55	28	244.93	198.82	28
每万人口成人本专科在校生		47.91	82.10	1	55.52	95.75	1	59.06	77.38	5	62.49	82.08	5
每万人口高中阶段教育在校生		260.18	237.71	21	268.73	240.46	21	277.83	230.99	25	271.29	227.78	24
# 每万人中等职业教育学校在校生		87.16	75.77	19	90.56	75.24	21	93.05	71.66	25	89.64	70.14	25
每万人口普通高中在校生		173.02	161.94	21	178.17	165.22	21	184.78	159.33	25	181.65	157.64	25
每万人口普通初中在校生		345.94	342.88	17	350.99	351.94	16	355.97	340.61	18	342.73	337.65	17
每万人口小学在校生		756.87	910.83	7	766.07	917.55	6	764.65	856.27	10	718.32	806.95	9
每万人口幼儿园在园儿童		337.82	409.40	7	344.15	416.78	8	340.85	397.10	7	309.73	370.74	4
按户籍人口计算	（人）												
每万人口普通本专科在校生		215.86	216.16	16	232.94	248.38	10	247.39	258.93	12	258.48	268.52	12
每万人口成人本专科在校生		47.60	98.03	1	55.11	114.15	1	58.92	99.42	1	65.95	110.86	2
每万人口高中阶段教育在校生		258.51	283.84	10	266.76	286.68	12	277.16	296.76	11	286.29	307.63	12
# 每万人中等职业教育学校在校生		86.60	90.47	14	89.89	89.70	16	92.83	92.07	17	94.60	94.73	18
每万人口普通高中在校生		171.91	193.37	7	176.86	196.98	9	184.33	204.69	11	191.69	212.91	10
每万人口普通初中在校生		343.71	409.41	5	348.42	419.59	5	355.11	437.58	2	361.69	456.02	2
按户籍人口计算	（人）												
每万人口小学在校生		752.01	1087.58	2	760.46	1093.93	2	762.80	1100	2	758.05	1089.83	3
每万人口幼儿园在园儿童		335.65	488.84	2	341.63	496.90	2	340.02	510	1	326.86	500.71	1
小学教师达标率	(%)	99.97	99.98	19	99.98	99.99	14	99.98	100.00	5.00	99.99	99.99	12
小学教师专科以上学历的比重	(%)	97.26	98.55	8	97.88	98.90	9	98.43	99.19	8.00	98.90	99.40	8
普通初中教师达标	(%)	99.88	99.98	5	99.89	99.98	8	99.91	99.98	9.00	99.94	99.98	11
普通高中教师达标	(%)	98.62	99.35	6	98.79	99.26	8	98.82	99.48	7.00	99.03	99.47	7
普通高校教师高职称比	(%)	43.29	40.38	21	43.30	40.74	21	42.88	40.35	21.00	42.24	38.68	23
普通高校学校数	（所）	2688	154	2	2738	154	2	2756.00	160.00	2.00	2760	161	2
成人高校学校数	（所）	268	14	5	265	14	5	256	14	4	253	14	4
普通本专科招生数	（人）	9149026	616331	3	9674518	866140	1	10013151	694317	3	10145421	715658	2
成人本专科招生数	（人）	3022088	425138	1	3637630	453516	1	3785288	431525	2	4400196	483544	2
普通本专科在校生数	（人）	30315262	2053977	3	32852948	2400227	2	34961307	2539779	2	36594175	2670913	2
成人本专科在校生数	（人）	6685603	931474	1	7772942	1103093	1	8326521	975147	1	9336481	1102687	1
研究生在校生数	（人）	2863712	136154	6	3139598	154748	6	3332373	174309	6	3653613	195410	6

12-4 各地区高等学校普通本、专科学生数(2022)

地 区	学校数（所）	招生数（人）	普通本科	职业本科	职业专科	在校学生数（人）	本科	职业本科
全 国	**2760**	**10145421**	**4679358**	**76302**	**5389761**	**36594175**	**19656436**	**228740**
北 京	92	162631	139992		22639	626590	559191	
天 津	56	161448	91509		69939	594505	375558	
河 北	124	502184	229050	6721	266413	1773693	962736	7728
山 西	82	268650	124931	5882	137837	945710	543231	11607
内蒙古	54	145766	64386		81380	534509	288595	
辽 宁	114	295006	181027	1350	112629	1180201	752201	4148
吉 林	66	222706	129460		93246	788677	528199	
黑龙江	78	257345	141679		115666	912011	587214	
上 海	64	140386	100446	1378	38562	554807	413570	2744
江 苏	168	609922	300057	3541	306324	2219114	1239560	8450
浙 江	109	325437	167592	4374	153471	1253265	705515	9503
安 徽	121	402234	181943		220291	1553535	767426	
福 建	89	299961	137430	2504	160027	1076050	578208	9207
江 西	106	440586	172715	6994	260877	1464437	698423	19850
山 东	153	700405	280081	7623	412701	2527073	1222647	31984
河 南	156	800432	315204	3392	481836	2823270	1357256	14157
湖 北	130	497821	237094		260727	1772611	1003610	
湖 南	130	515747	224788	1251	289708	1685091	867601	1580
广 东	161	715658	310912	5307	399439	2670913	1321922	24610
广 西	85	417760	146205	6130	265425	1407503	627621	21704
海 南	21	72808	30793	2380	39635	258146	129941	11160
重 庆	70	295510	122690	3383	169437	1066133	532586	11372
四 川	134	606090	262142	2494	341454	2051526	1091431	8942
贵 州	75	261312	89941	2982	168389	894725	407741	3964
云 南	82	287063	123643		163420	1100290	540756	
西 藏	7	11706	7033		4673	42518	29442	
陕 西	97	331424	181413	3793	146218	1304356	764831	13371
甘 肃	49	150168	75506	3480	71182	648141	329384	7840
青 海	12	24130	12262		11868	80915	47456	
宁 夏	20	46253	25265		20988	172457	101366	
新 疆	55	176872	72169	1343	103360	611403	281218	4819

注：学校数为普通高校数。教育部公布本科不含专科起点本科学生数，专科的招生数不含五年制高职转入学生数。

12-4 续表

地区	专科（人）	毕（结）业生数（人）				授予学位数（个）
			普通本科	职业本科	职业专科	
全　国	**16708999**	**9672565**	**4715658**	**9229**	**4947678**	**4706170**
北　京	67399	158466	131477		26989	131871
天　津	218947	155972	90370		65602	90800
河　北	803229	488044	225861		262183	225588
山　西	390872	248174	136315		111859	135484
内蒙古	245914	140259	70626		69633	69876
辽　宁	423852	318591	177447		141144	177277
吉　林	260478	218140	125940		92200	125445
黑龙江	324797	252541	140769		111772	140722
上　海	138493	147299	98317	37	48945	97945
江　苏	971104	573573	301245	891	271437	299386
浙　江	538247	346264	171415	184	174665	171003
安　徽	786109	418913	190427		228486	189913
福　建	488635	280932	137182		143750	137174
江　西	746164	379138	165267	519	213352	164776
山　东	1272442	734267	301424		432843	302139
河　南	1451857	777999	343007	600	434392	343510
湖　北	769001	471608	249208		222400	247343
湖　南	815910	449235	194962		254273	193759
广　东	1324381	633760	316869	4154	312737	320671
广　西	758178	361942	144425	1039	216478	144475
海　南	117045	68865	31335	289	37241	31164
重　庆	522175	271002	122605	789	147608	123229
四　川	951153	510447	253299		257148	253835
贵　州	483020	251248	100642		150606	99352
云　南	559534	297432	136465		160967	135814
西　藏	13076	10218	6326		3892	6249
陕　西	526154	353446	184287	206	168953	182415
甘　肃	310917	165898	80494		85404	79605
青　海	33459	20759	10439		10320	10381
宁　夏	71091	40486	21476		19010	21023
新　疆	325366	127647	55737	521	71389	53946

注：学校数为普通高校数。学生数包括成人高校的普通本专科学生数。教育部公布的招生数不含专升本的学生数。

12-5　各地区普通高中基本情况(2022)

地　区	学校数（所）	招生数（人）	在校学生数（人）	毕业生数（人）	教职工数（人）	专任教师
全　国	**15026**	**9475448**	**27138747**	**8241028**	**7975689**	**7085365**
北　京	351	74681	198928	49775	99779	79839
天　津	201	71652	209086	58108	60638	53144
河　北	775	598825	1752465	500372	457852	405699
山　西	508	228491	686908	224880	223842	189476
内蒙古	311	144285	425686	129220	143925	117188
辽　宁	434	211826	618553	200196	207660	180261
吉　林	266	148060	449767	145802	143485	119886
黑龙江	363	187916	570246	188628	172891	147750
上　海	280	72813	192936	53461	98815	82592
江　苏	644	486602	1350908	380642	442550	396308
浙　江	641	299950	864408	269212	278532	249957
安　徽	679	420893	1200980	380654	340027	304405
福　建	578	268921	746398	206117	211423	188374
江　西	561	421740	1206507	373189	290193	272386
山　东	753	673587	1902982	570297	590836	549917
河　南	1050	884485	2504510	742170	683053	618026
湖　北	563	355972	1002594	298814	287828	251208
湖　南	726	504382	1422277	425201	384361	354557
广　东	1121	749127	2117786	631295	737172	629020
广　西	537	440538	1260477	380141	295083	258940
海　南	135	71721	204564	59821	67083	56712
重　庆	277	232081	663252	205272	150461	138210
四　川	809	503117	1464997	474281	455425	411047
贵　州	494	308531	950612	313442	253472	217893
云　南	641	371435	1052863	312794	249523	228837
西　藏	40	27583	79265	23397	20231	19614
陕　西	444	238624	677049	210877	209267	184604
甘　肃	368	181958	525737	170330	158865	149935
青　海	106	45752	133924	41573	36720	32688
宁　夏	70	58653	172385	53161	38701	36875
新　疆	300	191247	529697	167906	185996	160017

注：教职工数、专任教师数为普通高中和普通初中之和。

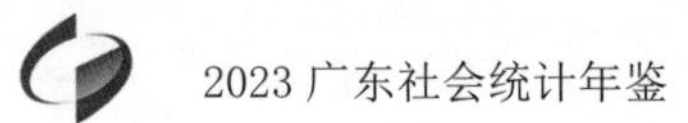

12-6 各地区中等职业学校（机构）学生情况（2022）

地区	招生数（人）	应届毕业生	初中毕业生	在校学生数（人）	毕业生数（人）	获得职业资格证书	预计毕业生数
全国	**4847810**			**13392903**	**3992725**	**2023971**	**4261152**
北京	19571			54596	12515	1999	15730
天津	27386			82867	24853	10728	28085
河北	326559			922712	287782	163805	317976
山西	118028			332805	99445	79446	101387
内蒙古	66452			187098	51229	18825	58663
辽宁	93365			276285	78006	23464	88779
吉林	45857			132660	41466	9951	41762
黑龙江	62452			178287	55290	21326	56112
上海	39282			112571	36441	14411	40442
江苏	235122			673401	194742	119777	208552
浙江	173590			532324	177633	151694	186347
安徽	276133			727997	238826	153415	253071
福建	143517			395217	110034	54399	118762
江西	195219			557069	142125	28387	165088
山东	299584			880975	253917	94703	291712
河南	430983			1193613	373566	228579	375054
湖北	140076			438156	139894	59659	142668
湖南	260676			746324	226792	138782	228763
广东	349075			942235	271921	158343	281943
广西	227023			652704	187836	78871	219009
海南	47685			128311	33839	8799	37007
重庆	138144			379710	106766	58519	114203
四川	345628			907951	261971	128129	288961
贵州	283821			524361	114579	53433	111874
云南	158216			485528	192777	56858	212817
西藏	12702			32956	11750	632	9104
陕西	107806			301382	90232	32218	91758
甘肃	79215			200563	51665	27307	49904
青海	30527			90251	21866	9927	25588
宁夏	28930			77874	23672	8421	22429
新疆	85186			244120	79295	29164	77602

注：中等职业学校数据不含技工数。

12-7 各地区普通初中基本情况(2022)

地区	学校数（所）	招生数（人）	在校学生数（人）	毕业生数（人）	专任教师（人）
全国	**52480**	**17313811**	**51205965**	**16239236**	**4025197**
北京	333	121270	355820	103514	40078
天津	341	121167	361994	106489	30737
河北	2517	1098109	3201373	1001993	235970
山西	1403	374595	1093643	380278	103536
内蒙古	721	224702	667936	222365	63969
辽宁	1532	311212	960797	343951	99425
吉林	1180	201034	592175	210447	65834
黑龙江	1405	230733	799675	265175	84557
上海	608	150012	524383	108885	47295
江苏	2304	923398	2702990	851930	228398
浙江	1782	575729	1692936	537824	136717
安徽	2780	754202	2287654	769189	171110
福建	1262	522436	1565702	480400	116146
江西	2233	684497	2083521	765644	152405
山东	3302	1248560	3973359	1158116	316572
河南	4658	1676411	4930153	1551883	360795
湖北	2168	620366	1830472	562504	143911
湖南	3419	910637	2637410	846629	199076
广东	3903	1616328	4536040	1331734	327891
广西	1746	821277	2361962	762295	162141
海南	410	138008	405256	124202	30258
重庆	843	350526	1087521	396746	85541
四川	3353	923379	2775296	934450	223840
贵州	1902	665790	1898517	561114	131513
云南	1696	637172	1863347	604502	138550
西藏	105	53291	150557	48234	12614
陕西	1666	457239	1271445	388756	106155
甘肃	1453	318185	903571	298799	82617
青海	263	79868	228255	73330	16777
宁夏	250	97084	284170	99851	21441
新疆	942	406594	1178035	348007	89328

12-8 各地区小学基本情况(2022)

地　　区	学校数 (所)	招生数 (人)	在校学生数 (人)	毕业生数 (人)	专任教师 (人)
全　　国	**149117**	**17013874**	**107320594**	**17406127**	**5818633**
北　　京	719	189935	1083813	133331	60484
天　　津	884	124284	770925	118874	45071
河　　北	11460	926023	6635977	1119439	392150
山　　西	4208	356434	2301805	382149	151545
内 蒙 古	1651	200872	1383339	225479	98800
辽　　宁	2455	303468	1964323	312012	113849
吉　　林	2483	164282	1111689	202645	85956
黑 龙 江	1350	166145	1102580	232652	81219
上　　海	671	185284	917002	154667	50228
江　　苏	4088	934957	5856288	930060	316527
浙　　江	3204	661677	3931337	580800	197983
安　　徽	6509	757258	4702546	749504	231019
福　　建	5001	586912	3590926	524622	195010
江　　西	6324	567850	3839179	685057	205392
山　　东	9063	1306430	7606235	1254224	398486
河　　南	16925	1483777	9873924	1675980	550161
湖　　北	5244	631240	3846253	619944	195776
湖　　南	6835	820842	5230990	902540	262739
广　　东	10614	1759068	10840519	1660918	476162
广　　西	7948	812856	5158569	816854	293349
海　　南	1358	136536	869033	137868	47383
重　　庆	2637	337618	2031938	344028	130163
四　　川	5213	884407	5450163	924554	288929
贵　　州	6470	609230	3915423	658921	203487
云　　南	10349	592486	3797273	640839	220291
西　　藏	825	66434	375623	56571	25056
陕　　西	4407	482716	2988032	457702	167313
甘　　肃	4782	320458	2020074	321291	135319
青　　海	729	80576	517320	80508	24947
宁　　夏	1101	101742	609840	97329	33688
新　　疆	3610	462077	2997656	404765	140151

注：小学专任教师数仅统计小学及小学教学点。

12-9 各地区特殊教育基本情况(2022)

地　区	学校数（所）	招生数（人）	在校学生数（人）	毕业生数（人）	教职工数（人）	
						专任教师
全　国	**2314**	**146257**	**918502**	**158703**	**85989**	**72714**
北　京	20	1110	7722	1666	1355	999
天　津	20	508	4502	683	820	636
河　北	163	5225	39697	6407	4438	3840
山　西	87	3487	20738	3614	2651	2122
内蒙古	52	2062	13519	2720	2272	1889
辽　宁	86	2041	16255	2214	3109	2308
吉　林	54	1780	12381	2159	2108	1777
黑龙江	73	1453	14926	2430	2535	2224
上　海	31	1272	9117	1726	1825	1630
江　苏	108	6774	42782	7181	4766	3970
浙　江	86	4526	24868	4207	3685	3081
安　徽	77	6564	42421	6102	2479	2225
福　建	76	5174	29513	5100	3056	2647
江　西	91	6882	39321	8338	2385	2163
山　东	157	8511	53554	9078	7237	6433
河　南	151	10388	69849	7981	5138	4523
湖　北	88	3945	29045	4343	2426	2065
湖　南	100	7385	53573	7553	3491	3086
广　东	152	13087	74455	10241	9142	7328
广　西	90	7360	43605	7472	3052	2581
海　南	17	1056	6423	897	696	492
重　庆	39	4605	26605	6067	1293	1152
四　川	137	11870	64476	14259	4174	3607
贵　州	78	6881	41295	8048	2476	2085
云　南	84	7282	46069	10521	2998	2555
西　藏	7	1125	6946	1452	343	317
陕　西	79	2807	18810	3875	2182	1791
甘　肃	47	3258	20822	3757	1352	1152
青　海	15	1369	7615	1578	328	230
宁　夏	15	1169	7127	1500	563	420
新　疆	34	5301	30471	5534	1614	1386

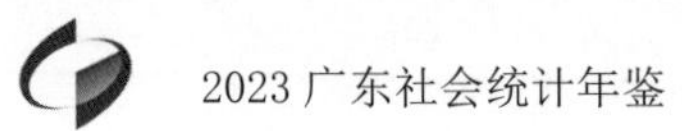

12-10 各县区中等职业教育基本情况(2022)

地　区	学校数(所)	毕业生数(人)	招生数(人)	在校生数(人)	教职工数(人)	专任教师数(人)
广东省	**372**	**271921**	**349075**	**942235**	**57553**	**45885**
广州市	**77**	**56396**	**55330**	**163313**	**8776**	**6606**
荔湾区	5	1274	1421	4411	280	215
越秀区	10	10039	10548	32487	1169	882
海珠区	14	9665	8524	24824	1935	1310
天河区	23	15772	11009	36898	1900	1375
白云区	11	8027	9991	27098	1050	827
黄埔区	2	1718	1488	4625	250	218
番禺区	3	3218	4676	11416	611	540
花都区	3	1757	1923	4955	410	281
南沙区	1	668	676	1765	107	90
从化区	2	1664	2201	6763	444	353
增城区	3	2594	2873	8071	620	515
韶关市	**14**	**10484**	**11717**	**34386**	**2410**	**2060**
武江区	2	1994	1364	3944	513	352
浈江区	4	3232	4146	12009	764	661
曲江区	1	755	1096	3148	181	165
始兴县	1	644	669	1764	112	111
仁化县	1	512	515	1547	126	110
翁源县	1	1044	891	3088	205	178
乳源瑶族自治县	1	418	610	1716	95	89
新丰县	1	438	575	1899	120	115
乐昌市	1	709	964	2742	144	142
南雄市	1	738	887	2529	150	137
深圳市	**16**	**13448**	**15507**	**41829**	**4282**	**2962**
罗湖区	1	215	324	752	238	221
福田区	2	2006	2107	6243	537	407
南山区	2	1062	1230	3404	471	329
宝安区	4	3945	5074	12861	1008	780
龙岗区	3	3159	3098	9230	1194	624
盐田区	1	814	671	2081	195	160
龙华区	1		644	644	44	37

12-10 续表1

地 区	学校数（所）	毕业生数（人）	招生数（人）	在校生数（人）	教职工数（人）	专任教师数（人）
坪山区	1	949	847	2388	206	142
光明区	1	1298	1512	4226	389	262
珠海市	**8**	**6889**	**6984**	**20358**	**1263**	**1035**
香洲区	5	5693	5590	16350	1023	864
斗门区	3	960	1145	3370	240	162
金湾区		236	249	638		9
汕头市	**15**	**8704**	**12950**	**32577**	**2236**	**1812**
龙湖区	5	3230	4433	11289	712	566
金平区	3	2278	4306	9679	661	568
濠江区	2	966	853	2249	252	126
潮阳区	2	884	1402	4123	259	236
潮南区	1	841	1017	2844	159	147
澄海区	1	505	939	2393	178	155
南澳县	1				15	14
佛山市	**26**	**22138**	**25365**	**68499**	**5242**	**3981**
禅城区	3	1945	2816	7520	621	428
南海区	7	7341	7948	20820	1440	1005
顺德区	12	10139	10878	30125	2575	1996
三水区	3	1810	2398	6432	407	370
高明区	1	903	1325	3602	199	182
江门市	**16**	**9970**	**11932**	**33470**	**1934**	**1726**
蓬江区	5	2289	2837	8608	510	466
江海区	1	1190	120	608	60	35
新会区	1	1472	1959	5249	246	207
台山市	3	1663	2360	6395	366	341
开平市	2	1216	1516	3982	322	303
鹤山市	2	1508	2097	6192	284	247
恩平市	2	632	1043	2436	146	127
湛江市	**33**	**17801**	**29614**	**73320**	**3413**	**2890**
赤坎区	6	3328	3939	11140	421	312

12-10 续表 2

地　区	学校数（所）	毕业生数（人）	招生数（人）	在校生数（人）	教职工数（人）	专任教师数（人）
霞山区	2	1701	1571	2798	176	192
坡头区	1	99	193	227	48	28
麻章区	11	7845	13250	33056	1430	1207
遂溪县	1	349	608	1186	68	60
徐闻县	1	610	557	1707	111	103
廉江市	7	2204	7044	16290	761	628
雷州市	1	1002	1334	4386	243	227
吴川市	3	663	1118	2530	155	133
茂名市	**12**	**19469**	**26889**	**70453**	**3967**	**3441**
茂南区	2	1248	2427	6087	328	235
电白区	2	1570	3034	7815	362	318
高州市	4	9892	11014	30074	1751	1534
化州市	2	2991	4728	12462	761	643
信宜市	2	3768	5686	14015	765	711
肇庆市	**15**	**18689**	**23431**	**63776**	**3459**	**2878**
端州区	10	15408	17576	48905	2594	2097
鼎湖区	0	0	0	0	0	0
高要区	0	0	0	0	0	0
广宁县	1	450	1095	2881	137	108
怀集县	1	990	1642	3600	205	188
封开县	1	337	577	1132	104	92
德庆县	1	120	535	1255	65	60
四会市	1	1384	2006	6003	354	333
惠州市	**25**	**13779**	**20277**	**55831**	**3048**	**2374**
惠城区	15	7994	13019	37764	1919	1471
惠阳区	3	2415	1944	5804	362	271
博罗县	5	2053	3637	7460	498	390

12-10 续表 3

地 区	学校数（所）	毕业生数（人）	招生数（人）	在校生数（人）	教职工数（人）	专任教师数（人）
惠东县	1	990	1080	3236	175	162
龙门县	1	327	597	1567	94	80
梅州市	**16**	**7855**	**8712**	**24700**	**1248**	**984**
梅江区	7	4566	4341	12639	600	415
梅县区	3	650	1189	3127	178	165
大埔县	1	495	923	2201	140	127
丰顺县	1	453	642	1763	108	101
五华县	1	221	653	1997	73	72
平远县	1	307			8	6
蕉岭县	1	36				
兴宁市	1	1127	964	2973	141	98
汕尾市	**10**	**4783**	**7690**	**19308**	**1088**	**938**
城 区	4	1341	2910	6317	431	327
海丰县	1	986	1289	3572	161	141
陆河县	1	790	861	2632	151	147
陆丰市	4	1666	2630	6787	345	323
河源市	**15**	**7187**	**14044**	**32593**	**1867**	**1412**
源城区	9	5930	11712	26806	1373	1018
紫金县	1	473	447	1518	122	112
龙川县	1	126	326	907	35	22
连平县	1		69	69	82	75
和平县	1	427	472	1536	164	110
东源县	2	231	1018	1757	91	75
阳江市	**6**	**4520**	**6891**	**18532**	**941**	**787**
江城区	2	2050	2683	7602	359	261
阳东区	1	563	646	2054	108	100
阳西县	1	284	678	1564	54	54
阳春市	2	1623	2884	7312	420	372

12-10 续表 4

地　区	学校数（所）	毕业生数（人）	招生数（人）	在校生数（人）	教职工数（人）	专任教师数（人）
清远市	**14**	**9071**	**13264**	**36965**	**2247**	**1910**
清城区	4	3526	4024	11870	674	641
清新区	1	1529	1826	5685	280	264
佛冈县	2	285	1425	3503	376	270
阳山县	1	535	801	2183	131	119
连山壮族瑶族自治县	1	74	216	464	73	40
连南瑶族自治县	1	1	107	158	45	32
英德市	2	1453	2609	6670	464	386
连州市	2	1668	2256	6432	204	158
东莞市	**20**	**17259**	**23879**	**62270**	**4519**	**3508**
东莞市	20	17259	23879	62270	4519	3508
中山市	**7**	**7799**	**9737**	**27755**	**1921**	**1589**
中山市	7	7799	9737	27755	1921	1589
潮州市	**8**	**2651**	**5163**	**12066**	**824**	**604**
湘桥区	3	1177	1956	5075	228	196
潮安区	2	1023	2133	4581	422	269
饶平县	3	451	1074	2410	174	139
揭阳市	**11**	**7662**	**11563**	**29287**	**1761**	**1471**
榕城区	3	2861	3498	10156	567	469
揭东区	1	294	191	421	56	47
揭西县	1	114	1187	1820	76	73
惠来县	1					
普宁市	5	4393	6687	16890	1062	882
云浮市	**8**	**5367**	**8136**	**20947**	**1107**	**917**
云城区	1	1104	1809	4399	263	201
云安区	1					
新兴县	2	2287	3147	8359	337	255
郁南县	1	257	826	1939	126	107
罗定市	3	1719	2354	6250	381	354

12-11 各县区普通高中基本情况(2022)

地　区	学校数（所）	毕业生数（人）	招生数（人）	在校生数（人）	教职工数（人）	专任教师数（人）
广东省	**1121**	**631295**	**749127**	**2117786**	**737172**	**164739**
广州市	**126**	**52616**	**61936**	**170272**	**76249**	**14885**
荔湾区	8	4876	5180	14651	5812	1205
越秀区	15	8421	9597	27014	6322	2246
海珠区	11	3944	4888	13471	4776	1135
天河区	13	4728	5611	15215	7450	1509
白云区	13	4773	6146	16503	8733	1433
黄埔区	9	2637	3187	8839	5618	837
番禺区	14	8223	8614	24625	11658	2106
花都区	8	4092	4722	12975	9416	1121
南沙区	11	2167	3723	8866	4002	832
从化区	8	3630	4091	11242	3404	868
增城区	16	5125	6177	16871	9058	1593
韶关市	**25**	**17162**	**18735**	**54644**	**15789**	**4226**
武江区	6	3087	3609	10239	2301	767
浈江区	2	1869	1913	5764	1715	418
曲江区	2	1780	1828	5390	1344	399
始兴县	2	1195	1200	3580	1058	328
仁化县	2	1081	1199	3576	1357	274
翁源县	3	1495	1870	5087	1567	390
乳源瑶族自治县	1	887	1000	2976	840	230
新丰县	1	1191	1298	3597	1044	284
乐昌市	3	2344	2583	7709	2561	576
南雄市	3	2233	2235	6726	2002	560
深圳市	**125**	**48651**	**75516**	**194735**	**104037**	**16568**
罗湖区	8	4237	5338	16365	6111	1428
福田区	12	8403	9307	28836	10290	2506
南山区	10	4990	5968	16740	10457	1471
宝安区	27	10044	14496	38103	23096	3215
龙岗区	29	13004	19350	48903	27777	4008
盐田区	3	952	1184	3358	1073	327
龙华区	17	3450	7018	17960	13776	1677
坪山区	11	1439	6525	11722	4984	968
光明区	8	2132	6330	12748	6473	968

注：2020年起，教职工数取普通中学学校教职工数，其中九年一贯制学校、十二年一贯制学校的教职工数计入普通中学教职工数；专任教师数则按教育层次进行归类。

12-11 续表 1

地 区	学校数（所）	毕业生数（人）	招生数（人）	在校生数（人）	教职工数（人）	专任教师数（人）
珠海市	**19**	**11046**	**14438**	**38760**	**12680**	**3113**
香洲区	12	5806	7218	19664	7352	1585
斗门区	4	2588	4279	10714	3377	879
金湾区	3	2652	2941	8382	1951	649
汕头市	**98**	**46345**	**51633**	**145159**	**42541**	**11002**
龙湖区	12	5197	6247	17212	4778	1276
金平区	14	6318	6602	19063	5110	1542
濠江区	6	3901	4683	13061	2533	944
潮阳区	31	16365	15616	47088	12857	3646
潮南区	21	9705	11973	31205	12627	2325
澄海区	13	4639	6282	16880	4270	1160
南澳县	1	220	230	650	366	109
佛山市	**65**	**42684**	**46958**	**137450**	**46653**	**10745**
禅城区	11	6172	5628	17570	5685	1435
南海区	21	16197	19502	54749	19786	4025
顺德区	24	14028	15169	45512	13993	3682
三水区	5	4112	4178	12108	4643	983
高明区	4	2175	2481	7511	2546	620
江门市	**53**	**27062**	**29269**	**86087**	**23393**	**6793**
蓬江区	7	4218	4644	13432	4571	1074
江海区	4	1089	1360	3726	1772	330
新会区	13	6364	6726	20721	5349	1614
台山市	9	4880	4832	14918	3574	1148
开平市	8	5182	4899	15206	3557	1242
鹤山市	6	2667	3354	8835	2590	718
恩平市	6	2662	3454	9249	1980	667
湛江市	**56**	**41751**	**48453**	**136888**	**41220**	**10123**
赤坎区	7	3963	4811	13640	3983	1022

注：2020 年起，教职工数取普通中学学校教职工数，其中九年一贯制学校、十二年一贯制学校的教职工数计入普通中教职工数；专任教师数则按教育层次进行归类。

12-11 续表 2

地　区	学校数（所）	毕业生数（人）	招生数（人）	在校生数（人）	教职工数（人）	专任教师数（人）
霞山区	8	6373	6779	19478	7150	1453
坡头区	3	1656	1800	5230	1774	433
麻章区	6	3104	3652	10543	3637	754
遂溪县	3	3791	4408	12474	3444	850
徐闻县	4	2997	3810	10304	3320	776
廉江市	7	6959	8634	24339	6994	1868
雷州市	10	6605	8045	22088	6501	1564
吴川市	8	6303	6514	18792	4417	1403
茂名市	**70**	**53495**	**53108**	**160672**	**43796**	**13285**
茂南区	6	7349	7246	22922	7194	1681
电白区	17	11782	12805	36042	9653	2906
高州市	17	12308	11952	38070	9820	3341
化州市	18	12100	11883	35021	9484	2838
信宜市	12	9956	9222	28617	7645	2519
肇庆市	**44**	**24285**	**29139**	**84227**	**26863**	**6774**
端州区	8	4600	4630	13358	4139	1079
鼎湖区	4	1353	1519	4832	1774	412
高要区	7	3447	4510	14294	3871	1171
广宁县	3	1748	2387	6467	2111	466
怀集县	6	4235	5292	14184	4770	1135
封开县	4	2344	2564	7204	2086	632
德庆县	3	1773	2326	6393	1709	400
四会市	9	4785	5911	17495	6403	1479
惠州市	**47**	**34354**	**41881**	**120165**	**42900**	**8518**
惠城区	15	12160	14197	39059	14847	2691
惠阳区	11	7084	9050	25661	9884	1948
博罗县	10	7288	9870	28804	9253	2007

注：2020年起，教职工数取普通中学学校教职工数，其中九年一贯制学校、十二年一贯制学校的教职工数计入普通中教职工数；专任教师数则按教育层次进行归类。

12-11 续表 3

地 区	学校数（所）	毕业生数（人）	招生数（人）	在校生数（人）	教职工数（人）	专任教师数（人）
惠东县	7	6013	6740	20048	6812	1405
龙门县	4	1809	2024	6593	2104	467
梅州市	**61**	**28583**	**30073**	**88840**	**25720**	**7297**
梅江区	8	5037	4831	14565	3388	1183
梅县区	9	2779	2834	8339	3185	706
大埔县	8	2596	2466	7498	2335	715
丰顺县	7	3021	3255	9512	2873	768
五华县	13	7820	8427	24780	6470	1969
平远县	3	1050	1342	3906	1191	396
蕉岭县	2	1082	1199	3589	1146	355
兴宁市	11	5198	5719	16651	5132	1205
汕尾市	**34**	**18088**	**20972**	**60358**	**18774**	**4248**
城 区	8	3695	4429	11873	2916	966
海丰县	10	4697	6022	17223	5796	1165
陆河县	5	1989	2277	6376	1852	514
陆丰市	11	7707	8244	24886	8210	1603
河源市	**37**	**23539**	**28748**	**80311**	**25266**	**6290**
源城区	11	5843	6654	19781	7027	1487
紫金县	9	4322	6309	16694	4527	1364
龙川县	6	5679	6447	17825	5607	1469
连平县	3	1979	2226	6175	1839	487
和平县	5	2938	3474	9423	3753	721
东源县	3	2778	3638	10413	2513	762
阳江市	**23**	**16144**	**19947**	**54743**	**17863**	**3763**
江城区	10	4342	6164	16094	6171	1139
阳东区	5	3333	3982	10276	4435	785
阳西县	2	2771	2846	8573	2491	601
阳春市	6	5698	6955	19800	4766	1238

注：2020 年起，教职工数取普通中学学校教职工数，其中九年一贯制学校、十二年一贯制学校的教职工数计入普通中教职工数；专任教师数则按教育层次进行归类。

12-11　续表 4

地　区	学校数（所）	毕业生数（人）	招生数（人）	在校生数（人）	教职工数（人）	专任教师数（人）
清远市	**34**	**21495**	**28012**	**76891**	**24270**	**5811**
清城区	12	6060	9876	25835	9203	1864
清新区	7	3412	4293	11471	3100	840
佛冈县	2	1615	2154	6004	1419	476
阳山县	2	1623	2049	5468	2002	408
连山壮族瑶族自治县	1	555	572	1658	797	148
连南瑶族自治县	1	844	900	2609	805	195
英德市	7	5533	5903	17150	5071	1359
连州市	2	1853	2265	6696	1873	521
东莞市	**56**	**29759**	**44011**	**120953**	**58252**	**8732**
东莞市	56	29759	44011	120953	58252	8732
中山市	**23**	**17288**	**21157**	**58586**	**23640**	**4489**
中山市	23	17288	21157	58586	23640	4489
潮州市	**34**	**16420**	**18058**	**52640**	**14861**	**4166**
湘桥区	7	4834	5694	16282	4081	1126
潮安区	15	6453	7007	20364	6286	1691
饶平县	12	5133	5357	15994	4494	1349
揭阳市	**68**	**44802**	**49392**	**145670**	**38164**	**10088**
榕城区	13	9390	10420	30076	8444	2317
揭东区	13	6614	7415	22867	5150	1699
揭西县	11	4723	5068	15308	4007	1160
惠来县	8	6068	8265	21652	5835	1269
普宁市	23	18007	18224	55767	14728	3643
云浮市	**23**	**15726**	**17691**	**49735**	**14241**	**3823**
云城区	4	2428	2784	7510	2502	573
云安区	2	1149	1175	3608	1400	269
新兴县	5	2701	3341	9393	2448	770
郁南县	3	2037	2392	6623	1970	455
罗定市	9	7411	7999	22601	5921	1756

注：2020 年起，教职工数取普通中学学校教职工数，其中九年一贯制学校、十二年一贯制学校的教职工数计入普通中教职工数；专任教师数则按教育层次进行归类。

12-12 各县区普通初中基本情况(2022)

地　区	学校数（所）	毕业生数（人）	招生数（人）	在校生数（人）	专任教师数（人）
广东省	**3903**	**1331734**	**1616328**	**4536040**	**327891**
广州市	**429**	**123694**	**153780**	**432100**	**33843**
荔湾区	26	8498	9663	29956	2442
越秀区	17	12170	13676	39426	2988
海珠区	24	10510	11581	34599	2630
天河区	37	12157	13731	40248	3164
白云区	58	15843	18951	53037	4173
黄埔区	33	8412	12372	32706	2698
番禺区	65	16645	20488	58224	4585
花都区	73	14080	18061	49551	3783
南沙区	24	5994	8849	23843	1881
从化区	19	7164	9366	25399	1928
增城区	53	12221	17042	45111	3571
韶关市	**126**	**35921**	**44148**	**120511**	**8634**
武江区	8	5014	6098	17393	1166
浈江区	11	3927	4331	12533	860
曲江区	12	3593	4244	11419	762
始兴县	10	2433	2936	7881	623
仁化县	13	2295	3159	8420	631
翁源县	17	3576	5394	14562	982
乳源瑶族自治县	7	2422	2862	7831	552
新丰县	10	2675	2910	8147	637
乐昌市	22	5479	6857	17799	1301
南雄市	16	4507	5357	14526	1120
深圳市	**396**	**114661**	**151060**	**421585**	**33840**
罗湖区	33	11322	12485	36893	2879
福田区	28	14222	17253	50107	4213
南山区	35	13660	15757	46017	3615
宝安区	70	24989	33059	91808	7075
龙岗区	117	27139	36728	101029	8117
盐田区	5	1948	2280	6619	536
龙华区	56	12050	18719	50289	4069
坪山区	24	4017	6218	16300	1445
光明区	28	5314	8561	22523	1891

12-12　续表 1

地　区	学校数（所）	毕业生数（人）	招生数（人）	在校生数（人）	专任教师数（人）
珠海市	**71**	**24013**	**29008**	**82874**	**6073**
香洲区	35	14743	17038	49660	3550
斗门区	24	5795	7377	20586	1565
金湾区	12	3475	4593	12628	958
汕头市	**220**	**76644**	**91259**	**258341**	**18932**
龙湖区	21	8166	10283	28974	2146
金平区	26	11246	12109	36210	2554
濠江区	14	4522	5012	14538	1098
潮阳区	63	23807	27977	78597	5693
潮南区	71	19389	24554	67052	4851
澄海区	22	9138	10851	31664	2360
南澳县	3	376	473	1306	230
佛山市	**170**	**80532**	**97680**	**275210**	**20409**
禅城区	18	9712	12611	34736	2481
南海区	70	31357	38517	108112	8309
顺德区	50	27625	32612	93733	6831
三水区	22	7055	8383	22873	1756
高明区	10	4783	5557	15756	1032
江门市	**150**	**47585**	**55251**	**157847**	**11150**
蓬江区	27	9394	10513	31401	2356
江海区	10	2880	3851	10564	695
新会区	29	9606	10916	31214	2397
台山市	27	7739	8791	25101	1688
开平市	25	7764	8177	23722	1760
鹤山市	15	5558	6737	19011	1190
恩平市	17	4644	6266	16834	1064
湛江市	**244**	**94908**	**118742**	**327599**	**21555**
赤坎区	13	6964	8467	23637	1547

12-12 续表2

地　区	学校数（所）	毕业生数（人）	招生数（人）	在校生数（人）	专任教师数（人）
霞山区	30	11108	13217	37422	2785
坡头区	13	2761	4750	12228	842
麻章区	18	6413	9642	24765	1569
遂溪县	37	9492	12216	33087	2286
徐闻县	29	8685	10928	29938	1738
廉江市	47	20181	24816	70029	4425
雷州市	34	17547	20295	57106	3768
吴川市	23	11757	14411	39387	2595
茂名市	**202**	**98377**	**116416**	**324521**	**23542**
茂南区	36	14400	16809	46443	3328
电白区	38	20805	26169	70578	4934
高州市	54	23176	25264	72358	5262
化州市	34	22480	27739	76447	5823
信宜市	40	17516	20435	58695	4195
肇庆市	**164**	**56675**	**67973**	**191870**	**12394**
端州区	17	6581	8544	23069	1627
鼎湖区	10	2680	3302	9387	698
高要区	26	8766	11504	31839	1900
广宁县	21	5540	6657	18569	1130
怀集县	26	13972	15539	44402	2864
封开县	17	5457	5978	16919	1212
德庆县	12	5220	5842	17546	974
四会市	35	8459	10607	30139	1989
惠州市	**262**	**79978**	**95150**	**267075**	**18314**
惠城区	82	25293	31979	87839	6082
惠阳区	54	17978	19804	57007	3942
博罗县	55	17504	21024	59163	3968

12-12 续表 3

地　区	学校数（所）	毕业生数（人）	招生数（人）	在校生数（人）	专任教师数（人）
惠东县	53	14950	17067	48460	3328
龙门县	18	4253	5276	14606	994
梅州市	**180**	**54889**	**64391**	**185443**	**13800**
梅江区	12	6733	6908	21201	1579
梅县区	20	5758	7776	21508	1622
大埔县	21	4762	5302	15968	1198
丰顺县	26	6624	7772	23877	1771
五华县	44	16135	18471	52224	3430
平远县	14	2272	2801	7827	743
蕉岭县	13	1957	2503	7029	662
兴宁市	30	10648	12858	35809	2795
汕尾市	**133**	**41042**	**45695**	**129188**	**9293**
城　区	14	5684	6622	19324	1441
海丰县	36	11633	13834	39422	2638
陆河县	11	3932	4235	12563	1070
陆丰市	72	19793	21004	57879	4144
河源市	**164**	**49858**	**54550**	**162261**	**12446**
源城区	26	12564	14694	42703	2961
紫金县	30	10855	11544	34818	2719
龙川县	37	11463	11384	35070	2873
连平县	22	4248	4542	13731	1106
和平县	24	5887	6977	20586	1546
东源县	25	4841	5409	15353	1241
阳江市	**99**	**34579**	**44214**	**121713**	**8047**
江城区	30	9631	12038	33435	2373
阳东区	28	6895	8978	24674	1897
阳西县	20	4788	6581	18385	1297
阳春市	21	13265	16617	45219	2480

12-12 续表 4

地　区	学校数（所）	毕业生数（人）	招生数（人）	在校生数（人）	专任教师数（人）
清远市	**159**	**51434**	**65656**	**179987**	**11903**
清城区	39	14461	19531	52708	3569
清新区	19	8530	9754	28091	1822
佛冈县	12	4450	5620	16397	905
阳山县	23	4570	5240	14007	1066
连山壮族瑶族自治县	9	1133	1598	4563	359
连南瑶族自治县	8	1836	2426	6460	448
英德市	33	11925	15698	41758	2812
连州市	16	4529	5789	16003	922
东莞市	**211**	**81908**	**103795**	**283063**	**19893**
东莞市	211	81908	103795	283063	19893
中山市	**93**	**39429**	**50378**	**140080**	**9479**
中山市	93	39429	50378	140080	9479
潮州市	**114**	**29409**	**33651**	**96260**	**7402**
湘桥区	28	7200	8515	24215	1779
潮安区	54	12398	14561	41242	3147
饶平县	32	9811	10575	30803	2476
揭阳市	**233**	**81777**	**90126**	**257715**	**18773**
榕城区	47	13490	15395	43981	3728
揭东区	46	10539	12208	34989	2596
揭西县	32	8627	9716	28107	2253
惠来县	33	15978	17228	48219	3114
普宁市	75	33143	35579	102419	7082
云浮市	**83**	**34421**	**43405**	**120797**	**8169**
云城区	9	5256	7192	19131	1337
云安区	11	2762	3497	9277	794
新兴县	14	5545	6904	19970	1504
郁南县	21	4879	6444	17717	1242
罗定市	28	15979	19368	54702	3292

12-13 各县区小学基本情况(2022)

地　区	学校数（所）	毕业生数（人）	招生数（人）	在校生数（人）	教职工数（人）	专任教师数（人）
广东省	**10614**	**1660918**	**1759068**	**10840519**	**516986**	**602033**
广州市	**992**	**164954**	**213837**	**1204223**	**59050**	**67290**
荔湾区	48	9087	12243	70899	2996	3790
越秀区	46	11280	13451	75230	3823	4167
海珠区	84	13597	16590	94043	5153	5125
天河区	75	17036	20924	120339	5598	6827
白云区	174	24244	30308	174659	10019	9481
黄埔区	66	10342	16452	85776	4152	5253
番禺区	142	23068	30536	171940	8381	9692
花都区	104	21763	24799	146072	6491	8216
南沙区	62	8113	11937	62965	2877	3438
从化区	68	8862	11321	67039	3641	3414
增城区	123	17562	25276	135261	5919	7887
韶关市	**217**	**43988**	**39864**	**265341**	**14375**	**15284**
武江区	26	5485	6012	36106	2166	1941
浈江区	27	4505	4389	28399	1343	1512
曲江区	19	4433	3520	24097	1457	1473
始兴县	12	2913	2725	18180	1018	1080
仁化县	14	3174	2409	17346	945	1070
翁源县	20	5254	5427	34239	1780	1876
乳源瑶族自治县	12	2924	2632	18354	1013	987
新丰县	21	3001	2732	18831	1223	1174
乐昌市	31	6971	5587	39222	1662	2251
南雄市	35	5328	4431	30567	1768	1920
深圳市	**353**	**161004**	**204997**	**1166852**	**34916**	**66513**
罗湖区	49	12924	14943	89925	4709	5319
福田区	54	17192	21207	123496	5945	7728
南山区	36	16290	20210	120246	3681	6905
宝安区	67	38261	45547	262422	6589	14553
龙岗区	78	39532	50773	288230	7155	15877
盐田区	11	2152	2658	15270	769	833
龙华区	25	19607	28899	154073	2994	8651
坪山区	18	6530	8322	46816	1581	2786
光明区	15	8516	12438	66374	1493	3861

注：小学教职工数仅统计小学及小学教学点的教职工数；专任教师数则按教育层次进行归类。

12-13 续表 1

地　区	学校数 （所）	毕业生数 （人）	招生数 （人）	在校生数 （人）	教职工数 （人）	专任教师数 （人）
珠海市	**149**	**28620**	**35372**	**203540**	**10137**	**10884**
香洲区	81	16944	20218	118472	5890	6346
斗门区	44	7224	8976	51480	2322	2671
金湾区	24	4452	6178	33588	1925	1867
汕头市	**725**	**93381**	**89972**	**578465**	**24430**	**29868**
龙湖区	62	10448	11018	67249	2941	3673
金平区	68	12350	10551	72333	3223	3495
濠江区	37	3825	3692	24458	1179	1382
潮阳区	246	28729	29016	182991	8004	8832
潮南区	202	25216	24195	155853	4956	8356
澄海区	106	12232	10865	71376	3783	3803
南澳县	4	581	635	4205	344	327
佛山市	**423**	**97889**	**117674**	**686311**	**35495**	**37774**
禅城区	76	13681	17377	95863	5583	5396
南海区	143	38642	47418	278262	14842	15920
顺德区	145	31461	35874	213656	9815	10918
三水区	36	8510	10370	58891	3250	3314
高明区	23	5595	6635	39639	2005	2226
江门市	**332**	**56209**	**57781**	**360358**	**16137**	**18356**
蓬江区	51	10442	10939	67207	2704	3215
江海区	19	4131	5135	30439	1150	1536
新会区	63	11155	11149	70158	2753	3596
台山市	61	8699	8333	53540	2803	2962
开平市	57	8907	8858	55336	2847	2973
鹤山市	43	6533	7223	43837	1871	2072
恩平市	38	6342	6144	39841	2009	2002
湛江市	**914**	**118909**	**124364**	**776083**	**38554**	**41459**
赤坎区	16	7183	8464	50629	1718	2622

注：小学教职工数仅统计小学及小学教学点的教职工数；专任教师数则按教育层次进行归类。

12-13　续表 2

地　区	学校数（所）	毕业生数（人）	招生数（人）	在校生数（人）	教职工数（人）	专任教师数（人）
霞山区	26	13196	13066	84713	2207	4308
坡头区	20	4943	6081	36865	1780	2010
麻章区	26	8380	8702	54539	2121	2814
遂溪县	205	12511	13608	82813	4519	4317
徐闻县	67	11410	11241	73619	3606	3942
廉江市	232	24507	24938	158788	9120	8440
雷州市	158	21798	22187	135654	7864	7697
吴川市	164	14981	16077	98463	5619	5309
茂名市	**1400**	**114787**	**111128**	**709378**	**43219**	**41144**
茂南区	101	17116	17391	109294	5474	6674
电白区	218	25241	27584	166225	9972	9517
高州市	300	24573	22392	148901	8885	8559
化州市	398	27619	24542	161628	10465	9003
信宜市	383	20238	19219	123330	8423	7391
肇庆市	**234**	**67081**	**61417**	**404118**	**18879**	**21595**
端州区	20	7584	9357	55068	2422	3021
鼎湖区	12	2988	3249	20704	902	1093
高要区	51	11750	10105	67528	3244	3465
广宁县	24	6943	5394	35932	1716	1851
怀集县	43	15416	13105	88858	4911	5017
封开县	21	6119	5132	35136	1863	1914
德庆县	28	5960	4348	31803	1702	1636
四会市	35	10321	10727	69089	2119	3598
惠州市	**590**	**98226**	**99814**	**630105**	**27309**	**34390**
惠城区	151	33384	36090	220951	8889	11820
惠阳区	128	20698	22905	140070	5691	7519
博罗县	124	20962	19435	126013	5655	6950

注：小学教职工数仅统计小学及小学教学点的教职工数；专任教师数则按教育层次进行归类。

12-13　续表 3

地　区	学校数（所）	毕业生数（人）	招生数（人）	在校生数（人）	教职工数（人）	专任教师数（人）
惠东县	163	17799	16881	112090	5702	6402
龙门县	24	5383	4503	30981	1372	1699
梅州市	**448**	**63551**	**54574**	**365319**	**20902**	**21833**
梅江区	28	6573	6242	39156	1898	2122
梅县区	35	8120	7871	51425	2391	2823
大埔县	45	5284	4123	29116	1746	1936
丰顺县	76	7739	5975	42609	2682	2787
五华县	161	17606	15597	101125	6065	5609
平远县	20	2792	2210	15490	983	991
蕉岭县	20	2552	2163	14522	1013	1047
兴宁市	63	12885	10393	71876	4124	4518
汕尾市	**448**	**45293**	**44896**	**289512**	**16060**	**17075**
城　区	53	6657	6835	43376	2759	2670
海丰县	107	13710	13858	89150	4095	4611
陆河县	80	4219	4219	26189	1782	1659
陆丰市	208	20707	19984	130797	7424	8135
河源市	**359**	**53074**	**43229**	**294519**	**17908**	**20817**
源城区	55	14212	13284	87873	3933	5045
紫金县	79	10778	8978	60190	4415	4480
龙川县	77	10972	7705	56220	3832	4422
连平县	65	4794	3923	26475	1795	1780
和平县	15	6952	4816	33941	1741	2642
东源县	68	5366	4523	29820	2192	2448
阳江市	**166**	**44100**	**38617**	**255442**	**11651**	**15170**
江城区	43	12439	11916	75311	2797	4504
阳东区	37	8530	7405	49847	2359	3376
阳西县	24	6637	5962	39518	2186	2514
阳春市	62	16494	13334	90766	4309	4776

注：小学教职工数仅统计小学及小学教学点的教职工数；专任教师数则按教育层次进行归类。

12-13　续表 4

地　区	学校数（所）	毕业生数（人）	招生数（人）	在校生数（人）	教职工数（人）	专任教师数（人）
清远市	**354**	**64521**	**65534**	**422369**	**21290**	**22898**
清城区	66	17703	20458	124713	5341	6492
清新区	59	10205	9704	64872	3519	3505
佛冈县	42	5767	4658	31996	1804	1765
阳山县	30	5379	6034	36581	1824	2093
连山壮族瑶族自治县	8	1647	1513	10042	503	613
连南瑶族自治县	30	2547	2258	15549	846	873
英德市	71	15619	15848	103047	5860	5679
连州市	48	5654	5061	35569	1593	1878
东莞市	**341**	**124538**	**133382**	**832701**	**35147**	**44603**
东莞市	341	124538	133382	832701	35147	44603
中山市	**212**	**51758**	**60925**	**359892**	**14982**	**18507**
中山市	212	51758	60925	359892	14982	18507
潮州市	**567**	**35003**	**31868**	**208943**	**10656**	**11413**
湘桥区	89	7941	8121	49262	2323	2774
潮安区	251	16408	15563	101368	4780	5467
饶平县	227	10654	8184	58313	3553	3172
揭阳市	**1207**	**90533**	**91531**	**567372**	**29663**	**30114**
榕城区	129	15613	16654	99422	4389	5306
揭东区	142	12209	13269	77910	4048	3984
揭西县	216	9391	8383	55700	3351	3407
惠来县	272	16731	16375	104946	6053	6203
普宁市	448	36589	36850	229394	11822	11214
云浮市	**183**	**43499**	**38292**	**259676**	**16226**	**15046**
云城区	31	7363	7672	48790	2700	2693
云安区	23	3706	2947	21828	1437	1397
新兴县	62	6514	6265	39908	2858	2394
郁南县	25	6570	5416	38684	2409	2338
罗定市	42	19346	15992	110466	6822	6224

注：小学教职工数仅统计小学及小学教学点的教职工数；专任教师数则按教育层次进行归类。

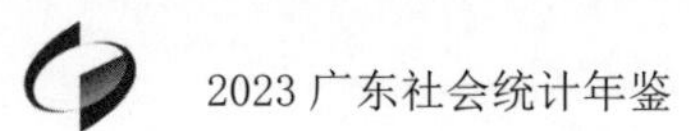

12-14 各县区学前教育基本情况(2022)

地区	学校数（所）	毕业生数（人）	招生数（人）	在校生数（人）	教职工数（人）	专任教师数（人）
广东省	**21566**	**1780043**	**1523778**	**4980513**	**667794**	**351002**
广州市	**2223**	**199537**	**196193**	**655288**	**98532**	**45886**
荔湾区	124	10007	9059	33035	4980	2273
越秀区	125	11067	8913	33222	5407	2392
海珠区	150	14926	12848	47120	7391	3495
天河区	215	17850	16349	59327	9051	4323
白云区	419	38513	32267	115587	16235	7647
黄埔区	134	13127	15864	47987	6660	3460
番禺区	362	29683	29510	101383	16990	7717
花都区	176	17382	19787	57563	8488	3887
南沙区	142	11177	13132	42038	6845	2959
从化区	111	10720	8566	32639	4220	2017
增城区	265	25085	29898	85387	12265	5716
韶关市	**606**	**40279**	**33269**	**118616**	**15720**	**7941**
武江区	94	4762	4322	16158	2422	1158
浈江区	75	5213	4463	14984	2264	1136
曲江区	49	3531	3538	10992	1380	710
始兴县	52	2879	2521	9612	1026	505
仁化县	40	2424	1419	7315	1027	490
翁源县	62	5920	4443	16259	2055	1039
乳源瑶族自治县	41	2789	2524	7994	1038	568
新丰县	42	2815	2277	7513	965	534
乐昌市	89	5674	4296	14635	1881	931
南雄市	62	4272	3466	13154	1662	870
深圳市	**1935**	**199375**	**175744**	**591691**	**93976**	**43597**
罗湖区	154	12661	11921	38112	6899	3225
福田区	173	16902	14077	48074	8762	4281
南山区	234	21451	16181	59078	10791	5229
宝安区	387	44876	36241	138108	19725	9325
龙岗区	524	53158	50390	158384	24922	10825
盐田区	33	2463	2451	7630	1302	573
龙华区	258	28996	28475	86118	12629	6000
坪山区	80	7643	7222	23609	3633	1639
光明区	92	11225	8786	32578	5313	2500

12-14 续表1

地　区	学校数（所）	毕业生数（人）	招生数（人）	在校生数（人）	教职工数（人）	专任教师数（人）
珠海市	**423**	**31627**	**29076**	**100147**	**16129**	**7898**
香洲区	239	17643	16173	57316	9351	4674
斗门区	106	8129	6924	24148	3831	1795
金湾区	78	5855	5979	18683	2947	1429
汕头市	**1357**	**87288**	**77521**	**227188**	**30261**	**18283**
龙湖区	155	9234	8388	28328	4321	2458
金平区	172	7730	7652	26240	3766	2086
濠江区	68	4367	3591	10516	1435	874
潮阳区	336	27022	21561	63434	7440	5172
潮南区	405	26465	25909	63791	7880	4630
澄海区	210	11787	9708	32613	5073	2878
南澳县	11	683	712	2266	346	185
佛山市	**1087**	**115169**	**109683**	**363630**	**53806**	**25899**
禅城区	159	17005	16593	54522	7799	3701
南海区	427	48352	42821	143504	21901	10436
顺德区	360	34518	33458	114046	17000	8363
三水区	88	9440	10648	31193	4384	1996
高明区	53	5854	6163	20365	2722	1403
江门市	**659**	**51312**	**45515**	**157768**	**20839**	**10219**
蓬江区	125	9759	8257	31000	4634	2233
江海区	53	3330	3357	10968	1585	733
新会区	145	8513	6646	26402	3740	1817
台山市	86	8273	7991	26236	2965	1663
开平市	103	8645	7099	26583	3277	1632
鹤山市	91	6702	6361	21791	2981	1344
恩平市	56	6090	5804	14788	1657	797
湛江市	**2042**	**141323**	**104532**	**345112**	**36866**	**22888**
赤坎区	120	8176	7023	19656	2857	1497

12-14 续表 2

地　区	学校数（所）	毕业生数（人）	招生数（人）	在校生数（人）	教职工数（人）	专任教师数（人）
霞山区	198	12380	7641	29676	4394	2171
坡头区	72	7114	4498	17148	1706	930
麻章区	175	10509	5363	22168	2861	1604
遂溪县	271	15534	11960	40545	4222	2734
徐闻县	206	12156	10330	31711	3752	2126
廉江市	417	32116	23962	72849	7472	5118
雷州市	302	25134	19238	70216	4897	3748
吴川市	281	18204	14517	41143	4705	2960
茂名市	**1652**	**137443**	**109561**	**329522**	**36830**	**26852**
茂南区	420	18642	14690	48053	6765	3804
电白区	355	39011	32663	78923	8337	5886
高州市	431	29373	21419	69881	8459	5623
化州市	262	30336	24096	78396	8296	6912
信宜市	184	20081	16693	54269	4973	4627
肇庆市	**706**	**63651**	**57542**	**161929**	**20592**	**10506**
端州区	145	9421	8965	30806	5167	2589
鼎湖区	43	3066	2734	10279	1379	662
高要区	143	11683	9857	26774	3422	1778
广宁县	82	5324	3889	13475	1781	877
怀集县	103	13751	12366	27263	2946	1596
封开县	49	5884	6192	15401	1125	493
德庆县	45	5015	4357	11483	1242	805
四会市	96	9507	9182	26448	3530	1706
惠州市	**867**	**93290**	**84384**	**242356**	**31109**	**15614**
惠城区	366	34214	33906	95655	12805	6402
惠阳区	191	19560	16889	52553	6914	3351
博罗县	158	18890	16198	47693	5967	3077

12-14 续表 3

地　区	学校数（所）	毕业生数（人）	招生数（人）	在校生数（人）	教职工数（人）	专任教师数（人）
惠东县	110	16030	14916	34714	3995	2017
龙门县	42	4596	2475	11741	1428	767
梅州市	**936**	**59681**	**46718**	**156952**	**17840**	**11048**
梅江区	97	6366	6147	18899	2673	1356
梅县区	133	8154	5365	22836	2954	1574
大埔县	61	4301	2992	11459	1179	758
丰顺县	120	6193	5289	17115	2333	1284
五华县	225	19151	15289	44861	4017	3296
平远县	44	2228	1688	6672	654	476
蕉岭县	52	2328	1726	6968	833	474
兴宁市	204	10960	8222	28142	3197	1830
汕尾市	**563**	**44020**	**27636**	**103299**	**12876**	**7139**
城　区	90	5056	5593	17050	2460	1289
海丰县	233	13254	6790	35415	4866	2477
陆河县	41	5195	4834	10369	1191	748
陆丰市	199	20515	10419	40465	4359	2625
河源市	**565**	**46398**	**36577**	**110821**	**13273**	**6713**
源城区	134	12229	10944	32762	4437	2242
紫金县	92	10304	9169	21632	2427	1329
龙川县	143	9502	7097	21728	2413	1278
连平县	70	4101	2653	10862	1304	564
和平县	62	5462	3321	11890	1327	674
东源县	64	4800	3393	11947	1365	626
阳江市	**697**	**38931**	**29182**	**106863**	**14839**	**7824**
江城区	203	9887	7613	31582	4966	2515
阳东区	165	7192	6416	22416	3298	1788
阳西县	78	7535	4257	18120	2354	1248
阳春市	251	14317	10896	34745	4221	2273

12-14 续表4

地　区	学校数（所）	毕业生数（人）	招生数（人）	在校生数（人）	教职工数（人）	专任教师数（人）
清远市	**835**	**64604**	**57318**	**169466**	**21244**	**10805**
清城区	223	20050	19680	53167	6888	3476
清新区	124	9417	9128	26228	3098	1678
佛冈县	70	4562	3556	11875	1608	819
阳山县	65	5902	5477	15550	1954	995
连山壮族瑶族自治县	27	1853	1393	4527	545	312
连南瑶族自治县	18	2233	2093	5368	653	292
英德市	241	15671	11896	39976	4734	2388
连州市	67	4916	4095	12775	1764	845
东莞市	**1269**	**129964**	**105572**	**383717**	**56522**	**27177**
东莞市	1269	129964	105572	383717	56522	27177
中山市	**575**	**52085**	**50931**	**165292**	**22406**	**10921**
中山市	575	52085	50931	165292	22406	10921
潮州市	**706**	**34082**	**27726**	**100498**	**13245**	**7720**
湘桥区	156	7298	6606	24969	3171	1894
潮安区	422	17243	14251	50359	7915	4426
饶平县	128	9541	6869	25170	2159	1400
揭阳市	**1380**	**107653**	**82867**	**280656**	**28282**	**18666**
榕城区	359	15111	11810	53582	7035	4043
揭东区	268	13942	11446	41517	5027	3023
揭西县	119	13569	7446	28388	2049	1613
惠来县	253	21665	19326	47756	4621	3247
普宁市	381	43366	32839	109413	9550	6740
云浮市	**483**	**42331**	**36231**	**109702**	**12607**	**7406**
云城区	119	7443	6638	23793	3359	1881
云安区	33	3887	3710	7794	770	563
新兴县	69	6007	4766	19157	2251	1104
郁南县	65	7404	5865	16046	1471	825
罗定市	197	17590	15252	42912	4756	3033

12-15 各省社会组织发展指数

地区	2020年			2021年			2022年		
	社会组织数（个）	每万人拥有社会组织数量（个/万人）	排名	社会组织数（个）	每万人拥有社会组织数量（个/万人）	排名	社会组织数（个）	每万人拥有社会组织数量（个/万人）	排名
全国	**894162**	**6.33**	—	**901870**	**6.39**	—	**891267**	**6.31**	—
部本级	2292	—	—	2279	—	—	2302	—	—
北京	13016	5.95	14	12892	5.89	15	12654	5.79	16
天津	6026	4.35	28	6357	4.63	28	6477	4.75	28
河北	34625	4.64	27	36825	4.94	26	37924	5.11	26
山西	17580	5.03	24	18533	5.33	24	18712	5.38	23
内蒙古	16751	6.97	9	17288	7.20	8	16857	7.02	8
辽宁	26185	6.15	12	26893	6.36	12	26987	6.43	12
吉林	13380	5.56	21	13439	5.66	21	13038	5.55	21
黑龙江	20246	6.36	11	20313	6.50	11	20200	6.52	11
上海	17048	6.85	10	17368	6.98	10	17314	7.00	9
江苏	97930	11.56	1	89247	10.49	2	79306	9.31	3
浙江	71299	11.04	2	72825	11.14	1	72116	10.96	1
安徽	34130	5.59	19	35615	5.83	17	36900	6.02	15
福建	34200	8.23	6	35436	8.46	6	34628	8.27	5
江西	27703	6.13	13	28300	6.27	13	28545	6.30	13
山东	60247	5.93	15	63687	6.26	14	66479	6.54	10
河南	47368	4.77	26	49917	5.05	25	50700	5.14	25
湖北	31730	5.49	22	31536	5.41	23	31476	5.39	22
湖南	37118	5.59	20	38384	5.80	18	37738	5.71	18
广东	71845	5.70	17	71834	5.66	20	71607	5.66	20
广西	28921	5.77	16	29485	5.85	16	28947	5.74	17
海南	8419	8.35	5	8830	8.66	4	8923	8.69	4
重庆	18110	5.65	18	18561	5.78	19	18271	5.69	19
四川	45657	5.46	23	45535	5.44	22	44998	5.37	24
贵州	14063	3.65	29	14742	3.83	29	15110	3.92	29
云南	23294	4.93	25	23011	4.91	27	22473	4.79	27
西藏	559	1.53	31	633	1.73	31	651	1.79	31
陕西	31074	7.86	7	31210	7.89	7	31018	7.84	7
甘肃	22820	9.12	4	21554	8.66	5	20437	8.20	6
青海	6173	10.42	3	5997	10.10	3	5924	9.96	2
宁夏	5583	7.75	8	5070	6.99	9	4488	6.16	14
新疆	8770	3.39	30	8274	3.20	30	8067	3.12	30

12-16 各省社工发展指数

地区	2020年			2021年			2022年		
	持证社工人数（人）	每万人中社工人数（人/万人）	排名	持证社工人数（人）	每万人中社工人数（人/万人）	排名	持证社工人数（人）	每万人中社工人数（人/万人）	排名
全　国	**668368**	**4.73**	—	**736411**	**5.22**	—	**928846**	**6.58**	—
北　京	36365	16.61	1	39126	17.87	1	39126	17.91	2
天　津	12501	9.02	5	13204	9.62	5	13204	9.69	6
河　北	10727	1.44	26	12221	1.64	25	15871	2.14	26
山　西	8354	2.39	19	9421	2.71	19	12849	3.69	19
内蒙古	7556	3.14	16	8568	3.57	16	12157	5.06	16
辽　宁	21251	4.99	9	22331	5.28	9	25473	6.07	11
吉　林	12867	5.34	8	13827	5.82	8	16390	6.98	8
黑龙江	9690	3.04	17	9677	3.10	17	11938	3.85	18
上　海	30830	12.40	3	32569	13.09	3	32569	13.16	3
江　苏	79527	9.38	4	84969	9.99	4	99851	11.73	4
浙　江	97746	15.14	2	112565	17.21	2	156058	23.73	1
安　徽	16593	2.72	18	18283	2.99	18	23971	3.91	17
福　建	23132	5.57	7	26480	6.32	7	38699	9.24	7
江　西	7322	1.62	22	8792	1.95	22	12930	2.86	22
山　东	38922	3.83	13	44759	4.40	13	59927	5.90	12
河　南	12665	1.27	28	14219	1.44	28	18626	1.89	29
湖　北	22371	3.87	12	25841	4.43	12	36461	6.24	10
湖　南	15652	2.36	20	16724	2.53	20	20416	3.09	20
广　东	113166	8.96	6	121569	9.58	6	147091	11.62	5
广　西	6524	1.30	27	7297	1.45	27	10418	2.06	27
海　南	1250	1.24	29	1449	1.42	29	2197	2.14	25
重　庆	14282	4.46	11	15817	4.92	10	20559	6.40	9
四　川	28768	3.44	15	32083	3.83	15	43375	5.18	15
贵　州	3248	0.84	30	3657	0.95	30	5663	1.47	30
云　南	6891	1.46	25	8391	1.79	23	13451	2.87	21
西　藏	128	0.35	31	169	0.46	31	275	0.76	31
陕　西	17772	4.50	10	18927	4.79	11	21508	5.44	14
甘　肃	4617	1.85	21	5162	2.07	21	6831	2.74	23
青　海	884	1.49	24	960	1.62	26	1184	1.99	28
宁　夏	2752	3.82	14	3073	4.24	14	4140	5.69	13
新　疆	4015	1.55	23	4281	1.65	24	5638	2.18	24

12-17 各省民政事业费支出水平

地区	2020年			2021年			2022年		
	民政事业费支出（亿元）	每万人民政事业费支出(万元/万人)	排名	民政事业费支出（亿元）	每万人民政事业费支出(万元/万人)	排名	民政事业费支出（亿元）	每万人民政事业费支出(万元/万人)	排名
全国	**4808.21**	**340.58**	—	**4679.01**	**331.70**	—	**5090.38**	**360.57**	—
部本级	11.57	—	—	24.46	—	—	22.03	—	—
北京	171.28	782.34	2	162.31	741.46	2	181.93	833.03	2
天津	65.84	474.85	9	63.65	463.62	8	63.82	468.25	9
河北	183.21	245.55	29	158.73	213.11	31	161.84	218.11	31
山西	114.67	328.43	19	116.65	335.19	18	132.54	380.76	15
内蒙古	132.90	552.62	5	127.46	531.09	7	138.72	577.78	6
辽宁	120.03	281.81	24	120.21	284.24	24	131.87	314.20	24
吉林	86.61	359.76	16	86.61	364.67	13	90.43	385.13	13
黑龙江	99.66	312.89	22	98.13	314.00	22	109.36	352.89	22
上海	173.00	695.58	3	171.43	688.76	4	208.79	843.58	1
江苏	269.29	317.75	21	267.15	314.11	21	281.39	330.46	23
浙江	191.44	296.50	23	197.13	301.42	23	242.50	368.71	20
安徽	215.17	352.57	17	217.09	355.13	15	244.69	399.37	12
福建	103.60	249.39	27	105.20	251.26	27	115.23	275.15	27
江西	147.47	326.35	20	152.61	337.86	17	171.19	378.06	17
山东	214.78	211.55	31	254.27	250.02	28	274.26	269.86	28
河南	232.44	233.92	30	218.63	221.22	30	236.63	239.69	30
湖北	227.04	393.12	13	202.29	346.98	16	221.03	378.22	16
湖南	180.37	271.46	25	179.35	270.84	25	189.33	286.68	25
广东	311.23	246.54	28	324.27	255.65	26	354.12	279.78	26
广西	205.61	410.18	12	163.05	323.71	20	180.37	357.37	21
海南	25.62	254.12	26	24.84	243.51	29	26.09	254.05	29
重庆	116.62	363.81	15	116.13	361.54	14	123.06	383.00	14
四川	292.76	349.88	18	278.65	332.83	19	309.44	369.52	19
贵州	176.78	458.43	10	150.92	391.81	11	157.95	409.61	10
云南	215.09	455.62	11	187.31	399.38	10	187.49	399.51	11
西藏	23.52	644.62	4	25.39	693.67	3	26.74	734.48	4
陕西	153.04	387.17	14	144.78	366.15	12	148.04	374.22	18
甘肃	135.78	542.70	6	135.88	545.69	5	144.65	580.46	5
青海	49.16	829.86	1	47.03	791.80	1	46.96	789.26	3
宁夏	39.07	542.49	7	38.96	537.38	6	41.44	569.23	7
新疆	123.58	478.01	8	118.46	457.55	9	126.47	488.86	8

注：1. 全国数据包括中国人民解放军现役军人数，但不包括香港、澳门特别行政区和台湾地区数据；分省数据中未包括中国人民解放军现役军人数。

2. 数据根据年度人口抽样调查推算。